サービス・
リエンジニアリング

顧客の感動を呼ぶホスピタリティを低コストで実現する

伊藤嘉博 編著

Service
Re-Engineering

中央経済社

はしがき

　顧客の感動を呼ぶ心のこもったサービスは，設備や機械ではなく，人によって提供される。しかしながら，そうしたサービスを常に同じレベルの質をともなって提供し続けるには，人の力のみに頼っていては実現できない。すなわち，インプットとアウトプットの関係性が明確なシステムとして，これを仕立て上げることが必須となる。それでは，どうすればそれが可能となるのであろうか。まさに，その疑問に応えようとするのが本書である。

　「サービス・リエンジニアリング」とは，サービスを再構築するという意味である。それはサービス産業における収益性改善のためアプローチを示唆するが，これまでのやり方を完全に否定して一から出直しを図るはリスクが大きい。そこで，既存のノウハウや経験を生かしながら，あくまでもリフォームにこだわるという含意がそこにはある。とくに，中小のサービス業にあっては，抜本的な改革というと聞こえは良いが実現は困難で，かつコストもかかるため，しかたなく現状で我慢せざるを得ないという声がしばしば聴かれる。そうした状況を鑑みて，我々は少々敷居の低いアプローチを提案しようと考えたのである。

　さりとて，リフォームにはリフォームなりのリスクもある。過去のしがらみから改革が中途半端になりがちというのがそれである。これを避けるには，きちんとした現状の分析を行い，問題点を洗い出したうえで重点項目に的を絞った改革に組織一丸となって取り組む必要がある。本書では，適宜事例を紹介しながら，そのプロセスを明確にするよう努めたつもりである。

　まず第1章では，サービス・リエンジニアリングの基本的な考え方を概観するとともに，これを構造化する固有の概念について解説を行った。続く第2章，第3章では，サービスに関する科学的研究の先行分野であるサービスマネジメントおよびマーケティングのそれぞれの観点から，第1章の内容を補完するアイデアやツールについて検討を行った。さらに，第4章では，サービス・リエンジニアリングの有望なサポートツールの1つとして，製品開発の分野で広く

適用されてきた価値工学（VE）のサービスへの適用事例を紹介し，その有効性の検証を行っている。

前述のように，サービス・リエンジニアリングでは既存のシステムに潜む問題点を識別して，的を絞ったうえで集中的に経営資源を投入して変革に臨むことが必須となる。第5章では，そのための不可避的なプロセスとしての業績管理にフォーカスを当て，これをインフラとして作り込んでいくための各種のアプローチの可能性について言及している。

第6章は，ホテル・旅館に代表されるホスピタリティ産業を対象にサービス・リエンジニアリングに共通する実践事例を分析し，その特徴およびコアとなるステップの抽出を試みている。第7章も第6章と同様に，上記のホスピタリティ産業に有効な管理会計情報システムの構築に関する議論を展開している。

第8章は，世界的に著名な複数の高級レストランの事例に触れ，短期間に顧客吸引力を創造するにはどうすればよいか，また有名店になったことで生ずる経営上のマイナス要因について検討を行っている。第9章においても飲食業の事例を扱っているが，こちらでは庶民にはなじみ深いラーメン店における経営問題をサービス・リエンジニアリングの視点から分析している。

いうまでもなく，サービス産業は上記のものだけに限られるわけではない。官庁や地方自治体が提供する行政サービスもまた，当該産業の主要な構成要素であり，かつサービス・リエンジニアリングの対象である。第10章では，行政サービスに特有なファクターに注目しつつ，行政評価を中心とした議論を展開している。

冒頭で触れたように，サービスは人によって提供されるから，サービス・リエンジニアリングにおいても，人的資源の管理はサービスの品質管理および原価管理に並んで，あるいはそれ以上に重要なファクターとなる。そこで，第11章ではホスピタリティ産業の担い手となる人材，とくに今後ますます増加が予想される非正規の雇用者に注目して，サービスの質の向上と低コスト化という二律背反したテーマの実現を展望するアプローチについて検討している。

このように本章では，サービス・リエンジニアリングの意義およびその実践方法について，時に概念的に，また時に事例を参照しつつ解説しているが，それらは必ずしも直接的に具体的な実践のノウハウに迫るものではなかった。最

終章にあたる12章では，この点を補完する意味から，サービス・リエンジニアリングの実践するうえで直接的なサポートツールとして我々が提示するモデルを紹介し，具体的な適用方法について言及している。これにより，サービス・リエンジニアリングをすぐにでも適用したいと考える読者の期待にも応えられるのではと自負している。

最後に，本書では付録として，ホスピタリティ産業を対象に我々が実施したアンケート調査について，その集計結果とともに，そこから得られた各種の知見に言及している。当該アンケートの結果は直接各章の内容には反映されてはいないが，我々の共通認識として今後の研究に生かされていくことになるであろう。

なお，本書は平成23年度から3年間にわたり科学研究費補助金（基盤研究（A）研究課題名「サービスコンテンツの作り込みとその経済的効果の測定・評価に関する学際的研究」）の支援のもと実施した研究の成果をまとめたものである。実は，本研究はホテル・旅館等のホスピタリティ産業に的を絞った形で現在も継続中であり，近い将来，本書の続編の刊行をと願っているところである。

また，本書の刊行にあたっては，2015年度早稲田大学商学学術院・学術出版費補助金（徳井基金）による出版助成を受けた。

さらに，編集の過程でさまざまなご助言をいただきお世話になった株式会社中央経済社取締役専務・小坂井和重氏に対しても，ここであらためて深甚の謝意を表する次第である。

2015年晩秋

伊藤　嘉博

目　次

第1章　サービス・リエンジニアリングの意義とその基本概念 ―― 1

1 ■ サービスの品質とコストの統合的マネジメントの必要性……1
2 ■ サービス・リエンジニアリングとはなにか……2
　　2-1　サービスの源流管理の不可避性…2
　　2-2　サービス・リエンジニアリングの特徴…3
3 ■ サービスとサービタリティ……5
　　3-1　サービスの品質と商品属性…5
　　3-2　サービタリティ…7
4 ■ 顧客を感動に導くサービス・コンテンツの作り込み……9
　　4-1　サービス・リエンジニアリングの基本ステップ…9
　　4-2　顧客がサービスに求める属性とサービタリティのマッチング…13
5 ■ サービスインフラの整備……15
　　5-1　サービス価値の決定要因…15
　　5-2　マネジメント体制の再構築…17

第2章　サービス・リエンジニアリングの位置づけと手法に関する一考察 ―― 21

1 ■ サービスのための経営学……21
2 ■ 成功するサービスの開発方法論は存在するのか……22
　　2-1　岡田(2010)による発見…22
　　2-2　原価企画的なサービス開発活動の実態…25
3 ■ SREのために有用な手法とは……30

　　　　3-1　サービス原価企画とSRE…*30*
　　　　3-2　分子モデルの応用可能性…*31*
　　4■SRE分子モデリングの課題……*35*

第3章　サービス財における知覚品質の形成過程と評価測定―――*37*

　　1■サービス・マーケティングのアプローチ……*37*
　　2■サービス取引における知覚品質……*39*
　　　　2-1　サービス取引における特徴…*39*
　　　　2-2　サービスにおける知覚品質の形成過程…*40*
　　　　2-3　B to B取引における知覚品質の形成過程…*42*
　　　　2-4　インターネット利用環境下のサービス取引における
　　　　　　　知覚品質への注目…*44*
　　3■サービスにおける品質の管理問題……*45*
　　　　3-1　提供プロセスとしてのサービス…*45*
　　4■サービスの知覚品質と評価測定問題……*47*
　　　　4-1　サービスの知覚品質の評価尺度としてのSERVQUAL…*47*
　　　　4-2　顧客満足度測定における知覚品質の測定…*48*
　　　　4-3　サービス品質の評価手法…*49*
　　5■サービス・リエンジニアリング・アプローチ
　　　　に向けて……*53*

第4章　サービス・リエンジニアリングのためのVEアプローチ―――*59*

　　1■サービス・リエンジニアリングとVE……*59*
　　2■VEアプローチからみたサービス……*60*
　　3■サービスの評価因子……*62*
　　4■新サービスのための顧客ニーズの把握と価値創造……*64*
　　　　4-1　高速道路サービスの事例…*64*

4-2　鉄道サービスの事例…67
　5■テキストマイニングによるニーズの推測……70
　6■コンセプト・メーキングVEのサービスへの
　　展開の可能性……73
　7■SREにおけるVEアプローチの限界と将来展望……75

第5章　サービス提供プロセスに基づく業績管理システム——77

　1■サービス提供プロセスにおける情報インフラの
　　整備……77
　2■サービス組織の業績管理……79
　　　2-1　サービス提供プロセスに基づく業績管理に関する
　　　　　先行研究のレビュー…79
　　　2-2　サービス組織における業績管理の課題…81
　3■変化適応型の業績管理システム……83
　　　3-1　予測型経営…83
　　　3-2　アメーバ経営…84
　　　3-3　サービス組織における業績管理システムへの示唆…87
　4■サービス提供プロセスに基づく変化適応型の
　　業績管理システム……90
　　　4-1　宿泊業における業績管理システム…90
　　　4-2　仮説例が示唆する予測型経営…95
　5■サービス提供プロセスにおける業績管理上の課題……96

第6章　ホスピタリティ産業におけるサービス・リエンジニアリング——101

　1■ホスピタリティ産業が共通に抱える問題……101
　2■ホスピタリティとコストの関係性……102
　　　2-1　「おもてなし」とホスピタリティの異同点…102

2-2　無償のホスピタリティ…104
　3■ホスピタリティの維持・向上のための諸条件……*107*
　　　3-1　最上級のホスピタリティに見られる共通項…107
　　　3-2　エンタテイメント型とヒーリング型の
　　　　　　ホスピタリティ…111
　　　3-3　「おもてなし」の海外移転…114
　4■サービス・リエンジニアリングの適用……*115*

第7章　サービス・リエンジニアリングの手法としての USALIの導入 ─── *121*

　1■宿泊業の収益性の向上をめざして……*121*
　2■宿泊業における管理会計情報の必要性……*122*
　　　2-1　サービスの多様性と生産したサービスの原価情報…122
　　　2-2　宿泊業における管理会計情報の特徴…123
　3■USALIの概要……*124*
　　　3-1　USALIの意義…124
　　　3-2　USALIの様式による部門別損益計算書の構造…126
　4■USALIに基づく管理会計情報の利用……*128*
　　　4-1　欧米およびわが国におけるUSALIの利用状況…128
　　　4-2　USALIに基づくベンチマーキング情報…129
　5■日本におけるUSALI導入の課題……*132*
　　　5-1　売上高における部門別構成比の相違…132
　　　5-2　日本におけるUSALI導入への第一歩…133
　6■「日本版USALI」への道程……*134*

第8章　顧客吸引力の創造とディレンマ ─── *139*

　1■顧客吸引力とは……*139*
　2■スペインのレストラン……*141*
　　　2-1　スペイン高級レストランの評価の上昇…141
　　　2-2　スペイン高級レストランの興味深い点…142

3■サン・セバスチャンとその近隣地区の
　三つ星レストラン……*144*
　　3-1　美食の街…*144*
　　3-2　デスティネーションとしてのサン・セバスチャン…*145*

4■何故サン・セバスチャンとその近郊なのか……*148*
　　4-1　高評価レストランが集中している理由…*148*
　　4-2　ヌエバ・コシーナ…*150*
　　4-3　研究開発と店の個性…*153*

5■Sant Pau……*155*
　　5-1　カタルーニャに高評価レストランが集中していた理由…*155*
　　5-2　Sant Pauにおける顧客吸引力の創造…*156*

6■El Bulli……*160*
　　6-1　EL Bulliの誕生…*160*
　　6-2　EL Bulliにおける顧客吸引力の創造…*161*

7■顧客吸引力のディレンマ……*163*

第9章　飲食業における原価管理の現状と課題
――SREの効果的な運用をめざして―― *171*

1■なぜ飲食業に注目するのか……*171*

2■チェーン店での原価管理の特徴……*173*
　　2-1　個人店とチェーン店との相違…*173*
　　2-2　立地問題…*174*

3■店舗での品質管理の実態……*174*
　　3-1　原価管理上の問題…*174*
　　3-2　量的管理…*175*

4■本社での原価管理の実態……*178*
　　4-1　本社の役割…*178*
　　4-2　その他の主な管理指標…*180*

5■SREの効果的運用……*180*
　　5-1　調査企業へのACbS戦略等式の適用…*180*

5-2　サービスに触れるトリガーを提供する…*181*
　　　5-3　ホスピタリティを意識した事前的原価管理…*182*
　6■残された課題……*183*

第10章　非営利組織におけるサービス・リエンジニアリング
──SREサポートシステムとしての行政評価────── *187*

　1■行政サービスの質の低下をもたらしたもの……*187*
　2■行政評価の現状と課題……*188*
　　　2-1　SREのトリガーとしての行政評価…*188*
　　　2-2　行政評価の利用とその成果に関する研究…*189*
　3■分　　析……*191*
　　　3-1　利用するデータ…*191*
　　　3-2　分析方法…*192*
　　　3-3　変数の測定…*192*
　　　3-4　分析結果…*193*
　4■行政組織におけるSREの実現に向けて……*194*
　5■行政組織におけるSREを実現するための必要・十分条件……*196*

第11章　ホスピタリティ産業における非正規の基幹化マネジメント────── *199*

　1■サービス・リエンジニアリングの担い手としての非正規……*199*
　2■ホスピタリティ産業の雇用の課題……*201*
　　　2-1　深刻化する人手不足問題…*201*
　　　2-2　労働契約法の改正がもたらす「意図せざる結果」…*203*
　　　2-3　分配的公正感とモチベーション…*205*
　3■分析フレームワークと変数……*207*
　　　3-1　分析フレームワーク…*207*
　　　3-2　変　　数…*209*

4■分析結果……*211*

5■ホスピタリティ産業の非正規の質的基幹化マネジメントのメリット……*213*

　　5-1　本章の結論と実践的含意…*213*
　　5-2　本章のSREに対する意味合い…*214*

第12章　サービス・リエンジニアリングの支援ツールの検討
―サービスABCDの意義とその活用事例――――― *219*

1■SREとサービスABCD……*219*

2■サービスABCDの構造と特徴……*220*
　　2-1　サービスABCDワークシートの作成プロセス…*220*
　　2-2　改善予算の算定…*222*

3■サービスABCDの適用事例……*223*
　　3-1　ビジネスホテルのケース…*223*
　　3-2　サービスABCD適用時の留意事項…*225*

4■サービスABCDの顕在的・潜在的機能……*229*

付録　わが国宿泊業における管理会計情報の利用実態
―単純集計に基づく考察――――― *231*

1　はじめに・*231*

2　実態調査の方法および回答施設の概要・*232*

3　宿泊業における業績評価の概要・*233*
　(1)　業績評価の実施について・*233*
　(2)　主要な業績評価指標の重要度・*233*
　(3)　その他の業績評価指標の重要度・*235*
　(4)　業績目標の設定について・*237*

4　宿泊業における部門別管理会計情報・*238*
　(1)　部門別の売上高の把握・*238*
　(2)　部門別損益計算・*241*

5 結論と今後の課題・*243*
   (1) わが国宿泊業の管理会計情報の利用実態・*243*
   (2) 今後の研究の方向性・*243*

■索　引―――――――――――――――――*247*

第1章

サービス・リエンジニアリングの意義と
その基本概念

1 ■サービスの品質とコストの統合的マネジメントの必要性

　わが国のGDPに占めるサービス産業の付加価値の割合は70％近くにまで及んでいる。就業人口の割合もまた，ほぼ同レベルに達する。とはいえ，その成長力は鈍く，生産性もすこぶる低い状況にあり，そのことが，わが国の国際的競争力の低下にもつながっている。高品質のサービスを低コストで提供することは，この産業に属するすべての企業にとって競争優位のまさに基盤をなすといえるが，サービス産業の原価管理は，製造業に比べ相対的に遅れている。また，品質管理に至っては，これが明確に議論される機会も少なかった[1]。

　他方，欧米では製造業に適用されてきた品質コスト分析をサービス業にも援用しようとするアプローチ（Stamatis, 1996）などが散見されるものの，これらも含めて先行研究は総じてサービスを財務的な成果に明確に結びつける具体的かつ操作性にすぐれた方法論を提供するものではなかった。

　サービス業の業績は，製造業以上に品質の良否によって影響を受けやすく，品質問題はより深刻かつ重大である（畠山，2004）。裏を返せば，品質改善の効果もそれだけ大きいということにもなるのだが，これはサービス業の収益性が，単位原価の変動や規模の経済性などの要因よりも，顧客の増加や離反によって直接的な影響を受けることに起因している。しかも，新たな顧客の獲得に奔走するよりも，現在の顧客をつなぎ止めるべく努力するほうがコストは少なくて済む。この点だけを考えても，サービス産業にあっては，品質とコストの統合

的なマネジメントシステムの構築が急務といえるのではないだろうか。

　このサービスの品質とコストの統合的なマネジメントを志向するアプローチがサービス・リエンジニアリング（service re-engineering: SRE）[2]である。それは，自社が提供するサービスの品質を見直し，顧客を感動させるサービスを最小のコストで作り込み，よって収益構造の劇的な改善を図るアプローチを指す。加えてSREは，サービスに投下された経営資源とその結果としての顧客満足，さらには収益の向上へとつながる因果連鎖を操作的・体系的に把握するための理論の構築を企図するものでもある。従来は，そうした方法論が確立できていなかったがために，コストを無視してサービスの質向上もしくは値引きに走ったあげく，期待した収益性を獲得できない事例が数多く確認されている。反対に，コスト効率に集中しすぎて顧客が満足するサービスの質を確保できず，低い収益性とブランドイメージの喪失に苦しんでいる企業も数多く存在する。

　本章では，SREの意義とその具体的な展開方法を中心に解説するが，そのことを通じて，当該アプローチがいかにサービスのマネジメントに関する新たな視界を開拓し，その改善に資する具体的かつ操作性に優れた方法論を提示するものであるかを明らかにしていきたい。

2■サービス・リエンジニアリングとはなにか

2-1　サービスの源流管理の不可避性

　SREの目的は，サービス業が日常的に抱える問題に応え，サービスを確実に収益に結びつけることにある。たとえば，「良好なサービスを提供しているのに，売上げが伸びない」，「広告や営業活動にコストはかけているのに，一向に効果が表れない」といった悩みを有するサービス業は少なくない。サービスは，生産と消費が同時に起こるため，失敗は取り返しがきかない。だからこそ，製品以上に品質とコストの事前の作り込みが重要となる。

　製造業と同様，サービス業にあっても源流管理が不可避であるとする議論は決して目新しいものではない。とはいえ，先行研究は総じてサービスを財務的な成果に明確に結びつける具体的かつ操作性にすぐれた方法論を提供するもの

ではなかった。唯一，岡田（2010）が成功するサービスに共通する動的な市場適応過程を識別してはいるが，そのための具体的な手法については明確とはされてはいない。SREが企図するのは，まさにこの具体的な手法を提示することである。

ところで，SREの主たる検討対象となるのは，サービスそのものというよりも顧客がサービスに期待する効用や満足を超えた部分であるところのサービス・プレミアムである。いうまでもなく，それは競争優位と企業価値向上の源泉となるものである。このサービス・プレミアムが実現するには，そもそも顧客が期待する効用や満足につながる部分がきっちりと担保されていることが前提条件となる。もちろん，多くのサービス産業では，顧客が期待するサービス属性を識別するために各種の試みを行ってきた。また，顧客満足を実現するためのサービス・コンテンツの開発についても同様であろう。とはいえ，実際には，そうした努力が十分なサービス・プレミアムの創出につながっていないのが現状である。

1つには，仮に上記の各努力が適切であったとしても，両者を結びつける因果連鎖のネットワークがシステムとして確立されていないことが理由と考えられる。また，予算制約その他の理由で，開発されたコンテンツに適切かつ十分な経営資源が振り向けられていないといった事態も想定できる。このジレンマを解決する方法論的枠組みを構築することができれば，顧客とのコンタクトを通じてサービスが実現するその瞬間を待たずして，サービス・プレミアムを事前に作り込み，かつ手に入れることができるようになろう。

2-2　サービス・リエンジニアリングの特徴

リエンジニアリング（business process re-engineering：BPR）が一時ブームになったことは記憶に新しいが，SREはそれとは明らかに一線を画すものである。BPRは業務を一から見直す根本的改革（リデザイン）を意図していた（Hammer & Champy, 1993）。しかし，サービス業にあっては，破壊から再生を目指すのはいささかリスクが高い。というのも，サービス業の多くは中小企業によって占められており，業務改善のために投下できる経営資源は限られている。また，いわゆる老舗を自負する企業等では，いかに収益の向上につながるとはいえ，

永年にわたって受け継がれてきた商売のやり方を根本から見直すことには抵抗がある。ゆえに，SREでは，むしろ既存の経営資源を効果的に活用することに主眼をおく。そのうえで，顧客を感動させるサービスを最小のコストで再構築することによって，サービス業の収益構造を劇的に改善しようというのである。

　もちろん，顧客満足を生むサービスを事前に作り込むというアイデアそれ自体は，決して新しいものではない。とくに近年では，このプロセスを科学的に設計しようとするサービス・エンジニアリング（service engineering: SE）という試みも台頭してきている。サービスの科学的分析および顧客の立場からサービス・コンテンツを見直すべきだとする点では，SEもSREもともに同様な問題意識に立脚している。また，適切かつ効果的なKPI（key performance indicators）の識別と管理に主眼をおくという点についても同様である。ただ，SEはITやOR手法を用いたサービスのビジネスモデルの設計を主目的としているのに対し（内藤，2008ほか），SREはより操作性に優れたアプローチを志向している。ITおよびOR手法を使いこなすのは容易ではないし，こうした方法が万能であるという立場にSREは与しない。

　総じていえば，いかに革新的なアプローチあるいはモデルが提示されたとしても，既往の組織やシステムを一から作り直すといったことになれば現実的な適用は難しい。また，それぞれの組織とそのなかで日々顧客と接している人々には，多くの潜在的なノウハウの蓄積があるはずである。それらをうまく引き出して体系化できれば，効率的なシステム設計が図れるし，当然ながらコスト的にも安価となろう。SREがエンジニアリングではなく，リエンジニアリングを標榜する根拠もまさにそこにある。

　すなわち，シンプルでかつだれでも使いこなせる概念や手法を用いて，抜本的な改革ではなく，あくまでもリフォームにこだわるのがSREの基本的なスタンスなのである。

3 ■ サービスとサービタリティ

3-1　サービスの品質と商品属性

　SREの具体的な実践プロセスについて議論する前に，ひとまずサービスという概念そのものについて再確認しておく必要がありそうである。というのも，サービスには多様な解釈があり，事実類似の概念も存在する。

　たとえば，サービスは対価を要求しない奉仕ととらえる人もあれば，状況にもよるが，これを「おまけ」と見る場合もある。ただしいうまでもなく，ここで議論の対象となっているのは，商品としてのサービスであり，いいかえれば価値を有する無形財，すなわちインタンジブルズ（intangibles）としてのそれである。もっとも，一般にはサービスそのものがインタンジブルズとされることはない。それは，サービスの価値が状況によって変化し安定しないことに主たる原因がある。しかしながら，良いサービスは人を惹きつけ，大きな収益を生む。SREが企図するのは，サービスが生み出す価値が安定的に確保されるようにマネジメントし，もってサービスをインタンジブルズにまで高めることであるといっても過言ではないだろう。

　ともあれ，商品である以上，製品と同様に，サービスにおいてもその質が問われることになるのは避けられそうもない。とはいっても，サービスの品質については，これをオペレーショナルに規定した先行研究はほとんどないようである。その一方で，サービスには製品とは決定的に異なる特徴が識別できると示唆する論者は少なくない[3]。それらは，およそ次のような4つの特徴に集約できるが，どうやらこの辺りからサービスの品質のもつ特徴の一端が見えてきそうである。

(1) サービスは提供と生産が同時に起こり，作り置きができない。
(2) サービスは，見える化（視覚化）することがむずかしい。
(3) サービスは，人的な労働によって提供される。
(4) サービスの失敗は，補修・手直し・代替がきかない。

これらの指摘が概ね的をえたものであることは，われわれの日常的な経験に照らしてみれば明らかであるが，こうした特徴を有するがゆえに，サービス業における品質管理はむずかしいと考えられてきたのである。すなわち，生産と消費が同時であり，かつその存在を眼で確認できないことから，サービスに関しては事前に品質不良をチェックすることは不可能である。また，人的な労働に依存することから，その人の資質や能力に左右されやすく，品質のバラツキが生じやすい。さらに，交換や補修が効かないので，顧客はクレームを言ってこないケースが圧倒的であり，品質管理以前に問題そのものの発見が遅れる可能性が指摘できる。

　それだけではない。品質そのものの中身も，製品のそれとは大きく性格を異にしており，近年では「サービスの品質は主観的なものであり，顧客自身の経験によって決まる」という考え方が主流となりつつある。Heskett, et al. (1990) はこの考え方をベースに，サービス品質を実際に得られたサービスと当該サービスに対する事前の期待との差（サービス実績－事前期待）と定義する。当然ながら，この差が大きければ大きいほど，品質は良好と評価される。

　サービスの品質に対する評価が主観的なものであることは認めるとしても，顧客の期待には反映されない諸属性が存在することを考えるなら，上記の等式に無条件に賛同することはできない。実は製品の場合にも，顧客の期待と知覚・認識とのギャップを最小化するようマネジメントすることの重要性がしばしば強調され，それらは知覚品質（perceived quality）と呼ばれている[4]。ただし，製品については，狩野ほか（1984）が示す3つのタイプの品質属性（図表1-1参照）が基本とされ，なかでも顧客が気づくか否かに関わらず，ある種絶対的品質属性とでもいうべき「当たり前品質」の確保および維持が第一義的に重要と考えられてきた。この点は，サービスの品質についても同様であろう。

　製品であれ，またサービスであれ，品質という概念の基底にあるのは，規格あるいは慣行—サービスの場合には後者—によって標準的に備わっているはずの諸属性であり，「ある」ことが前提となっているだけに，顧客は通常それらについて期待はおろか意識さえしないものである。サービスの品質を議論する場合においても，この意識あるいは期待されることのない属性を確保し維持していくことの重要性を忘れてはならないであろう。

品質とは，もともと，バラツキないし対象間の誤差を問題とする尺度（スケール）である。産業を問わず，これが品質の基本であるとすれば，提供者の資質や能力の差に起因するバラツキを抑えて標準化されたサービスを提供することがまずは第一義的な品質管理の目標となろう。そのうえで，顧客の期待に応えることのできるようコンテンツを充実させていくというアプローチを考える必要がある。

図表1-1　品質の基本的構成要素

品質属性のタイプ	定　　義
当たり前品質属性 (must-be quality attribute)	それが充足されても当たり前と受け取られるが，不充足であれば不満を引き起こす品質属性
一元的品質属性 (one-dimensional quality attribute)	それが充足されれば満足を与えるが，不充足であれば不満を引き起こす品質属性
魅力的品質属性 (attractive quality attribute)	それが充足されれば満足を与えるが，不充足でもしかたないと受け取られるような品質属性

出所：狩野ほか（1984）をもとに作成[5]。

　換言すれば，顧客にアピールする属性だけを追及することは，一時的には収益の確保に貢献するとしても，中・長期的には顧客の離反ないし喪失を招く。いくらユニークなサービス・コンテンツを打ち出しても，当然確保されるべき属性が満たされていなければ，顧客の不満は一挙に高まってしまうからである。

　製造業，わけても加工組立型メーカーにおいては，商品企画にあたり，目標原価を制御基準として，先の3つの品質属性のそれぞれをいかに作り込んでいくかが入念に検討される。サービス業においては，こうした試みはこれまでのところほとんどなされてこなかったが，ますます多様化かつ激化しつつあるサービス競争の現状を考えるなら，同種のアプローチを，チャレンジすべき最優先課題と位置づけてもいいのではないだろうか。

2-2　サービタリティ

　サービスに類似する概念の1つにホスピタリティ（hospitality）がある。辞書的な定義では，それは「もてなし」ということになるのだが，通常はサービ

スによってもたらされた高揚感や心地よさ、換言すれば上質のサービスといったものを表現する場合にこの概念を用いることが多いようである。

とはいえ、質の高いサービスが常にホスピタリティに結びつくわけではない。そうであれば、品質だけにフォーカスを当てるわけにはいかないし、ましてや、これまで議論してきた「サービスの品質」という表現からして適切さを欠くということもできる。というのも、品質という概念はもともと製品ないしハードウエアを対象にして台頭してきたものだからである。製品等に比べ、サービスという商品が顧客の感性や知覚によって影響される要素はより複雑かつ多様であり、ホスピタリティはそのうちの1つにしか過ぎない。それゆえ、ここではサービスの品質といった表現に代えて、サービタリティ（servitality）という造語を用いることにしたい。

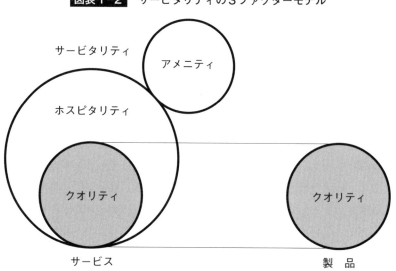

図表1-2　サービタリティの3ファクターモデル

図表1-2が示すように、サービタリティは3つの要素から構成される。すなわち、クオリティ（quality）のほかに、ホスピタリティとアメニティ（amenity）がそれである。まずはクオリティが意味するところを検討することにしたい。

このクオリティは、基本的にはその用語が製品の品質を表す場合と同義であ

る。品質とは本来バラつき，すなわち同じ行為をある回数（製品の場合には，通常は100万回を基準とする）繰り返した場合に，結果がどれだけ目標値から乖離するかによって，その適否が判断される。製品の場合，このばらつきを抑えれば結果が大きくぶれることはないが，反面，使用段階で製品が予想以上の機能や性能を発揮することもない。もちろん，製品が消費（使用）された際に不具合が発生しないようにすることは重要だが，生産と消費の間にはタイムラグがあるので，品質管理のフォーカスはもっぱら製造プロセスに注がれることになる。

　他方，前述のようにサービスは生産と消費が同時であり，事前の管理が困難である。トレーニングやマニュアルを整備することでクオリティを事前に作り込むことはできるが，サービスは人によって提供されるものであるだけに，製品のように完全に制御することはできない。そのため，いくら作り込んだつもりでも，たまたまある時に接客を誤れば，取り返しのつかない失敗に陥ることもある。このように，結果を正確に予測できないことがサービスのマネジメントのやっかいなところである。ただ，不確定要素が多いだけにマイナスに作用することもあれば，逆にプラスに転じることもあるわけで，ホスピタリティの多くはそうしたプロセスから生まれるといってよいであろう。もとより，それは偶然の産物であってはならない。そういう環境を作り出すように予め条件を整えておく必要がある。

　最後にアメニティは，本来のサービス・コンテンツとは直接関連をもたないが，サービスに対する顧客の知覚や認識に影響を与える属性で，クーポンやマイレージといった「おまけ」的な要素が強いものがこれに当たる。

4 ■顧客を感動に導くサービス・コンテンツの作り込み

4-1　サービス・リエンジニアリングの基本ステップ

　これまでの議論は，いわばSREにおいてなにを，そしてそれらを何故にマネジメントしようとしているのかを説明するものであった。以下ではこの議論を踏まえつつ，どのようにマネジメントしていくのかを論ずることにしたい。

一言でいうなら，SREはサービタリティを最大化するように，個々のサービスを提供する媒体としてのサービス・コンテンツの作り込みを企図している。このサービス・コンテンツは１つとは限らず，むしろ多くの場合それらはいくつかのコンテンツの組み合わせ，すなわちサービス・ミックスの形をとる。したがって，SREはこのサービス・コンテンツの最適なデザインを目指すものといってよいだろう。

　それでは，どのようにSREを実践すればよいのであろうか。業種，業態によってその詳細は異なるであろうが，基本は同じで以下の４つのステップを踏襲する必要がある。

(1) 問題の発見：バリュードライバー分析（例：バリュードライバーマップの活用）
(2) 問題の大きさの把握：サービス価値の現状分析およびサービスの失敗コスト分析
(3) 改善のための代替案の探索：最適な（サービタリティを最大化する）サービス・コンテンツ（またはサービス・ミックス）の作り込み
(4) サービス・インフラストラクチャーの整備：顧客がサービスに遭遇するその瞬間を確実にマネジメントするために不可欠な人的・物的および情報面のインフラの整備

　これらのステップが示すように，SREの実践プロセスは，通常のマネジメントないし意思決定プロセスと大差はない。だが，サービス産業の多くの業態ではこうしたプロセスさえ，きちんと行われてこなかったといえるのではないだろうか。

　もちろん，基本的なステップは同じでも，SREには固有の手続や概念が別途存在する。それらを中心に上記のステップを順に解説していくことにする。

　あらゆる意思決定に共通することだが，まずは現状を把握することが第一である。具体的には，何が自社の主要な収益源になっているか，固有なバリューソースがあるのか否か，収益性の拡大を阻害している要因はなにか，といったことを見極めることが先決である。

　こうした分析をSREでは，バリュードライバー分析（value driver analysis）

と呼ぶが，これは文字どおりバリューを生み出す誘因となるファクターないしKPIを識別するための作業であり，また各コンテンツからもたらされるサービタリティに影響を与える要因もその識別の対象となる。なお，この分析に際しては，**図表1-3**に示すようなマップを作成するのが有効である。すなわち，マップを描くことで問題が明確になり，自社の収益源およびそれらと顧客との関連性も俯瞰できるようになるからである。ただし，そのためには提供するサービスのより具体的な内容にまで踏み込んでマップを描く必要がある。

図表1-3 コンビニエンスストアにおける食料品の収益性に関するバリュードライバー・マップ（例）

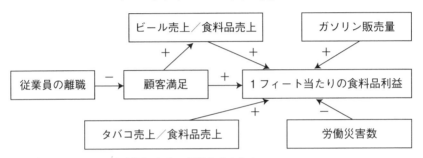

（注）＋/－は，強い統計的な正/負の相関を意味する。
出所：Ittner & Larcker（2005, p.92）．

現状の把握が終わったら，ただちに改善のための施策の検討に移りたいところであるが，実はその前に重要なステップが存在する。それは問題の大きさを把握するという作業である。すなわち，現在のサービスレベル（サービタリティ）が生み出すサービスの価値を測定するということにほかならない。通常の場合，これは全社もしくは事業部門ごとの業績評価という形で行われているが，ここではそれを越えて，バリュードライバー分析によって明らかとなったファクターやKPIに関連づけて，収益への影響度を検討する必要がある。加えて，現状のサービスレベルによってどれだけの失敗コスト（損失）が発生しているかも評価することが肝要である。というのも，こうした失敗に盲目でいると改善が遅れたり，改善のためのモチベーションが組織構成員に十分に伝わらなくなってしまうからである。

この点に鑑みて付言すれば，先行研究はおしなべてあるサービスレベルに

よってもたらされる顧客満足度およびその財務的効果の測定に関心を寄せてはきた。しかし，それらは多くの条件によって左右されるため，もとより正確な把握は望めないし，ましてや財務的効果については，測定されたとしても実際は未実現収益に過ぎなかった。SREではこうした思考を転換し，顧客が満足するサービスを作り込めないために，いったいどれだけの失敗コスト（cost of poor service：COPS）が生じているかも評価の対象と考えている。

じつは，COPSの大半は，現金支出をともなわない機会損失である。ゆえに，その正確な把握もしくは見積りは望めないが，それでも，機会損失をさらに増大させないためにも，また自らが提供するサービス価値をしっかりと掴むためにもCOPSの測定は必要である。幸いにして，サービス業においては，機会損失の推定に関して製造業ほどの困難性は見当たらない。むしろ，比較的それは簡単であるといっても過言ではないかもしれない。多くのサービス産業では定期的に顧客の満足度調査を実施しているが，その調査項目に以下のたった3項目を加えるだけで済むのである。

(ア) ある期間内に同様なサービスをどのくらいの頻度で利用するか
(イ) 1回のサービスで支出する金額はどのくらいか
(ウ) 上記の期間内で当社のサービスを利用する頻度は

これにより，ある一定期間に発生が予測される機会損失を推定することができる。たとえば，週に2回ある会社のサービスを利用する顧客がいたとして，同社が提供するサービスも含めてその顧客が同一期間に類似のサービスを10回利用すると仮定しよう。そして，この顧客がこのサービスに支払う金額が1回あたり1,000円であったとすると，このたった1人の顧客だけで同社の機会損失は週に8,000円生じていることになる。顧客はもっと頻繁に同社のサービスを利用したいと思っているのかもしれないし，逆に週2回はしかたなく同社を利用しているのかもしれない。その真の理由を解明し，機会損失の低減に向けて行動を起こすことが望まれる。

ともあれ，機会損失あるいはCOPSの見積りから得られる情報は，収益構造の改善につながるより効果的なサービス・コンテンツを作り込むために必要な資金額（予算）の算定にも活用される。すなわち，この機会損失額を予算の上

限としてサービス改善に取り組むのである。結果として，仮に投じた資金と同額の収益の改善にしか繋がらなかったとしても，それはよりよいサービスをいわばタダで手に入れることができたことを意味する。

しかし，そのためには顧客を惹きつけるよりよいサービスに繋がる個別具体的なコンテンツを識別し作り込むという作業が別途必要になる。しかも，その作業は後述するような顧客がサービスに求める属性に関連づけながら進めないと，かえって問題の本質を見誤ることもあるので，注意が必要である。

ともあれ，こうして必要な情報が確保できたら，いよいよ改善に向けた代替案の探索というステップに踏み出すことになる。

4-2 顧客がサービスに求める属性とサービタリティのマッチング

SREは，たんなる顧客満足を追求するものではない。それを越えたところに究極のゴールがある。

すなわち，SREの最終目標はサービスによって顧客を感動へと導くこと（affecting customers by service：ACbS）である。それは，ロイヤルティにつながる深い影響力を秘めたものといっていい。ただ，顧客満足にしろ，また顧客感動にしろ，それらはほかならぬサービス・コンテンツによってもたらされる。いうまでもなく，コンテンツの中身はそれぞれのサービス産業の特性によって大きく異なるといわざるを得ないが，実は顧客を感動へと導く源泉となる商品としてのサービスの構成要素はすべての産業において共通しており，それが，先の図表1-2に示したサービタリティの3つの構成要素というわけである。

それゆえ，SREでは前述のサービタリティの3つの要素を効果的に組み合わせて，これを最大化すべく，サービス・コンテンツそのものの源流管理を目指す。その場合，サービタリティの3つの要素の関係は決して同列ではない。すなわち，それはおよそ次のように等式化できよう。

$$Q \times H + A = ACbS$$

上式は，さしずめ顧客を感動に導く方程式ということになろうが，それはクオリティ（Q）の確保なくして，ホスピタリティ（H）をいくら作り込こうとしても効果がないことを示している。ただ，（Q）の確保は顧客にとっては当

たり前要素にすぎないため，これだけをいくら入念に作り込んでも，これまた効果はないか，少なくとも持続しないと考えられる。そこで，重要な点は，（Q）と（H）の関係性を良好に保つように，両者を作り込むことである。実は，アメニティ（A）もこれら2つの属性が十分に備わっていてはじめて，一定の効果を発揮することになる。

　実際，（A）の提供には慎重さがもとめられる。すなわち，それは即効性はあるものの，安易にこれを活用すると，長期的には収益構造にマイナスの影響を及ぼし，成長の足を引っ張ることにもなりかねない。こうした事態を避けるためには，前述の顧客がサービスに求める属性をしっかりと見極め，それを実現する手段となる商品としてのサービタリティの構成要素とのマッチングを意識して，後者の具体的なコンテンツを設計する必要がある。

　かくして，サービス産業にあっても，メーカーが製品に対して行うように，きちんとした商品企画を目論む必要がある。製品に対する商品企画では，（Q）の確保はもちろんだが，それだけでは顧客に製品をアピールすることは難しいため，顧客が求める機能や性能，使い勝手などを競争的なファクターとして企画・設計に盛り込んでいく。サービスでいえば，これらが（H）や（A）ということになる。

　この場合，重要な検討項目となるのがサービタリティの3要素と，前述の狩野 et al.（1984）が示唆する3要素とのマッチングである。すなわち，前者はいわばサービスの提供者からみたサービスの商品属性だが，これに対し後者は顧客が意識的もしくは無意識にサービスに求めている商品属性である。したがって，提供するサービスの具体的な中身を検討する場面では，これら両者の商品属性のマッチングを図りながら，コンテンツを適切に作り込んでいくことが必要になる。このマッチングに関わる関係性のイメージを図示したのが**図表1-4**である。

　提供するサービスの種類や特徴に関わらず，当たり前要素の確保がサービスコンテンツの設計におけるファーストステップである。そこでは，バラツキの最小化が基本目的となる。すなわち，サービスを提供する人員や時間および場所（店舗等）によってコンテンツやサービスに対する顧客の知覚が大きく異なるようでは，サービスの失敗によって売上の低迷や損失が拡大するリスクは相

図表1-4　顧客がサービスに求める商品属性とサービタリティとの対応関係

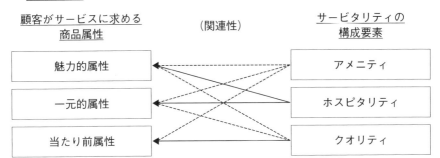

対的に高くなる。

とはいえ、マニュアルなどを揃えてクオリティを強化し均一化されたサービスを提供するように努めただけでは、顧客を感動へと導くことはできない。SREの究極の目標は顧客を感動させ、もってロイヤリストを増殖させることであるから、バラツキをなくすのはもちろんだが、競争に耐えうる、そしてさらには競争に打ち勝つことのできるホスピタリティを創造することを心がけなければ、顧客を真に感動させるようなサービスを作り込むことはできない。もちろん、必要に応じて、またタイミングを見計らいながらアメニティを投入することも有効となろう。

5　サービスインフラの整備

5-1　サービス価値の決定要因

ところで、上記の代替案の検討プロセスを実質的に左右するのは、多くの場合コストの壁である。コストはまたサービスの価格に反映され、顧客から見れば、その価格は彼らがサービスの価値を知覚する大きな要素となることはいうまでもない。

実際、以下に示すように、サービスの価値はサービタリティとコストによって決まるといってよい（Heskett, et al., 1990）。

サービス価値＝サービタリティ[6]（結果＋プロセス）／価格＋利用コスト

　この等式は，顧客の側からサービスの価値を規定しているが，サービスの提供者から見れば，分母はサービス品質を作りこみ・維持していくためのコストと定義できるから，これにより上式は価値工学（value engineering；VE）における価値方程式（価値＝機能／コスト）とほぼ同義のものとなる。VEは，サービス業においても適用例はあるが，製造業においては製品の設計・開発段階から製造段階に至るまで，広く活用されており，たとえば設計上のあるパラメータを変更した場合に，機能とコストとの兼ね合いにおいて価値が高まるかどうかを評価し，仮に価値が低下すると予測される場合には，別のアプローチを検討するといった形で利用される。

　コストを上述の評価に関連づけるのは，いうまでもなくコストの削減が品質や機能の低下に直結する可能性が大だからである。とくに，人的労働に大きく依存するサービス業にあっては，コストの削減手段は概して人員の削減に頼る傾向にあり，それは即サービスの低下につながりかねないので，要注意である。他方，品質の向上は即コストの増大につながるかというと，決してそうではない。というのも，品質の向上に必要となる資金は，あらたに調達する必要はなく，品質管理上の失敗を回避することによって得られる増分利益をこれに充てることができるからである。したがって，製造業においては，品質管理はペイするどころか，おつりがくるから，ほとんど追加的なコストを投ずることなく実現できるとさえいわれてきた（Crosby, 1979）。

　SREはより良いサービスを低コストで作り込むことを目指すアプローチだが，サービタリティを向上させるための追加投資を厭わない。というより，コストをかけずにサービタリティを高めることはできないと考えた方がよい。これはサービタリティを実現し，これを維持するために「代替案の選択」に続く「インフラストラクチャーの整備」の場面では不可避の条件となる。実際，情報システムの構築や従業員が働きやすい労働環境の確保など，検討しなければならない事項は多々あり，そのどれもが相当額のコスト負担を覚悟しなければならないものばかりである。

　ただ，重要なのはいくらコストをつぎ込むかということではなく，投資資金

をどこから捻出するかということである。既存の活動やプロセスには多くの無駄や非能率が含まれている。したがって，この部分をさらけ出して支出の削減に成功すれば，その浮いた資金で追加投資分を十分に補うことが可能となる。そのためにも，前述の「問題の大きさの把握」のステップが重要となることを強調しておきたい。

5-2　マネジメント体制の再構築

　サービス産業に属する企業がより高い収益性を実現するためには，組織をあげて戦略的にマネジメント体制を変革ないし再構築していくことが必要である。
　SREはまさにこれをサポートするアプローチであるが，効果的に実践するためには，まずもってきちんとした目標を設定し，メッセージとして組織の構成員ないし従業員に伝えることが必須である。かといって，変革の責任を彼らにすべて丸投げするのではなく，トップマネジメント自らが率先して旗振り役と実行役の二役を演ずることが求められる。いわばトップが本気で取り組む姿勢を見せることで，組織全体のモチベーションが高まり，成功確率も上昇することになる。
　加えて，定期的に変革の成果を評価し，従業員の労に報いることも忘れてはならないであろう。いずれにしても，一度改革に手を付けたら後戻りはできないと考えて，最後までやり抜く覚悟で臨むことを勧告したい。とはいえ，それは決して高いハードルではない。SREのステップをきちんと踏襲することで，そのハードルは十分に手の届くものになるはずである。
　本章で検討したように，SREは，サービス産業に有効な商品属性を体系的に整理し，これらをサービス・コンテンツの作り込みを通じて具現化することによって，サービスという行為そのものを確実に収益に結びつけるためのフレームワークを示唆する。だが，それだけではない。自社の現状のサービス体制をこのフレームワークに当てはめて評価すれば，その成功要因や失敗要因の識別も可能となる。
　ここで，本章で検討したSREの実践ステップを要約するなら，それは現状の分析に始まり，解決すべき問題の把握とその大きさを評価する。続いて，市場（顧客）のニーズ（潜在的なものも含めて）を的確に認識したうえで，これらの

ニーズに応えることのできるサービス・コンテンツ（サービス・ミックス）を作りこんでいく。そして，最後にこのサービス・コンテンツを実現するために必要なインフラや経営資源を確保するということになる。もちろん，収益を安定的に確保するためには，上記のコンテンツを低コストで作り込む必要がある。それには，まずはサービタリティを生む源泉となる付加価値的活動およびプロセスとサービタリティの確保にはなんら貢献することのない非付加価値的活動およびプロセスを明確に識別する。その上で，後者を低減することによってコストを捻出し，その分前者に戦略的に投資していくことが不可避となるのである。

　もっとも，いわゆるサービス業というカテゴリーに属する業態のタイプは広範に及ぶ。本章では，サービス業全般に共通する議論を念頭に検討を行ってきたことから，その分いささか抽象度の高い記述に終始したという印象を免れないかもしれない。次章以降では，各種の業態の特質に応じた事例を適宜絡ませながら，SREの有効性の検証を試みることにする。

■注

1　たしかに，2001年から2003年にかけて筆者も委員として参加したサービスクオリティ推進委員会（日本科技連盟）による議論がその端緒とはなったものの，サービスそのものの内容が多岐にわたることから，未だ議論が十分に尽くされたとはいいがたい。
2　筆者らは財団法人産業経理協会の協力を得て，SREの理論的枠組みを固め，かつその普及を図る目的のもと「サービス・リエンジニアリング調査研究会」を，2009年5月に立ち上げ，多くの実務家の参加を得て活発な議論と意見聴取を行ってきた。また，2011年からは，科学研究費補助金（基盤研究A）の支援のもとでより広範な視角から調査研究を推進してきた。本書では，その成果の一端を披露する。
3　詳しくは，Heskett, et al.（1990），Albrecht & Zemke（2002），畠山（2004）等を参照されたい。
4　知覚品質は，品質管理よりはむしろマーケティングのフィールドにおいて議論されることが多いようである。たとえば，Aaker（1991）等を参照されたい。
5　原著では，品質属性とは呼ばずに品質要素（quality element）という用語が用いられているが，ここでは議論の内容との整合性を確保するため修正した。
6　原著ではサービタリティではなく，「品質」という言葉が使われている。ここでの文脈に合わせて筆者が改めたことを付言しておく。

■ 参考文献

Aaker, D.A., *Managing Brand Equity*, The Free Press, 1991.（陶山計介訳『ブランド・エクイティ戦略：競争優位をつくりだす名前・シンボル・スローガン』ダイヤモンド社, 1994年）

Albrecht, K. and R. Zemke, *Service America in The New Economy*, McGraw-Hill, 2002.（和田正春訳『サービスマネジメント』ダイヤモンド社, 2003年）

Crosby, P. B., *Quality is Free*, McGraw-Hill, 1979.（小林宏治訳『クオリティ・マネジメント』, 日本能率協会, 1980年）

Hammer, M. and J. Champy, *Reengineering the Corporation: A Manifesto for Business Revolution*, Harpercollins, 1993.

Heskett, J. L., W. E. Sasser Jr. and C.W. L. Hart, *Service Breakthroughs*, Free Press, 1990.

Ittner, C. D. and D. F. Larcker, "Moving from Strategic Measurement to Strategic Data Analysis," C.S. Chapman (ed.), *Controlling Strategy; Management, Accounting and Performance Measurement*, Oxford University Press, 2005, pp.86-105.（澤邊紀生・堀井悟志監訳『戦略をコントロールする―管理会計の可能性―』中央経済社, 2008年, 第5章）

Stamatis, D. H., *Total Quality Service: Principles, Practices and Implementation*, St. Lucie Press, 1996.

岡田幸彦「サービス原価企画への役割期待―わが国サービス分野のための研究教育に求められる新たな知の体系の構築に向けて―」,『會計』第177巻第1号, 2010年, pp.63-78。

狩野紀昭・瀬楽信彦・高橋文夫・辻新一「魅力的品質と当たり前品質」,『品質』第14巻第2号, 1984年, pp.39-48。

内藤耕『サービス工学入門』東京大学出版会, 2009年。

畠山芳雄『サービスの品質とは何か』日本能率協会マネジメントセンター, 2004年。

第2章

サービス・リエンジニアリングの位置づけと手法に関する一考察

1 ■サービスのための経営学

　第1章で指摘されたとおり，サービス産業にあっては，品質とコストの統合的なマネジメントシステムの構築が急務である。そして，自社が提供するサービスの品質を見直し，顧客を感動させるサービスを最小のコストで作り込み，収益構造の劇的な改善を図るサービス・リエンジニアリング（以下，SRE）が求められている。ここでSREでは，シンプルでかつだれでも使いこなせる概念や手法を用いて，抜本的な改革ではなく，あくまでもリフォームにこだわるのが基本的なスタンスであるとされる。

　一方で，サービス・マーケティングやサービス・マネジメントと呼ばれるサービス分野のための経営学（以下，サービス経営学）では，1970年代後半から，サービス設計の議論がなされてきた。そして，そこでの知見もふまえて，わが国における成功するサービスの開発方法論が実証的に研究されてきた。

　そこで本章では，まず，わが国において観察されている成功するサービスの開発方法論について紹介したい。次いで，SREとの関係で，このサービス開発方法論の課題とSREへの役割期待を示すとともに，SREを成功裏に実施するために必要な手法について考察したい[1]。

2 成功するサービスの開発方法論は存在するのか

2-1 岡田(2010)による発見

　第1章で指摘されたとおり，先行研究は総じてサービスを財務的な成果に明確に結びつける具体的かつ操作性にすぐれた方法論を提供するものではなかった。その中で，「唯一，岡田（2010）が成功するサービスに共通する動的な市場適応過程を識別してはいる」と第1章で位置づけられている発見がある。本項では，この岡田（2010）による発見事項を概説したい[2]。

　岡田（2010）によると，2002年から実施してきたわが国サービス組織52社（115人）へのインタビューでは，サービスの成功について産業・業種の壁を越えて多くの経営者・実務家が類似のイメージを持っていた。39社（95人）が「高い顧客満足」，「売上の安定成長」，「安定して高い収益性」という3つの要素を全て回答したのである。それでは，これらを満たした成功するサービスは，どのように開発・改良されているのであろうか。

　岡田（2010）は，「高い顧客満足」，「売上の安定成長」，「安定して高い収益性」をすべて達成しているとみなすことができるサービス事業を有する匿名18組織[3]に対して，2006年から2009年にかけて，前向きの定性的観察研究を行った。その結果，当該18組織は類似の開発方法論によって，成功するサービスを生み出していた。岡田（2010）は，この一連の活動を，(1)効果性のサイエンス，(2)効率性のサイエンス，(3)統合のアート，(4)仮説検証とサービス進化という4点から整理・体系化している。

(1) 効果性のサイエンス

　当該18組織に共通していたのは，まず，サービスの効果性（価格＜価値）に関するデータ収集・分析をもとにして問題を発見し，解決の方向性を探る点である。その際，すべての組織が何らかのかたちで顧客データ解析を行っていた。そして，そのためのデータベース構築投資を行っている組織が大半であり，自組織にとって理想的な優良顧客もしくは優良顧客セグメントを明確に定義し，

彼らの認知・行動パターンを識別している組織も数多くみられた。それと同時に，従業員データ解析をも重点的に行っている組織が見られた。従業員データ解析をも行っている組織はすべて，自組織が提供するサービスの専門性の高さをその理由とし，従業員へのヒアリングや，従業員のスキルデータなどから問題発見を行っていた。

　効果性のサイエンスと呼ぶべきこれらの統計・計量系の手法は，財務分析と併せて利用されている。特に，中長期経営計画を基礎とした次年度予算編成過程の一環として，顧客別もしくは顧客セグメント別の目標収益や客単価水準を設定し，そこから所要利益を差し引いて「競争に生き残るために望ましい姿，あるべき姿」としての目標原価を概算している組織も数多く存在した。そして，これらの活動の中で，顧客の活動と収益モデルが詳細に設計されていく。

(2) 効率性のサイエンス

　当該18組織に共通していたのは，効果性のサイエンスに次いで，それを達成可能な最適資源配分の方法が模索される点である。この時，先に概算された目標原価およびそれを基礎とした目標費用を制御基準とする組織が数多くみられるが，その他の組織も財務分析やベンチマーキングによって何らかの目標費用を設定しているという。そして，目標とされた原価・費用水準が確実に達成できるサービス組織の活動とコスト・モデルの詳細設計が追究される。この際，原単位（物量，時間，工数など）を利用して原価の作り込みを行う組織がその大半であった。

　ここで使われる手法は多様であった。しかし，効率性（原価＜価格）を追求する思考は共通していた。具体的には，従業員の配置やスケジューリングに関する数理最適化，機械設備等の配置・配備に関する数理最適化，RFIDなどによる可視化と動線分析による効率化，活動の外部化，自動化・IT化，活動の簡素化・中止などが確認された。そしてこれらの帰結として，何らかのかたちで原単位の科学的基準値を設定している組織と，原価の科学的基準値を設定している組織が存在した。

(3) 統合のアート

　効果性のサイエンスを手段とする顧客の視点からの設計活動と，効率性のサイエンスを手段とするサービス組織の視点からの設計活動は，同時並行的に行われている。しかし，効果性（価格＜価値）と効率性（原価＜価格）をともに最適化できる理想的な解決策をサービス提供システムの詳細設計図に落とし込むことは，すべての組織で困難であった。予算制約，時間的制約，その時代の技術水準による制約，知識・情報不足による制約などから，最小の妥協によって現行の最善値を定める決断をせざるをえないのである。

　この時，大半の組織では強力なコンセプトチャンピオンがこの決断を行い，その他の組織では開発チーム内で民主的にこの決断を行っている。その際，「コンセプトを壊さない範囲での最低コスト水準」という原則に従って可能な限り妥協を最小化し，どうしても折り合いがつかない場合には「最後はコストが低い選択肢を採用する」と考える組織が大半である。つまり，効果性のサイエンスと効率性のサイエンスを束ね，所要利益獲得を目指して「原価＜価格＜価値」の関係を決定する作業を，ヒトが行うのである。これは統合のアートと呼ぶべき内容であり，VE[4]的な思考の活動となっていた。

(4) 仮説検証とサービス進化

　こうして決まった新サービスは，あくまでも現行の最善値についての1つの仮説である。最小の妥協によって決定した「原価＜価格＜価値」の関係が正しかったのか否かは，基本的に事後的にしかわからない。特に典型的なサービスでは，オペレーション段階において外部生産要素（顧客や顧客の依頼対象など）が関与するため，不確実性が増幅してしまう。そのため，想定どおりの帰結に至っているかを検証できる測定フレームが必須となる。

　ここで，顧客満足度の測定，顧客購買履歴の測定，従業員満足度の測定，従業員スキルの測定などが実施されるなかで，すべての組織が財務的帰結の継続的測定を行っている。具体的には，ほぼすべての組織が月次で財務的帰結を集計・報告していた。会計情報の主な集計・報告の内容は，事業全体の予算差異情報，部門別・責任区分別の予算差異情報，何らかの原価の基準値に従った原価差異情報，顧客もしくは顧客セグメント別の利益情報であった。

特に興味深いことは，すべての組織が，オペレーション段階における業績測定を基礎として効果性のサイエンスに戻り，再度一連のサイクルを回した経験が一度以上ある点である。通常この仮説検証とサービス進化の過程は，中長期経営計画を基礎とした次年度予算編成の一環として年次で定期的に行われていた。

2-2　原価企画的なサービス開発活動の実態

　前項で紹介した成功するサービスの開発方法論は，非常に原価企画的な活動であった。ここでいう原価企画とは，「製品の企画・開発にあたって，顧客ニーズに適合する品質・価格・信頼性・納期等の目標を設定し，上流から下流までのすべての活動を対象としてそれらの目標の同時的な達成を図る，総合的利益管理活動」（日本会計研究学会編，1996）のことであり，戦後わが国製造企業が醸成してきた日本的経営の１つとして世界で知られている。

　前項の内容から特徴的なのは，「サービスの企画・開発にあたって，顧客ニーズに適合する品質・価格・信頼性・納期等の目標を設定し，上流から下流までのすべての活動を対象としてそれらの目標の同時的な達成を図る，総合的利益管理活動」とみなせる一連の活動がなされていたことである。具体的には，製造業の原価企画活動の特徴として広く知られている目標原価計算およびVE[5]と，同様の思考が成功するサービスの開発方法論においても確認されたのである。そして，製造業の原価企画活動と多少異なる点として，サービス設計の際にはコスト面だけでなく収益面の作り込みも同時並行的に行われている，という非常に興味深い特徴が観察された。

　ここで注意すべきは，前項で紹介した岡田（2010）による発見は，あくまでも成功するサービスに共通するパターンの一側面を抽出したものにすぎないことである。それでは，原価企画的なサービス開発活動はわが国においてどの程度普及しており，財務的成果とどのような関係が見られるのであろうか。

　岡田・堀（2014）は，サービス原価企画の実態をより正確に捕捉するために，わが国上場企業の中で第３次産業に分類される1,764社を調査対象とする「わが国サービス企業におけるコストマネジメント実務のアンケート調査」を2011年11月に実施した（以下，2011年調査）。2011年調査では，調査対象企業の主力

サービス（売上割合の最も高いサービス群もしくはサービス・ライン）の現状について，経理・会計担当の長に，2010年度を基準に回答を求めている。岡田・堀（2014）の実態分析に関した有効回答企業は143社（8.1％）であった[6]。

　岡田・堀（2014）では，ある上場サービス企業における主力サービスの開発・改良活動について，「目標原価計算的思考の度合い」と「VE的思考の度合い」の2点から，原価企画的であるか否かを判別している。前者の「目標原価計算的思考の度合い」は，「サービスの企画・構想時（サービス・コンセプトの創造や機能設計）時点で，『市場が受け入れる価格→所要利益→設計目標となるコスト』という順によって，あるべきコストを設定していますか？」と問い，「全くそうではない」を1，「非常に綿密にそうしている」を5とする5点尺度で回答を得ている。一方で後者の「VE的思考の度合い」は，「サービス開発・改良段階において，VE（価値＝機能／コスト）の考え方を設計活動に反映させていますか？」と問い，「全く反映させていない」を1，「非常に強く反映させている」を5とする5点尺度で回答を得ている。

図表2-1 原価企画的であるか否かの判別に関するクロス表

(単位：社)

		VE的思考の度合い					合計
		1	2	3	4	5	
目標原価計算的思考の度合い	1	7	4	1	0	0	12
	2	1	13	10	0	0	24
	3	3	14	31	6	0	54
	4	1	5	22	13	2	43
	5	0	0	3	4	3	10
合計		12	36	67	23	5	143

　岡田・堀（2014）によると，**図表2-1**のとおり，「目標原価計算的思考の度合い」と「VE的思考の度合い」の2つの度合いがどちらも高い（どちらも4もしくは5と回答した）サービス企業は22社であり，どちらも低い（どちらも1もしくは2と回答した）サービス企業は25社であった。そこで岡田・堀（2014）は，原価企画的であるサービス企業（**図表2-1**の右下の四角）が22社，原価企画的でないサービス企業（**図表2-1**の左上の四角）が25社，どちらともいえな

いサービス企業が96社だとみなし，2011年調査では原価企画的であるサービス企業が全体の15％程度であったと報告している。

　次いで岡田・堀（2014）は，原価企画的でないサービス企業と，原価企画的であるサービス企業とを比較し，両社の相違を明らかにしようとしている。そこでの比較の焦点は，前項の岡田（2010）で観察された収益モデルの詳細設計，顧客の活動の詳細設計，コスト・モデルの詳細設計，サービス組織の活動の詳細設計の4点の度合いと，自社の主力サービスの相対的収益性にある。

　2011年調査では，「収益モデル設計の度合い」は「サービス開発・改良段階で，収益モデル（いつ，どこで，どの財に対して，いくら，どうやって顧客に代価を支払ってもらうか）を設計していますか？」，「顧客活動設計の度合い」は「サービス開発・改良段階において，期待する顧客の活動を設計していますか？」，「コスト・モデル設計の度合い」は「サービス開発・改良段階で，コスト・モデル（いつ，どこで，だれが，いくら，どうやってコストを発生させるか）を設計していますか？」，「サービス提供活動設計の度合い」は「サービス開発・改良段階において，貴社が行う一連のサービス販売・提供活動を設計していますか？」とそれぞれ問うている。そして，これらの4つの質問項目について，「全く設計していない」を1，「非常に詳細に設計している」を5とする5点尺度で回答を得ている。一方で，「相対的収益性」については「類似の事業を営むライバル企業と比較した，貴社の主力サービスの収益性」を問い，「非常に低い」を1，「非常に高い」を5とする5点尺度で回答を得ている。

　図表2-2から図表2-5のとおり，原価企画的であるサービス企業は，原価企画的でないサービス企業と比較して，サービス開発・改良段階における活動パターンが明らかに違いそうである。原価企画的であるサービス企業の方が，明らかに収益モデルとコスト・モデルの設計を綿密に行っており，顧客の活動とサービス組織側の活動についてもともに綿密な設計がなされているのである。

　それでは，原価企画的であるサービス企業は，原価企画的でないサービス企業と比較して，高い収益性を誇っているのであろうか。岡田・堀（2014）によると，原価企画的である（でない）サービス企業の方が「相対的収益性」が高くなる（低くなる）という視覚的な傾向は見られたものの，それは統計的に有意な関係ではなかった。

図表2-2 原価企画的であるか否かと収益モデル設計の度合い

(単位:社)

	収益モデル設計の度合い					合計
	1	2	3	4	5	
原価企画的でない サービス企業	3 (12.00%)	12 (48.00%)	7 (28.00%)	2 (8.00%)	1 (4.00%)	25 (100%)
原価企画的である サービス企業	0 (0.00%)	0 (0.00%)	1 (4.55%)	12 (54.55%)	9 (49.91%)	22 (100%)
合計	3	12	8	14	10	47

$x^2(4)=32.986, p=0.000$

図表2-3 原価企画的であるか否かと顧客活動設計の度合い

(単位:社)

	顧客活動設計の度合い					合計
	1	2	3	4	5	
原価企画的でない サービス企業	2 (8.00%)	7 (28.00%)	8 (32.00%)	6 (24.00%)	2 (8.00%)	25 (100%)
原価企画的である サービス企業	1 (4.55%)	0 (0.00%)	2 (9.09%)	14 (63.64%)	5 (22.73%)	22 (100%)
合計	3	7	10	20	7	47

$x^2(4)=15.290, p=0.004$

図表2-4 原価企画的であるか否かとコスト・モデル設計の度合い

(単位:社)

	コスト・モデル設計の度合い					合計
	1	2	3	4	5	
原価企画的でない サービス企業	2 (8.00%)	16 (64.00%)	3 (12.00%)	4 (16.00%)	0 (0.00%)	25 (100%)
原価企画的である サービス企業	0 (0.00%)	0 (0.00%)	1 (4.55%)	14 (63.64%)	7 (31.82%)	22 (100%)
合計	2	16	4	18	7	47

$x^2(4)=31.492, p=0.000$

図表2-5 原価企画的であるか否かとサービス提供活動設計の度合い

(単位:社)

	サービス提供活動設計の度合い					合計
	1	2	3	4	5	
原価企画的でないサービス企業	2	7	8	6	2	25
	(8.00%)	(28.00%)	(32.00%)	(24.00%)	(8.00%)	(100%)
原価企画的であるサービス企業	1	0	3	10	8	22
	(4.55%)	(0.00%)	(13.64%)	(45.45%)	(36.36%)	(100%)
合計	3	7	11	16	10	47

$x^2(4)=14.072, p=0.007$

そこで岡田・堀（2014）は，さらに，「相対的収益性」が高い（4もしくは5と回答した）か否かに注目した再集計と，低い（1もしくは2と回答した）か否かに注目した再集計を行った。その結果，**図表2-6**のとおり，統計的に有意な関係が認められたのは，原価企画的であるサービス企業の方が「相対的収益性」が低くない傾向についてのみであった。この分析結果を受けて，(a) 競争劣位のサービス企業には，原価企画的なサービス開発をする余裕がない，(b) サービス原価企画には，競争劣位を回避する防御効果（protective effects）がある，という2つの可能性を岡田・堀（2014）は指摘している。

図表2-6 原価企画的であるか否かと相対的収益性が低いか否か

(単位:社)

	相対的収益性		合計
	低い	低くない	
原価企画的でないサービス企業	11	14	25
	(44.00%)	(56.00%)	(100%)
原価企画的であるサービス企業	3	19	22
	(13.64%)	(86.36%)	(100%)
合計	14	33	47

$x^2(1)=5.159, p=0.023$

3 ■ SREのために有用な手法とは

3-1　サービス原価企画とSRE

　前節で紹介した成功するサービス開発方法論としての原価企画的なサービス開発（以下，サービス原価企画と略す）は，未だ理論的・実証的研究の余地が大いに残されているのが現状である。しかしながら，医療分野に特化した荒井（2009, 2010, 2011）や産業横断的な実態調査（吉田ほか, 2010；吉田ほか, 2012）などその存在確認が進み，同様の方法論が地域中小企業でも再現可能なことを示唆する実験的事例（谷島, 2013）が登場するなど，日本発の学術的知見が蓄積されはじめたことは注目すべきであろう[7]。

　ただし，サービス原価企画とSREは，目指す山は同じであるが，登り方が多少異なる印象がある。前節のとおり，サービス原価企画はサービス提供システム（もしくはビジネスモデル）の根幹部分の開発・改良に関心がある。一方でSREは，「シンプルでかつだれでも使いこなせる概念や手法を用いて，抜本的な改革ではなく，あくまでもリフォームにこだわるのが基本的なスタンス」であると第1章で説明されているように，サービス提供システムの根幹を見直すというよりも，むしろ既存のサービス提供システムにおける日々のサービスを漸進的に改善していくことに関心があると位置づけられよう[8]。

　ここで思い出してほしいのは，サービス原価企画の実態分析の結果から，岡田・堀（2014）が，(a) 競争劣位のサービス企業には，原価企画的なサービス開発をする余裕がない，(b) サービス原価企画には，競争劣位を回避する防御効果がある，という2つの可能性を指摘している点である。もしこの2つの可能性が現実に確かに存在していると仮定すると，サービス原価企画の課題とSREへの役割期待が明確になると考えられる。

　サービス原価企画はサービス提供システムの根幹部分の開発・改良を主眼とし，これにより競争劣位を回避できる確率は高まるかもしれない。いわゆる"負けない戦略"として，サービス原価企画の貢献がある可能性が高いのである。一方で，サービス原価企画には，"勝つ戦略"として競争優位を獲得する

確率を高めることには課題が存在していそうである。さらに，サービス原価企画は，ある程度余裕のある企業でしか実施できないという課題も存在していそうである。もしそうであるならば，競争劣位かつ余裕のないサービス企業は，路頭に迷ってしまうことになろう。

　ここでSREでは，第1章のとおり，サービタリティ（クオリティ×ホスピタリティ＋アメニティ）を最大化するように，日々のサービスコンテンツを作り込むことを重視する。ここでいうサービスコンテンツは，いわゆるサービスミックスとして顧客に提供される。ゆえにSREは，日々のサービスコンテンツの最適なデザインを目指すものと理解できる。そしてその際に，「シンプルでかつだれでも使いこなせる概念や手法を用いて，抜本的な改革ではなく，あくまでもリフォームにこだわるのが基本的なスタンス」とするのである。

　つまり，競争劣位かつ余裕のないサービス企業であっても"勝つ戦略"として大いに利用可能な方法論として，SREならではの貢献が期待されるのである。それでは，サービス原価企画との関係からSREをこのように捉えると，SREのために適切な手法はどのようなものなのであろうか。

3-2　分子モデルの応用可能性

　サービス経営学の先行研究を見る限り，前項で整理した問題認識に対して最も適切に対応可能であると思われる考え方は，Shostack（1977）の分子モデルである。サービス経営学の研究分野で記念碑的論文と評されるShostack（1977）では，**図表2-7**が示すように，分子モデルというプロダクトを描写するアプローチが提唱され，有形のモノと無形のサービスの関係を「モノとサービスの束」として視覚的に表現しようと試みている。

　Shostackが分子モデルを用いて解決しようとしたことは，当時の経営環境における中心的な問題にあった。当時アメリカでは，サービス産業の規制緩和が短期間で行われ，サービス組織には生産性の高い，高品質かつ低価格のサービスを提供することが求められるようになっていた。これは，各種サービスが独立した商品として社会的に認められ，製品と同様に市場競争が行われるようになったことを意味する。サービスを顧客に提供する組織は，このトレンドに迅速に対応し，新しい経営環境である競合他社とのサービス競争に勝つために，

自社の商品を「モノかサービスか」という二律背反的な思考で捉えるのではなく，「モノとサービスの結合体」として捉える必要がある。そして，この要求に答え，商品の全体像を可視化し，管理するチャンスを与える実用的なツールとして分子モデルは提唱されたのである。

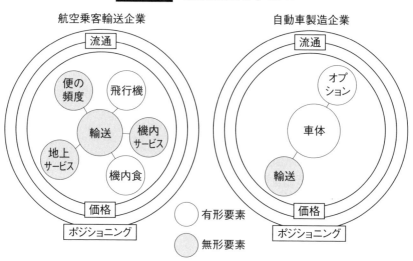

図表2-7　Shostackの分子モデル

出所：Shostack（1977）p.76.

図表2-7の構造を見てみよう。航空産業であれ自動車産業であれ，自社の商品は，製品や設備などの有形要素とサービスや機能などの無形要素との結合体として描写される。そして，有形要素と無形要素の結合体としての商品（Product）に，価格（Price）をつけ，流通方法（Place）を準備し，ターゲットとする顧客の心に自社の商品をポジショニングする（Promotion），という伝統的なマーケティング・ミックスの考え方が踏襲されている。

いわゆる製造業の商品は，中核に有形要素としての製品が位置づけられる。一方で，いわゆるサービス業の商品は，中核に無形要素としてのサービスが位置づけられる。ここで，中核となる製品やサービスが，必ずしもそれ1つだけで商品となるわけではないことに注意する必要がある。自動車製造企業であれば，車体という有形の構造物だけでなく，それが輸送サービスを提供できては

じめて，自動車としての商品価値が生まれる。一方で，航空乗客輸送企業であれば，輸送という無形のサービスだけでは存在しえず，それを実現する飛行機という有形の構造物があってはじめて商品として成立しうるのである。

さらに，中核となる製品やサービスとの関連で，多様な有形要素と無形要素を付加し，商品の差別化を議論することが可能となる。たとえば**図表2-7**の左側に描写される航空サービスでいうと，サウスウエスト航空に端を発するローコストキャリアの商品であれば，便の頻度，機内サービス，機内食，地上サービスの4つの要素を外した描写が適切であり，いわゆるノーフリルの商品となる。一方で，スターアライアンスのような航空連合に加わって提携型ポイントプログラムを実施するのであれば，新たに共通マイレージという無形要素を付加した商品として描写されるのが適切となる。

このように，分子モデルは，商品企画の際に有用な手法となっている。ここでSREの観点からすると，**図表2-7**のとおり，分子モデルは日々のサービスコンテンツの最適なデザインを目指す際にも有用となりそうである。加えて，「シンプルでかつだれでも使いこなせる概念や手法」というSREの基本的なスタンスにもフィットしていると思われる。ただし，第1章の**図表1-4**で取り上げられている，顧客がサービスに求める商品属性（魅力的属性，一元的属性，当たり前属性）とサービタリティの構成要素（クオリティ，ホスピタリティ，アメニティ）については，まったく考慮がなされていないという課題がある。

そこで本項では，分子モデルを，顧客がサービスにもとめる商品属性とサービタリティの構成要素をも取り扱えるように拡張することを提案したい。SRE用の分子モデルの記述法（以下，SRE分子モデリングと呼ぶ）として，以下の手順が考えられる。

＜SRE分子モデリングの手順＞

① 現在の自社のサービスの分子モデルを，Shostackの方法によって描く。その際，有形・無形要素はポストイット等を利用し，ホワイトボードに描写することが理想である。

② ①で描写されたすべての有形・無形要素それぞれについて，魅力的属性，一元的属性，当たり前属性のいずれか1つを識別する。3色を用いて，有

形・無形要素を色分けするのが理想である。

③ ②で修正された分子モデルにおけるすべての有形・無形要素それぞれについて，クオリティ，ホスピタリティ，アメニティのいずれのサービタリティ構成要素かを識別し，書き込む。

④ ③で修正された分子モデルにおけるすべての有形・無形要素それぞれについて，商品1単位当たりの原価を計算し，書き込む。人件費や減価償却費などを含む，全部原価であることが理想である。なお，原価計算の方法については，現在の実態を最も反映する方法が望ましいと考えられる。

⑤ ④で修正された分子モデルをもとに，有形・無形要素の削除・縮小可能性を議論し，分子モデルを修正する。その際，商品1単位当たりの原価削減見込額を算出する。この時，顧客がサービスにもとめる商品属性とサービタリティの構成要素の2つの視点を忘れてはならない。

⑥ ⑤で示された商品1単位当たりの原価削減見込額の範囲内で，追加可能な新たな有形・無形要素を議論する。その際，新たな有形・無形要素についてのWTP（Willingness To Pay; 顧客が快く支払う金額），顧客がサービスにもとめる商品属性，サービタリティの構成要素の少なくとも3つを識別することが理想である。

⑦ ⑥の議論をふまえ，新たな分子モデルを描き直す。なお，これら一連の作業の中で，同業他社との差別化の視点を忘れてはならない。

SRE分子モデリングは，よりよいサービスを低コストで作り込むことを目指すアプローチだといえよう。第1章で指摘されているように，既存サービスの活動やプロセスには，多くの無駄や非能率が含まれている。そこで，これらの部分を有形・無形の付加価値要素へと転換するための検討手法として，SRE分子モデリングを位置づけることができる。そのため，SRE分子モデリングは，たとえ競争劣位かつ余裕のないサービス企業であったとしても，"勝つ戦略"のために大いに利用可能な手法であるものと考えられる。

4 ■ SRE分子モデリングの課題

　本章では，わが国において観察されている成功するサービスの開発方法論を紹介するとともに，そのSREとの関係およびSREを成功裏に実施するために必要な手法について考察した。

　本章で提示されたSRE分子モデリングは，既存サービスの無駄や非能率を付加価値要素へと転換する検討手法であり，たとえ競争劣位かつ余裕のないサービス企業であったとしても大いに利用可能であるものと考えられる。さらに，SRE分子モデリングは，サービス原価企画の中でも大いに応用可能な手法であると思われる。

　しかしながら，本章で提示したSRE分子モデリングは，現時点においては仮説の域をでるものではなく，現実のサービスにおける試験的利用や実証実験が必要である。今後の産学連携によるSRE研究の発展に期待したい。

■注

1　著者のサービスの定義は，「"誰か"に"何か"をしてあげること」である。"誰か"がいなければ無価値である。そして，"何か"をしてあげるためには"何か"をしてもらう必要がある。これを無料で行うことを，我々はボランティアや「おまけ」と呼んでいる。以上が著者のサービス観であり，このサービス観はサービス・ブループリンティング研究の史的展開の影響を受けている。サービス・ブループリンティング研究の史的展開については，岡田（2005）や岡田（2006）を参照されたい。
2　なお，ここで紹介する岡田（2010）の概要は，工学系（岡田ほか，2010），統計科学系（岡田，2013），サービス科学系（岡田ほか，2014），そして2012年12月に創設されたサービス学会（岡田，2014）などで紹介された内容と同様である。
3　当該18社の主力サービスの業種は，「情報通信業」2社，「運輸業，郵便業」2社，「卸売業，小売業」2社，「金融業，保険業」2社，「不動産業，物品賃貸業」1社，「宿泊業，飲食サービス業」3社，「生活関連サービス業，娯楽業」1社，「教育，学習支援業」1社，「医療，福祉」4社であった。
4　VE（価値工学）の考え方については，第1章および第4章を参照されたい。
5　たとえば谷編著（1997）は，原価企画の3側面として，管理会計的側面（目標原価の設定と細分割付およびマイルストーン管理），組織的側面（ラグビー方式による製品開発およびサプライヤー関係），VE的側面（VEおよびコスト・テーブル）を位置づけている。
6　当該143社の主力サービスの業種は，「電気・ガス・熱供給・水道業」3社，「情報通信業」19社，「運輸業，郵便業」9社，「卸売業，小売業」55社，「金融業，保険業」8社，

「不動産業，物品賃貸業」9社，「学術研究，専門・技術サービス業」3社，「宿泊業，飲食サービス業」5社，「生活関連サービス業，娯楽業」5社，「教育，学習支援業」5社，「医療，福祉」2社，「複合サービス事業」6社，「その他」14社であった。
7　加えて，岡田（2010）を基礎理論とする新たな高等教育プログラムが創設されるまでに至っている。筑波大学大学院システム情報工学研究科は，2014年4月に，社会工学専攻の中にサービス工学学位プログラムを創設した。サービス工学学位プログラムでは，新たなサービス・よりよいサービスを創る理論・技術を教授する。これは世界的に見て，修士（サービス工学）を授与する世界初の教育サービスである。
8　そしてこの立場から考えると，SREは，岡田（2010）でいう(4)仮説検証とサービス進化の過程についての議論として捉えることもできる。

■ 参考文献

Shostack, G.L., "Breaking Free from Product Marketing," *Journal of Marketing*, Vol.9, Summer, 1977.
荒井耕「日本医療界における診療プロトコルマネジメントの展開」『會計』第176巻第3号，2009年。
荒井耕「日本医療界における診療プロトコル開発活動を通じた医療サービス原価企画の登場」『原価計算研究』第34巻第1号，2010年。
荒井耕『医療サービス価値企画』中央経済社，2011年。
岡田幸彦「サービス・ブループリンティング研究の史的展開と将来の発展方向」『一橋論叢』第134巻第5号，2005年。
岡田幸彦「サービス組織の原価管理論」一橋大学大学院商学研究科博士論文，2006年。
岡田幸彦「サービス原価企画への役割期待―わが国サービス分野のための研究教育に求められる新たな知の体系の構築に向けて―」『會計』第177巻第1号，2010年　pp.63-78。
岡田幸彦「企業のサービス科学」『エストレーラ』2013年。
岡田幸彦「サービス学のサイエンスとアート」『サービソロジー』2014年。
岡田幸彦・河合亜矢子・稲川卓司「サービス生産性シミュレータの基本理念」『横幹』第4巻第1号，2010年。
岡田幸彦・倉田久・生稲史彦「成功するサービス経営のアート」高木英明編著『サービスサイエンスことはじめ』筑波大学出版会，2014年。
岡田幸彦・堀智博「サービス原価企画の実態分析」『會計』第185巻第6号，2014年。
谷武幸編著『製品開発のコスト・マネジメント』中央経済社，1997年。
日本会計研究学会編『原価企画研究の課題』森山書店，1996年。
谷島賢「可視化とPDCA3年モデルを用いた乗合バス事業改善の実証的研究」埼玉大学大学院理工学研究科博士論文，2013年。
吉田栄介・妹尾剛好・福島一矩「日本企業における管理会計［第二部］(1)」『企業会計』第62巻第4号，2010年。
吉田栄介・福島一矩・妹尾剛好『日本的管理会計の探究』中央経済社，2012年。

第3章

サービス財における知覚品質の形成過程と評価測定

1 ■ サービス・マーケティングのアプローチ

　わが国のGDPに占めるサービスの割合は7割を超え，先進国同様にサービス経済化が進行するにつれ，さまざまな研究分野においてサービスの管理問題への関心が高まってきている。なかでもマーケティング分野では，1960年代よりサービスに特有の市場取引に注目し，サービス・マーケティングという固有の研究領域を発展させてきた。当初は，経済活動の実態に合わせて，サービス産業分類に注目し，何がサービスの本質をなすのか，サービス自体の概念規定を目指してきた。その後，サービス取引の特徴を踏まえつつ，顧客側の満足や再購買意図へとつながるサービスの管理問題へと関心を発展させてきた。

　サービスの管理問題におけるマーケティング分野のアプローチの特徴は，サービス提供側と顧客との間の取引プロセスに関心の焦点を合わせていることであり，とりわけそのプロセスが顧客側の心理や行動にいかなる影響を与えるかを解明していくことと，管理問題とが結びつくということにある。

　図表3-1は，サービス・マーケティングとサービスのオペレーションズ・マネジメントとの研究領域の接点を示したものであるが，オペレーションズ・マネジメントの領域では，従業員や設備といったインプットがいかにサービス・プロダクトというアウトプットに影響を与えるかに関心があるのに対し，マーケティング分野では，サービス・プロダクトとして，顧客側にもたらされるもの，すなわち顧客が感じる感情や価値，購買意図といったことに研究上の関心を置くことになる。

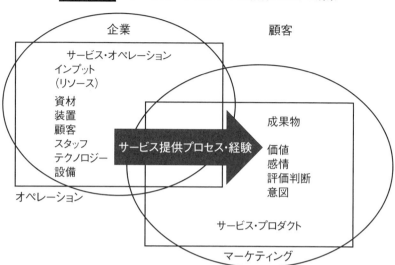

図表3-1 サービス・プロダクトと顧客における成果

出所：Johnston & Clark（2001）より加工。

　マーケティング分野においては，顧客側の心理や取引に焦点を当てるものの，サービスに特化したマーケティング分野が発展してきた背景には，サービスの取引プロセスが，物財のそれとは異なるという認識が早くからあったからである。サービス・マーケティングの萌芽期には，サービスと物財との違いは何かという，サービスの本質を捉えようとする試みにおいて，たとえばサービスは有形資産の所有権を伴わないこと（Judd, 1964），触知できない行為や活動であること（Rathmell, 1966；Regan, 1963）さらには結果として満足が生み出されること（Regan, 1963）に焦点が当てられてきた。さらにサービスの取引プロセスに注目し，サービスを物財とは異なり，行為や活動として捉える立場が見られるようになった（Bateson, 1979；Lovelock, 1996；上原, 1990）。Bateson（1979）は，消費者にサービスを提供するシステムが，同時に消費者に提供される「プロセス」であり，消費者はそのプロセスに能動的に関わることを指摘している。サービスが提供プロセスとして顧客に与えられると同時に，顧客自身がそのプロセスに関与することは，サービスにおける取引の重要な特徴を示している。つまりサービスを生み出す生産活動と消費とが同時に起こるプロセスとして不

可分であることがマーケティング分野では重視され，サービスの形成に顧客が関与してくることが，サービスの管理問題において中心をなしてきたのである。

マーケティング分野において，サービスの生産と消費が不可分性であるという認識は，サービスの品質がいかに形成され，どのように管理され，評価されるべきかという問題に関して固有の理論枠組みと管理手法や尺度とを発展させてきた。

本章では，これらがサービスのリエンジニアリングのアプローチとどのように関連づけられるかについて，サービス取引における特徴とともにサービス品質の形成過程について整理し，サービス・リエンジニアリング・アプローチへの提言を行うことを目的とする。

2 ■サービス取引における知覚品質

2-1 サービス取引における特徴

マーケティング分野においては，サービス取引における物財のそれとの相違から，サービス研究が発展してきたことを先に述べたが，サービスの本質を捉えようとする先行研究の知見を整理することにより，Zeithaml, Parasuraman and Berry (1985) は，サービスの特徴を，Intangibility（蝕知できないこと，無形性），Heterogeneity（バラつき性），Inseparability（生産と消費の不可分性），Perishability（消滅性）として要約するに至っている。これらの4つの特徴は，近年においてはIHIPと略称されるほどにサービス研究者においては周知されてきている。さらに，これらの特徴は相互に関連しあっていることにも注目すべきである。

サービス財の第一の特徴は無形であるということ，つまり財自体が蝕知できないという性質をもつことにある。また，サービスには形がないために1回限りで消滅し，在庫することができない。飲食や宿泊，運輸，金融業といったいくつかのサービス業の行為を思い浮かべるとわかるように，無形のものを，提供者と顧客とが同時に関わることによりサービス財として生み出していることが特徴となる。食事を提供するというサービスは，提供者が物を提供するだけ

でなく，顧客が提供されたものを消費することによってはじめて成り立つのであり，サービスを生産することと消費とは不可分であり，多くの場合サービス提供者と受け手とが同時に参加することを必要とする。また，このことは個々のサービスの形成を標準化することを困難にする。たとえ料理人や飲食店が毎回，同一の水準の料理を提供しようとしても，顧客の方の体調や気分，あるいは好み等によって，美味しさが感じられないということはよくあることである。さらには，料理の提供のしかた自体が複数の人が共同で関わるプロセスであり，質がバラつくということが起こるのである。

サービスの品質というものを考える時，これらのサービスに固有の特徴は品質評価自体を難しくする問題である。そもそも触知できない財の品質をどう評価するかということが問題であり，物財におけるスペックのような，品質を決められる次元や客観的な指標が存在するわけではない。サービスにおいて生産と消費とが不可分であるということは，顧客自身がサービスに同時に参加しつつ，サービスを共同で生産しながら，同時にサービスの品質を評価しているという状況になることがまず重要な点となる。

2-2 サービスにおける知覚品質の形成過程

サービス財の形成過程に，サービス提供者と顧客とが共同して参加していることは，形成されるサービスへの評価自体が，顧客から独立した客観的な属性に基づいて成されるものではなく，顧客自身の知覚に委ねられるものとなる。そこでサービス品質とは，顧客側の知覚によって形成されることが指摘されてきた（山本，1999）。さらに知覚品質が顧客の感じる満足と密接な関係にあることが先行研究によって明らかにされている。

サービス品質を顧客側の知覚として明らかにしようとする研究は多いが，それらはサービス品質を顧客側の満足との関連においてアプローチしてきたことが注目される。サービスの知覚品質にはサービス経験における満足が影響を与えるという立場や，知覚品質が顧客満足につながるのか，さらには，サービスの知覚品質と満足とはそれぞれ別個のものとして弁別できるかという観点から，両者の弁別性や因果関係が議論の対象となってきた。

知覚品質と顧客満足との因果関係への注目において，まず顧客満足の形成に

ついて，事前期待というものがあり，実際に知覚する品質が事前期待より同等か，上回っていることを確認すれば，満足が形成されるという，「期待―不確認（expectation-disconfirmation）」モデル（Oliver, 1980）と呼ばれる考え方がある。つまり，知覚品質は顧客満足の先行要因として捉えられる。

これに対し，顧客満足が知覚品質に影響を与えるという研究がある。Bitner（1990）は，事前期待が顧客満足に影響を与え，顧客満足がサービスの知覚品質に影響を与えるという因果モデルをサービス・エンカウンター（サービス提供者と顧客側との接点）研究において検証している。ここで知覚品質は，特定のサービス経験に対する評価というより，企業のサービス全般に対する態度として捉えられ，満足の結果として起こるものとされている。態度とは，顧客側の，対象に対する好きか嫌いかのような心理的な構えを指す。すなわち，前者のOliver（1980）の期待―不確認モデルでは，満足は1回ごとのサービス経験への評価であり，事前期待と知覚品質とのギャップで生まれるものと考えているのに対し，後者の立場（Bitner, 1990）は，知覚品質は複数回にわたる経験の結果としている。

一方で，上記と異なり，知覚品質と顧客満足の因果関係は特定化されず，双方向的であると主張する立場がある（Cronin and Taylor, 1994；Iacobucci, Ostrom and Grayson, 1995）。さらに，サービス品質と顧客満足との因果関係は，消費者によるコンティンジェントなものとして捉えられるという主張もある（Dabholkar, 1995）。近年では，サービス品質と顧客満足との関係が既存研究において線形的な関係で捉えられてきたことへの懐疑もあり，Falk, Hammerschmidt and Schepers（2010）は，サービス品質と顧客経験とが同時に顧客満足に影響を与えることを，構造方程式モデリングにより検証し，因果関係のダイナミズムの捉え方についてこれまでとは異なる視点を提供している。

このようにサービス品質については，顧客側の心理プロセスモデルとして，知覚品質がどのように形成されるか，顧客満足をはじめとして他の関連する概念との因果関係的なプロセスとして概念形成され，また検証がされてきた。とりわけ，サービスの知覚品質と満足との関係が注目を集めてきたのは，それらがさらにサービスの再購買意図につながるという，因果関係が長らく研究上の注目を集めてきたことが指摘される（たとえばHeskett et al., 1994）。Anderson and Sullivan (1993) は，Oliver (1980) の主張する「期待—不確認」仮説に基づき，顧客の事前期待が，知覚品質に影響を与えるとともに，事前期待と知覚したものか，それ以上であるとの確認が満足へとつながり，また再購買意図へと影響を与えることをモデル化している。結果として，事前期待は直接的には満足に影響しないが，知覚品質が期待に及ばない場合，期待より超えているよりも満足と再購買意図に大きく影響を与えてしまうことを明らかにしている。

さらにサービス品質は，満足と密接に関係があるのみならず，知覚品質と満足との間に知覚価値が介在するという立場もある。サービスの知覚品質が顧客満足に直接的に影響を与える，あるいは逆となるという想定のみならず，価格や得られる便益と顧客が支払う犠牲とが考慮され，価値認識が満足に影響を与えるという研究が検証されてきている (Ruiz, Gremler, Washburn and Carrión, 2008)。また，サービスの品質評価と満足，行動意図に関連する研究のなかで，サービス失敗とリカバリーの持つ影響（たとえば，Sousa and Voss, 2009)，知覚された公平性（たとえば，Namkung and Jang, 2010）など，よりサービスのオペレーションのマネジメントに知見を出そうとする研究も進められてきている。

2-3 B to B 取引における知覚品質の形成過程

サービスの知覚品質を顧客側に起こる心理プロセスとしてその因果関係を特定化しようとする一方で，企業間取引（以下，B to B 取引）におけるサービス研究では，個々の消費者の心理プロセスを集計したものではなく，B to B 取引に特定的な性質からどのようにサービスに対する品質評価が行われるかに注目してきた。

B to B 取引は，企業と消費者との取引との相違点として，意思決定における合目的性や企業間の相互依存性，取引自体における継続性さらに，組織性が特徴として挙げられる（高嶋・南，2006)。B to B サービス取引に関する研究においても，継続的な関係性の介在 (Briggs, Landry and Daugherty, 2007 ; Coviello and Brodie, 2001 ; Gounaris, 2005 ; Rauyruen et al., 2007 ; Roberts and Merrilees, 2007 ; Woo and Ennew, 2005)，取引関係に複数名が関与するという組織性 (Homburg and Rudolph, 2001 ; Williams, Khan and Naumann, 2011 ; Williams, Khan, Ashill and Naumann, 2011)，また意思決定における合理性の尊重 (Williams et al., 2011；Zeng et al., 2011）といった点が関心を集めてきた。BtoBサービス取引の研究対象領域として，情報サービスや物流サービス等が対象とされてきている。

　BtoBサービス取引が，対消費者とは異なり，多くの場合継続的取引を前提としていることは，サービスへの評価が1回限りのサービスへの評価ではないことが指摘される。むしろ安定的なサービス提供や継続可能であること自体が評価対象となり得る。この点において，BtoBサービス取引への品質評価が，当該企業への全般的な評価になる傾向にあり，BtoBサービスに特徴的な評価次元，たとえば受注処理や納品などの活動的次元を識別することの必要性が主張されてきている（eg. Zeng et al., 2011）。

　さらにB to B取引が，継続的であり，かつ相互依存的であること，つまりサプライヤーから供給されないと顧客企業のビジネスが成り立たず，また顧客企業もサプライヤーからの受注をもとにビジネスが成り立っているということから，相互作用面を含んだ因果モデルも開発されてきている。つまりB to Bサービス取引においても，サービスの個々の取引ではなく，継続的な取引があり，この継続性が全体としてのサービスの品質評価に関連することが明らかにされてきている（たとえば，Briggs, 2007）。

　継続性や相互依存性は，企業間の「関係性（relationship）」という概念であらわされる。特定の取引相手と継続的に取引を行う場合，取引当事者間には関係的取引があるとされる。B to Bサービス取引においては，サービスの品質評価が，この関係性の質に影響を受けることが指摘される。たとえば，Rauyruen and Miller（2007）は，「関係性の品質（relationship quality）」というものを概念化しているが，これはサービス品質と，コミットメント，信頼，満足といった概念から成り立つ上位のより抽象化された概念である。彼らはこの関係の質を供給側と顧客との従業員レベルと，供給企業全体としてのレベルとの2つの水準で考え，関係の質が継続利用に影響を与えるのは従業員レベルではなく，組織的レベルであるということを検証している。また，関係の質とサービスへの知覚品質との関係に焦点を当てた研究として，企業間の信頼とコミットメント，サービスへの知覚品質と顧客との繋がりを形成するテクニックとの因果関係の検証（Gounaris, 2005）や，関係性の質を通じた顧客維持の概念モデルの提

唱（Myhal 2008 et al., 2008）がある。

　B to B取引においては継続的な取引に基づくことによる，サービス品質評価への影響は，個々のサービス取引について品質を評価するというより，企業間において継続的な関係性をいかに評価するかがより重要性を持ち，サービスのサプライヤー企業との関係性を基盤としてトータルなサービス品質を顧客側は評価する傾向にあるといえる。

　B to B取引においては購買の目的にしたがって合理的に意思決定されるという点では，購入価格に対する判断は重要と考えられるが，一方で，継続性を前提とする取引関係においては，1回の取引に対する価格評価とは異なり，価格に対する品質評価つまり得られたものの価値に対する概念や，満足といった概念が関連すると想定される。Zengら（2011）は，物流サービス業界においてサービス品質の価格感受性に対する直接的な影響を検証しつつ，また知覚価値と顧客満足とが加わることによる間接的な影響も明らかにしている。サービス品質の測定尺度として，受注処理，受発注手続，顧客サービス，製品ポートフォリオ，欠品の扱いを用いている。

2-4　インターネット利用環境下のサービス取引における知覚品質への注目

　近年では，インターネット利用環境でのサービスの普及を反映して，サービスの品質研究においても，関心領域が変化，拡大していることが顕著である。インターネット利用環境では，サービスの提供のしかた自体が，たとえば，対人的な接触を伴わない場合や，サービス利用時の操作性など，これまでのサービスと異なる側面があるため，インターネット利用のサービスの固有の問題設定や，サービスの品質を測定しようとすることが関心を集めている。

　インターネット利用時のサービスに関する品質の問題は，eサービス品質として概念化されているが，eサービス品質と顧客満足との関係（Chang Wang and Yang, 2009；Finn, 2011；Santouridis, Trivellas and Reklitis, 2009），非対人的な接触におけるサービス品質評価（Bauer, Falk and Hammerschmidt, 2006；Liang and Chen, 2009；Gounaris, Dimitriadis and Stathakopoulos, 2010）等の研究が行われてきている。

ウェブサイト利用に代表される，インターネット利用環境下での非対人的な接触におけるサービスへの品質評価において，どのようにサービスのプロセスに基づき，サービス提供の品質を評価するか測定次元を探すことに関心がある。たとえばBauer, Falk, and Hammerschmidt（2006）は，ウェブサイトの品質に関して，機能性／設計，楽しみ，プロセス，信頼性，反応性という測定次元の識別を行っている。ウェブサイトのサービス品質のその影響については，サービス品質と顧客満足，信頼，顧客関係の長さと深さ，幅との関連の検証（Liang and Chen, 2009），サービス品質と顧客満足が，口コミ，サイトへの再訪，購買意図という消費者の行動的な意図に対する効果についての検証（Gounaris, Dimitriadis and Stathakopoulos, 2010）が行われてきている。オンライン上のサービス品質はオンライン上の満足度に効果を与えるが，満足度を通じて，サイトへの再訪，口コミ，リピート購買に影響を与えることが明らかにされている。またオンラインのサービスへの注目において，サービス品質，満足，価値に加え，信頼概念を取り入れ，信頼がロイヤリティ形成につながることの検証を行った研究もある（Harris and Goode, 2004）。

インターネット利用環境下での非対人的な接触のみならず，対人的なサービスへの関心もある。コールセンターは情報通信技術をもとにしているが，対人接触の部分も存在する。eコンタクト・センターにおけるサービスに焦点を当てた研究として，対人的なサービス品質，社会的価値，小売りへの満足，コンタクト・センターへの満足度を統合したモデルの検証による，対人的なサービス品質が顧客のロイヤルティ形成に持つ影響の評価研究がある（Park, Chung and Rutherford, 2011）。

3 ■サービスにおける品質の管理問題

3-1 提供プロセスとしてのサービス

サービス生産のプロセスへ顧客が関与することはサービスにおいていかにサービス提供を管理していくかという問題への関心を高めることになる。Lovelock（1999）は，サービスを活動，行為として捉えるのみならず，提供の

プロセスとして捉え，サービス・デリバリー・システムとして概念化し，提供プロセスの管理問題に焦点を当てた。サービス・デリバリー・システムとは顧客への価値を提供する全体としてのしくみを意味する。

図表3-2に示すように，このシステムは，顧客と接する部分と，直接接しない部分とから構成されている。顧客と直接接することなく，顧客からは見えない部分は，バックステージと呼ばれ，顧客へのサービス提供をサポートする技術的なコア部分を指す。一方顧客の目に直接触れる部分は，施設・設備等の物理的部分，従業員であり，これらはフロントステージとして概念化される。サービス提供は，それぞれの要素から構成されているというシステム発想のもと，サービスのオペレーションは，各要素の組み立てが行われ，そこから生み出される成果物がサービス・プロダクトとして顧客にデリバリー（提供）されることになる。

サービスの管理問題は，このデリバリー・システムをどのように管理してい

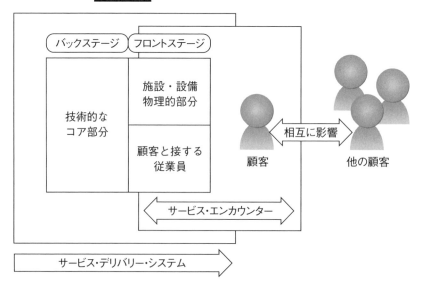

図表3-2　サービス・デリバリー・システム

出所：Chritopher Lovelock and Lauren Wright（1999），Principles of Service Marketing and Management.（小宮路雅博監訳『サービス・マーケティング原理』p.61, 2002より加工）

くかという問題になる。また，サービスのデリバリーに関するオペレーションの問題に焦点を当ててみると，オペレーション管理の視点では，サービスを提供すべき企業がいかにリソースとなる設備や人員，技術をサービス・デリバリー・システムに投入し，アウトプットとしてのサービスの成果を生み出すかに注目しており，一方で，マーケティング分野ではとくに，サービス提供から生み出されるものとして，顧客側の感情や，価値，購買意図に焦点を当てているということになる。次節ではまず顧客側のサービスの成果物の捉え方に注目することにする。

4 ■サービスの知覚品質と評価測定問題

4-1 サービスの知覚品質の評価尺度としてのSERVQUAL

　サービスは，生産と消費とが不可分であり，顧客の能動的な関わりによって成り立つプロセスであり，サービスの品質は顧客側の知覚品質であるという認識に基づいて，これまでにさまざまな知覚品質の評価尺度や，サービス提供プロセスの管理手法が考えられてきた。すでに述べてきたとおり，サービスの知覚品質が，顧客側の事前期待や満足と密接に関連する心理プロセスであるために，サービスの品質自体を客観的に取り出して評価することは困難である。むしろ顧客側の知覚する品質をいかに測定するかについて検討されてきた。

　Parasuraman, Zeithaml and Berry（1988）により開発された，SERVQUALという手法は，顧客側の知覚するサービス品質を評価する次元を設定し，測定するものである。この手法では，触知性（tangibles），信頼性（reliability），反応性（responsiveness），保障性（assurance），共感性（empathy）という5つの次元において，尺度化し，点数化する。SERVQUALではとくに，サービスの生産と消費の不可分性において，サービス提供側がどのように顧客に対して相互作用するのかについて次元を明確にしているところに意味がある。触知性とは，設備，装置，従業員の外見など物理的な部分を指す。サービス取引は触知できないという特徴を持つが，触知できる部分を顧客がどう知覚するかを測定する。信頼性とは，約束したサービスを適切に遂行する能力，反応性とは，顧

客を助け，迅速なサービスを行う準備や意欲を指す。保障性とは，従業員自身の知識や礼節，自信のことを意味する。さらに共感性とは提供側が顧客に対して行う気遣いや配慮等である。

　測定尺度が開発される意義は，顧客の知覚品質を定期的に測定することや，次元ごとに測定すること，あるいは競合他社との比較が可能になるということである。

　SERVQUALについては，インターネット環境下でのサービス提供の広まりを受けて，E-SERVQUAL（Zeithaml, 2002）や，E-S-QUAL（Parasuraman, 2005）といった，インターネット版の測定尺度が開発され，近年では，測定尺度の開発への関心も高い（Bogomolova, 2008；Coulthard, 2004；Marimon 2009）。E-S-QUALでは，新たに効率性や，システムの入手性，サービス・ニーズの充足，プライバシーなど，ネット特有の次元における品質測定が意図されている。ウェブサイトを通じて提供されるサービス等は対人接触を伴わないため，顧客側のサービスの知覚品質は異なると想定されるが，Zeithaml（2002）は，たとえば反応性に関して，対人接触とネットではサービス品質の知覚が異なり，サービスの提供の反応性については必要以上のメール送信などが評価されないなど，インターネット特有のサービス品質への知覚を論じている。

4-2　顧客満足度測定における知覚品質の測定

　サービスについての知覚品質が満足と密接な関係にあることはすでに述べたが，顧客満足度自体を測定し，財務指標とともに経営指標に生かしていこうとする考え方が近年増加してきている。顧客満足度を，多項目からなる潜在変数，たとえば知覚品質や知覚価値等を想定し，それらの因果関係の中で，顧客満足度を測定しようとする顧客満足度指数開発が米国を中心として，世界各国で普及している。わが国でも2010年にサービス産業生産性協議会により日本版の顧客満足度指数が開発され，導入されている（南・小川, 2010）。年間5回調査を実施し，約30業種，約400社の企業を対象とし，そのユーザーから設問形式でデータを入手している。調査対象となるのは業界内でシェアが上位に入る企業である。

　顧客満足度指数の基礎となる因果モデルの構成は，顧客の「事前期待」,「知

覚品質」,「顧客価値」の因果関係が顧客満足の形成過程となり,「苦情」と「ロイヤルティ」が顧客満足の結果となるモデルである。顧客満足の形成過程の因果関係は,「期待—不確認モデル」で想定される因果関係をベースにしている（Anderson & Fornell, 2000）。ロイヤルティは,「再購買の可能性」と「価格への耐性」を意味するが,日本版では「再利用意図」となっている。顧客満足度指数は,企業のサービス利用経験があるユーザーを対象として,設問形式でデータを収集し,そのそれぞれの潜在変数の因果関係を,構造方程式モデリングにより推定することにより数値を導出するが,知覚品質は,顧客満足度に影響を与える潜在変数の1つとして測定されている。

　顧客満足度指数は,サービスを利用する顧客側の心理的なプロセスを測定可能なものとし,それを企業側が,自社の提供するサービスにおける問題の診断を行うことや,他社,あるいは他業界との比較を可能にすることを目指している。企業が独自に顧客調査を行うのと異なる点は,調査対象を業界内で市場シェア上位の企業のサービスの利用経験者としているため,企業にとって忠誠度の高い顧客のみならず,比較的利用経験が少ないライトユーザーからの評価が得られることに特徴がある。

4-3　サービス品質の評価手法

　サービスの品質が,企業が完全にコントロールできるものではなく,顧客側の知覚品質として捉えられるという前提から,サービス品質についての評価手法がさまざまに開発されてきた。本節では,サービス提供側と顧客側との相互作用に注目するギャップ分析,サービスの提供プロセスをマッピングするサービス・ブループリント,顧客側の知覚プロセスに注目するサービス・トランザクション・アナリシス（Service Transaction Analysis；以下STA),さらに近年主張されているサービス・デザイン志向について触れる。

　サービスの知覚品質を向上させる手段として,サービス提供の管理問題として,サービス提供側と顧客側との相互作用をいかに管理するかに注目するのが「サービス品質ギャップ分析」である。これは,サービス提供側と顧客側とに起こるさまざまなギャップに注目する。Lovelock and Wright（1999）は,図表3-3のように,提供側と顧客側とのギャップとして,①知識ギャップ,②

スタンダード・ギャップ，③デリバリー・ギャップ，④内部コミュニケーション・ギャップ，⑤知覚ギャップ，⑥解釈ギャップ，⑦サービス・ギャップ，の7つのギャップが存在するとし，これらのギャップを最小化していくことが顧客によるサービスの品質評価を向上させるために重要であるとしている。

　知識ギャップとは，サービス提供側が持つ，顧客ニーズや期待についての知識の実際とのギャップを指し，スタンダード・ギャップとは，顧客ニーズ・期待をサービスとして実現化する上でのサービス設計上のギャップを意味する。内部コミュニケーション・ギャップとは，サービス提供者側が外部に伝えているサービス製品の特徴，性能や品質と，実際に提供できるサービス内容とのギャップを指す。

　実際に提供されたサービス内容と顧客が受けたと知覚するサービス内容とのギャップは知覚ギャップとなる。また，解釈ギャップとは，サービス提供側がコミュニケーション手段を通じて約束するサービス内容について，顧客がこれらのコミュニケーションを異なってサービス内容を解釈することから起こるものである。さらに顧客が受けることができると期待していたサービス内容と，実際に提供されたものを経験し，知覚されたサービス内容とのギャップは，サービス・ギャップとなる。サービス提供側がサービスの品質をいかに維持・向上しようと努力していても，顧客の期待や解釈，経験によりギャップが生まれる場合に，サービスは顧客にとって企業が望むような品質のものとして知覚されないことになる。そこでどこに齟齬があるのか，提供企業はサービスの内容つまりコンセプトや提供の設計，コミュニケーション，実行など，各局面においてギャップが生じていないか検討し，顧客との相互作用を管理していく必要があるのである。

　一方，よりサービス・オペレーションを意識して，サービスの品質管理をしようとするものが，「サービス・ブループリント」（Shostack, 1984）である。これは，サービスのプロセスをマッピングし，どこに問題があるか診断的に用いるものである。

　誰にどのようなサービスを提供するかのサービス内容はサービス・コンセプトとして概念化されるが，サービス・コンセプトを実現するためにサービスの提供プロセスが設計される。サービス設計において，顧客に接するフロント・

図表3-3 顧客の不満足につながるサービス品質ギャップ

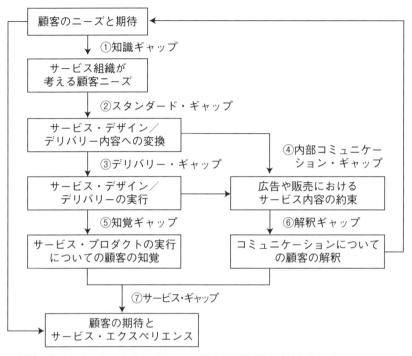

出所：Chritopher Lovelock and Lauren Wright（1999），p.111より加工。

ラインとサービスをサポートするバック・オフィスとの連携が機能することが重要性を持つが，サービス・ブループリントでは，サービス・プロセスを種々の要素に分割し，個々の要素に要する時間と要素の流れをフローとしてマッピングする。企業からの提供するフローのなかに，触知できる部分もサービス要素のなかにマッピングする。顧客がどのサービス・プロセスに関わるのか，どのプロセスに問題が発生するのか，より具体的にはコストや遅延が発生するかなど，問題点を識別することを目的とする。

この手法のメリットは，SERVQUALが顧客接点において顧客側の知覚品質を測定するのに対し，サービス提供の業務フローにしたがって問題点を見つけることが可能なため，サービス提供の部署や担当が明確であり，サービスのオペレーションの改善へと結びつけやすく，したがって，サービスの品質向上に

つながることになる。

　しかしながら，サービス・ブループリントは，サービス提供側がサービスの提供プロセスを，管理目的から問題がないかを識別することを目的としているため，企業側の診断ツールとしては優れている一方，顧客側の知覚品質の測定という意味では限界がある。企業が想定するサービス・プロセスが，顧客側がサービスを経験するプロセスとは異なっている可能性があるからである。そこで，サービス提供者側が不具合と感じていなくても，顧客側にとって重要な問題を識別するための方法として，STAというサービス品質の評価方法が用いられる。STAは，いわゆるミステリーショッパーと呼ばれるような覆面調査の一種である。覆面の調査員や社外アドバイザー，コンサルタント等が実際のサービス・プロセスを顧客として体験してみて，個々のトランザクションつまりプロセスの各段階を実際の顧客ならばどのように評価するかを判断する。STAは，サービス・コンセプトの特定化，観察者によるサービス・プロセスのプラス評価，マイナス評価などのスコアによる評価，評価に際しての説明の記述，スコア集計と全体評価，結果に基づくサービス提供側の改善方法の検討という5つの段階で行われる（Johnston, 1999；南・西岡, 2014）。

　サービス提供側ではなく顧客側が，サービスのトランザクションを，たとえば立地，入店時の接客のように自身で設定し，評点とともに感想を書き加えていくことを特徴とする。この分析を用いることにより，サービス提供の個々のプロセスについて顧客側の視点で，評価が行われることになる。評点がつけられることは各プロセスについての集計を行って評価することが可能になるが，他の定量的な評価方法と異なり，プロセスごとに定性的な情報が加えられるというメリットがある。サービスの品質を顧客側から，またプロセスに応じて評価できるということがSTAにおいては可能となり，品質評価をサービスのオペレーションや設計，あるいはコンセプト自体を改善することに役立てやすいというメリットがある。

　サービス・プリントをサービス企業側からではなく，顧客側の経験に即し，マッピングする手法が近年，サービス・デザインとして注目を集めている（たとえばPatricio, Fisk, Cunha, and Constantine 2011）。サービスのプロセスを顧客側の経験から見て，サービスの再設計をしようとするアプローチであり，手法

的にはブループリントを用いるものであるが，発想法としては，顧客起点に立つ，より顧客側の価値を意識したものである。

5 ■ サービス・リエンジニアリング・アプローチに向けて

　サービスの品質とコストとを統合的に管理する，すなわちサービスのリエンジニアリング・アプローチを推進することにおいて，まずサービス品質の形成プロセスについての理解を深めることが必要となる。

　本章では，サービス・マーケティングの視点から，サービス品質を顧客側のサービス知覚品質として捉えることに注目した。消費者を対象とするサービス取引において，これまでに明らかにされてきたことは，サービスが触知できないものであり，かつサービス提供プロセスに顧客側が関与するということから，サービスは知覚品質として捉えられるということであり，さらに知覚品質は，サービスへの事前期待と顧客満足とに密接に関係があるということである。サービスのアウトプットとして生み出されるものは，マーケティング分野では顧客満足や購買意図として捉えようとしてきたが，多くの場合，顧客満足を理解する際に前提として考えられてきたのは，期待―不確認モデルである。すなわち事前期待より実際のサービス経験が期待したものと認めるか，あるいはそれ以上と確認されれば顧客満足が形成されるという因果関係であり，知覚品質はサービスを経験することによる実際の確認であり，かつ事前期待に影響を受けるという捉え方がされてきた。一方で，B to B取引におけるサービス品質では，継続的かつ相互依存的な取引関係のもとにサービス取引が行われることを前提に，個々の取引ではなく，企業との関係性の質を評価し，企業へのトータルな評価の中でサービス品質が評価される傾向にあることが明らかになってきている。

　知覚品質の測定尺度や品質向上のための評価手法がさまざまに開発されてきたが，サービスがプロセスとして顧客に提供され，提供側と顧客との相互作用を含むということで，サービスのオペレーションに生かすという方向性では，サービス・プロセスのマッピング手法が注目されてきたといえる。さらに企業側が自ら設計したサービス・プロセスのマッピングにより不具合を診断するの

みならず，近年では顧客側の経験に即したマッピング手法が関心を集めている。

ここでサービスにおける品質とコストの統合的管理を進めていく際に，さらにサービス・マーケティング分野からの視点を加える必要があるのは，サービスの知覚品質の水準に応じて需要する層の見極めと，需要変動への調整という問題である。

サービスの知覚品質が，個々のサービスの消費者側の固有の経験，たとえば広告や口コミ，あるいは個別経験やパーソナリティにより形成される期待というものの影響を受けるという前提は，サービス提供側には顧客の知覚品質を管理し，コントロールすることを難しくさせることを意味する。しかしながら，サービス提供側は，組織として限られた資源をもとに，すべての顧客に対して知覚品質を向上させようと努力するのは困難であるし，仮にそのような意思をもったとしても知覚品質向上のためのコストがかかりすぎることになる。

そこで，サービス提供側にとっては，どのような顧客を対象とするのか，市場セグメンテーションとターゲット選定が必要となってくる。ラグジュアリー・ホテルとビジネスホテル，あるいは高級寿司店と回転寿司店では，それぞれの顧客が店に期待するサービスの質や水準が異なることは明白である。サービスの提供側企業は，自社のサービスを需要する層をターゲット化することにより，そのサービスを需要する市場と提供すべきサービス水準や内容が明らかになる。サービス・コンセプトとサービスの需要層つまりターゲット・セグメントが明確でなければ，顧客が期待しているものと企業が提供するものとの間にさまざまなギャップが生じ，顧客側の知覚品質評価が低下することになるばかりか不満を招くことになる。

サービス提供企業が適切な自社のサービス需要層を見出すためのターゲット化の1つのステップとして，サービス提供の内容やプロセスをどの程度，標準化，あるいはカスタマイズするかという視点がある。たとえばラグジュアリー・ホテルのバトラー（執事）サービスに見られるように，顧客へのカスタマイゼーションの程度を最大限高めていくことが知覚品質の向上につながる場合もあれば，ホテル業界では，予約や精算業務をウェブサイト上でのシステム管理により行い，サービスの業務プロセスを標準化していく方向性も見られる。

サービスのターゲット・セグメント化への対応と同時に，需要層の変動性も

考慮する必要がある。サービスの特徴の1つは，消滅性，つまり在庫が不可能であることであり，生産と消費が不可分であるということは，需要の変動の影響を受けやすいことが指摘される。観光地の季節変動性が顕著な例であるが，需要の変動に応じてサービスのオペレーションをどう調整していくかという問題も重要である。サービスの提供プロセスの設計において，需要が低下する時期に施設や人員をどう管理していくかという問題はコスト管理の問題のみならず，サービスの稼働率を上げる方法を検討することが新たなビジネスシステムにつながることになる。

サービスの提供プロセスにおいて，個々のサービス要素に細分化・マッピングし，どの業務がコストとなり，どの業務が利益を生み出すかという管理のみならず，顧客との相互作用のなかで，顧客側の経験からどの業務が知覚品質において重要性を持つのか，顧客の関与するプロセスにおいて提供企業はどのように知覚品質をコントロールできるのかについて，理解を深めていく必要がある。サービス・リエンジニアリング・アプローチにマーケティング視点を加味すれば，図表3-4のようなステップが提言されるであろう。

図表3-4　マーケティング視点のサービス・リエンジニアリング・アプローチのステップ

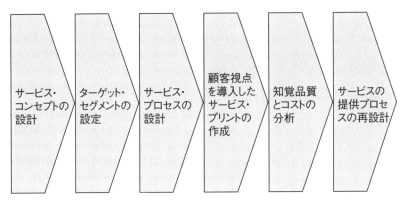

■ 参考文献

Anderson, E. W. and C. Fornell, "Foundations of the American Customer Satisfaction Index," *Total Quality Management*, Vol.11,No.7, 2000, pp.869-882.

Anderson, W. and M.W. Sullivan, "The Antecedents and Consequences of Customer Satisfaction for Firms," *Marketing Science*, Vol.12, No.2, 1993, pp.125-143. .

Bateson, J.E.G., "Why We Need Services Marketing." in *Conceptual and Theoretical Development in Marketing*, O.C. Fornell.S. W. Bowen, and C.W. Lamb.Jr. (eds.), *American Marketing Association*, 1979, pp.131-146.

Bauer, H. H., T. Falk and M. Hammerschmidt, "eTransQual: A Transaction Process-based Approach for Capturing Service Quality in Online Shopping," *Journal of Business Research*, Vol.59, 2006, pp.866-875.

Bitner, M. J., "Evaluating Service Encounters: The Effects of Physical Surrounding and Employee Responses, *Journal of Marketing*, Vol.54, No.2, 1990, pp. 69-82.

Bogomolova, S., J. Romaniuk and A. Sharp, "Quantifying the Extent of Temporal Decay in Service Quality Ratings," *International Journal of Market Research*, Vol.51, No.1, 2008, pp.71-91.

Briggs, E., T. D. Landry and P. J. Daugherty, "Patronage in Continually Delivered Business Service Contexts," *Journal of Business Research*, Vol.60, 2007, pp.1144-1151.

Chang, H. H., Y-H. Wang and W-Y. Yang, "The Impact of e-Service Quality, Customer Satisfaction and Loyalty on e-Marketing: Moderating Effect of Perceived Value," *Total Quality Management*, Vol.20, No.4, 2009, pp.423-443.

Chritopher Lovelock and Lauren Wright, Principles of Service Marketing and Management, 1999. (小宮路雅博監訳『サービス・マーケティング原理』白桃書房, 2002年)

Coulthard, L. and J. Morrison, "Measuring Service Quality: A Review and Critique of Research Using SERVQUAL", *International Journal of Market Research*, Vol.46, No.4, 2004, pp.479-497.

Coviello, N. E. and R. J. Brodie. "Contemporary Marketing Practices of Consumer and Business-to-business Firms: How Different are They?" *Journal of Business & Industrial Marketing*, Vol.16, No.5, 2001, pp.382-400.

Cronin, J. J. and S.A. Taylor, "Measuring Service Quality: A Reexamination and Extension," *Journal of Marketing*, Vol.56, No.3, 1994, pp.55-68.

Dabholkar, P. A., "A Contingency Framework for Predicting Causality between Customer Satisfaction and Service Quality," *Advances in Consumer Research*, Vol.22, 1995, pp.101-108.

Falk, T., M. Hammerschmidt and J. J. L. Schepers, "The Service Quality-Satisfaction Link Revisted: Exploring Asymmetries and Dynamics", *Journal of the Academy of Marketing Science*, Vol.38, 2010, pp.288-302.

Finn, A., "Investing the Non-linear Effects of e-Service Quality Dimensions on Customer Satisfaction," *Journal of Retailing and Consumer Services*," Vol.18, 2011, pp.27-37.

Gounaris, S., "Trust and commitment influences on customer retention: insights from business-to-business services," *Journal of Business Research*, Vol.58, 2005, pp.126-140.

Gounaris, S., S. Dimitriadis, and V. Stathakopoulos. "An Examination of the Effects of Service Quality and Satisfaction on Customers' Behavioural Intentions in e-shopping," *Journal of Service Marketing*, Vol.24, No.2, 2010, pp.142-156.

Harris, L. and M. M.H. Goode, "The Four Levels of Loyalty and the Pivotal Role of Trust: a Study of Online Service Dynamics," *Journal of Retailing*, Vol.80, 2004, pp.139-158.
Heskett, J. L., T. O. Jones, G. W. Loveman, W. E. Sasser, Jr. and L. A. Schlesinger, "Putting the Service Profit Chain to Work," *Harvard Business Review*, March-April, 1994, pp.164-174.
Homburg, C. and B. Rudolph, "Customer Satisfaction in Industrial Markets: Dimensional and Multiple Role Issues," *Journal of Business Research*, Vol.52, 2001, pp.15-33.
Iacobucci ,D., A. Ostrom, and K. Grayson, "Distinguishing Service Quality and Customer Satisfaction: The Voice of the Consumer," *Journal of Consumer Psychology*, Vol.4, No.3, 1995, pp.277-303.
Johnston, R., "Service transaction analysis: assessing and improving the customer's experience", *Managing Service Quality*, Vol.9, No.2, 1999, pp.102-109.
Johnston, R.and G.Clark, *Service Operations Management; Improving Service Delivery*, Prentice Hall.
Judd, R. C., "The Case for Redefining Service," *Journal of Marketing*, Vol.28, No1, 1964, pp.58-59.
Liang, Chiung-Ju and Hui-Ju Chen, "A Study of the Impacts of Website Quality on Customer Relationship Performance," *Total Quality Management & Business Excellence*, Vol.20, No.9, 2009, pp.971-988.
Lovelock, C. and L. Wright, *Principles of Service Marketing and Management*, Prentice-Hall, 2001.(『サービス・マーケティング原理』小宮路雅博 監訳, 高畑泰・藤井大拙訳, 白桃書房, 2002年)
Marimon, F., R. Vidgen, S. Barnes and E. Cristóbal, "Purchasing Behaviour in an Online Supermarket: the Applicability of E-S-QUAL," *International Journal of Market Research*, Vol.52, No.1, 2009, pp.111-?.
南知惠子・西岡健一『サービス・イノベーション—価値共創と新技術導入』有斐閣, 2014年。
南知惠子・小川孔輔「日本版顧客満足度指数（JCSI）のモデル開発とその理論的な基礎」,『季刊マーケティング・ジャーナル』第117号, 2010年。
Myhal, G. C., J. Kang and J. A. Murphy, "Retaining Customers through Relationship Quality: A Services Business Marketing Case", *Journal of Service Marketing*, Vol.22, No.6, 2008, pp.445-453.
Namkung, Y. and J.S. Cheong, "Effects of Perceived Service Fairness on Emotions, and Behavioural Intentions in Restaurants," *European Journal of Marketing*, Vol.44, 2010, pp.1233-1259.
Oliver, R. "A Cognitive Model of the Antecedents and Consequences of Satisfaction Decisions," *Journal of Marketing Research*, Vol.17, No.4, 1980, pp.460-469.
Patrício, L., R.P. Fisk, J.F. Cunha and L. Constantine. *Journal of Service Research*, Vol.14, No.2, 2011, pp.180-2001.
Park, J.K., H.E. Chung and B. Rutherford, "Social Perspectives of e-Contact Center for Loyalty Building," *Journal of Business Research*, Vol.64, 2011, pp.34-38.
Parasuraman, A., V. Zeithaml and A. Malhotra, "E-S-QUAL: A Multiple-Item Scale for Assessing Electronic Service Quality," *Journal of Service Research*, Vol.7, No.3, 2005, pp.213-233.
Parasuraman, A., Zeithaml, V. and L. Berry, "SERVQUAL: A Multiple-Item Schale for

Measuring Consumer Perceptions of Service Quality," *Journal of Retailing*, Vol.64, No.1, 1988, pp.12-40.

Rathmell, J. M., "What Is Meant by Service?," *Journal of Markeing*, Vol.30, No4, 1966, pp.32-36.

Rauyruen, P., K. E. Miller and M. Groth, "B2B Services: Linking Service Loyalty and Brand Equity," *Journal of Service Marketing*, Vol.23, No.3, 2009, pp.175-186.

Rauyruen, P. and K. E. Miller, "Relationship Quality as a Predictor of B2B Customer Loyalty," *Journal of Business Research*, Vol.60, 2007, pp.21-31.

Regan,W. J., " The Service Revolution." *Journal of Marketing*, Vol.27 (July), 1963, pp.57-62.

Roberts, J. and B. Merrilees, "Multiple Roles of Brands in Business-to- Business Services", *Journal of Business & Industrial Marketing*, Vol.22, No.6, 2007, pp.410-417.

Ruiz, D. M., D. D. Gremler, J. H. Washburn, and G. C. Carrión, "Service Value Revisited: Specifying a Higher-order, Formative Measure," *Journal of Business Research*, Vol.61, 2006, pp.1278-1291.

Santouridis, I., P. Trivellas and P. Reklitis, "Internet Service Quality and Customer Satisfaction: Examining Internet Banking in Greece," *Total Quality Management*, Vol.20, No.2, 2009, pp.223-239.

Shostack, G.L., "Designing Services That Deliver", *Harvard Business Review*, Vol.62, No.1, 1984, pp.133-139.

Sousa, R. and C. A. Voss, "The Effects of Service Failures and Recovery on Customer Loyalty in e-Services: An Empirical Investigation," *International Journal of Operations & Production Management*," Vol.29, No.8, 2009, pp.834-864.

高嶋克義・南知恵子『生産財マーケティング』有斐閣、2006年。

上原征彦「サービス概念とマーケティング戦略」、『経済研究』（明治学院大学）第87号、1990年、pp.65-92。

Williams, P., M. S. Khan, and E. Naumann, "Customer Dissatisfaction and Defection: The Hidden Costs of Downsizing," *Industrial Marketing Management*, Vol.40, No,5, 2011, pp.405-413.

Williams, P., M. S. Khan, N.J. Ashill and E. Naumann, "Customer Attitudes of Stayers and Defectors in B 2 B Services : Are They Really Different?" Industrial Marketing Management, 2011, pp805-815.

Woo, K-S. and C. T. Ennew, "Measuring Business-to-Business Professional Service Quality and its Consequences," *Journal of Business Research*, Vol.58, 2005, pp.1178-1185.

山本昭二『サービス・クオリティ』千倉書房、1999年。

Zeithaml, V., A. Parasuraman and L. Berry, "Problems and Strategies in Service Marketing," *Journal of Marketing*, Vol.49, No.2, 1985, pp.33-46.

Zeithaml, V., A. Parasuraman and A. Malhotra, "Service Quality Delivery Through Web Sites: A Critical Review of Extant Knowledge," *Journal of the Academy of Marketing Science*, Vol.30, No.4, 2002, pp.362-375.

Zeng, F., Z. Yang, Y. Li, K-S Fam, "Small Business Industrial Buyers' Price Sensitivity: Do Service Quality Dimensions Matter in Business Markets", *Industrial Marketing Management*, Vol.40, 2011, pp.395-404.

第4章

サービス・リエンジニアリングのための
VEアプローチ

1 ■ サービス・リエンジニアリングとVE

　第1章で示されたように，サービス・リエンジニアリング（以下SRE）では，既存の経営資源を効果的に活用することに主眼をおき，そのうえで，顧客を感動させるサービスを最小のコストで再構築することによって，サービス業の収益構造を劇的に改善しようとする。SREは，組織をあげて戦略的にマネジメント体制を変革していき，サービス産業に有効な商品属性を体系的に整理し，これらをサービスコンテンツの作り込みを通じて具現化することによって，サービスという行為そのものを確実に収益に結びつけるためのフレームワークを示唆するものでもある。この戦略的なマネジメントであり，顧客の感動を追求するという特徴に関していえば，筆者がこれまで提唱してきたVE（Value Engineering；価値工学）的なアプローチ，とくに感性VEを適用することが有効であると期待できる。

　これまで製造業における戦略的コストマネジメントについては，原価企画活動の研究に関して，感性VEという視点で，VEとその展開に関連する研究が考えられてきた[1]。原価企画は，「原価発生の源流に遡って，VEなどの手法をとりまじえて，設計，開発さらには商品企画の段階で原価を作り込む活動である」（神戸大学管理会計研究会，1992）と定義され，手法としてVEが大きな役割を果たすことが示されている[2]。

　製造業でのモノづくりのあり方について，物質的に豊富な時代においては，顧客価値を向上させるためには，製品の機能，デザイン，操作性などといった

顧客の感性に関わる項目の価値評価に感性VEの考えを取り入れて製品のイノベーションを図る感性コストマネジメントが有力であると考えられる。

しかし，サービスの場合には，製品と異なり，どのような価値評価が重要で，どのようにサービスのリエンジニアリングが促進できるかがこれまで必ずしも明確ではない。

本章では，SRE構築に役立つ評価の項目や構造を探求し，顧客満足に結びつく評価項目を明らかにすることによって，これまでにない新規あるいは改善施策の提案に向けての動機付けに貢献する仕掛けを構築することを目的とする。本章のサービスのリエンジニアリングないしイノベーションに結びつく評価構造や評価項目の探求について，事例としてサービス業の典型である，高速道路に関連するサービスおよび鉄道業に関連するサービスを取り上げて考察するが，VE手法の適用やそれを補足するテキストマイニングのデータの利用などは，その他のサービス業への展開可能な一般的なフレームワークとなることが期待できる。

2 ■VEアプローチからみたサービス

VEは，「最低のライフサイクル・コストで必要な機能を確実に達成するために，製品やサービスの機能的研究に注ぐ組織的努力である」（日本VE協会）と定義される。前述のように，新製品開発の戦略的コストマネジメントである原価企画において，コスト低減・価値創造をもたらすアイデア発想にいたる中心的な役割を果たす管理技術としてVEは位置づけられるが，新製品というハードのモノづくりのみならず，上記定義に表現されているように，サービスもその対象になっていることが認識されなければならない。

製品のコスト低減が重視されるため，VEは製品のコスト低減のためのツールであるという意識が現実の企業において強くみられるのが実態であるが，「V価値＝F機能／Cコスト」という概念式でとらえる価値を追求するのがVEの思想であり，製品もサービスも機能の点で捉えると顧客への価値提供によって顧客満足を得るということでは，ハードである製品もソフトであるサービスも同じであることがわかる。

企業活動としてのサービスは，サービスの提供に際して利用可能な諸資源が有用な機能を果たすことによって直接的あるいは間接的にその対価を伴うものということができる。したがって，機能と，資源の消費によるコストの観点から価値を考えることが可能である。しかしながら，これまで製品や建設工事（ハード）を対象としたVE手法は確立しているが，サービス（ソフト）を対象としたVEには困難性があるといえる。その原因として，たとえば，次のような点が指摘できる。

① 品質の客観的測定が困難であること
② コストの把握とコントロールが困難であること
③ 生産と消費の同時性に起因して，サービスの質が，提供する側と受ける側（顧客）との双方の行動で決まることがあること
④ 製品のように生産の段階で不良サービスが排除できないこと。事後の修理も代品もきかないこと
⑤ 同じサービスでも，提供する人の質でサービスの質が左右されること

　品質の客観的測定ということでは，サービスは製品のように製品設計仕様に合致するといういわゆる適合品質といった基準が適用しにくいため，測定できる属性で品質の良否を判断することが顧客満足に直結する保証がない。
　VEでは，その実施手順のなかで，「それはなにか」，「その働きはなにか」，「そのコストはいくらか（現状のもの）」，「その価値はどうか」，「他に同じ働きをするものはないか」，「そのコストはいくらか（提案のもの）」，「それは必要な機能を確実に果たすか」という質問がなされて価値の向上が図られていく。その際，コストについて，製品の場合の材料や部品のコスト，加工のコストの把握は，原価計算として定着している。しかし，サービスのコストを把握するときには，そのような原価計算の知識は定着しておらず，活動基準原価計算（ABC）によってコスト把握をするなどの特別なコスト把握の手続が必要となるが，ABCで十分なコスト把握できるかどうかの保証もないし，把握できたとしてもコストコントロールの視点で価値向上に直結するかどうかの保証はない。
　サービスの質は，提供する側だけで一方的に決まらず，同時に受ける側（顧

客）との双方のいわば共同の行動の結果で決まることがある。たとえば，医療サービスの場合，医師の技量が高くても，客観的な検査結果だけでなく患者からの情報が得られなければ的確な治療ができないといったことを想定すればわかりやすい。この点は，サービスのリエンジニアリングないしイノベーションが実現したかどうかを把握する際にも認識すべき視点となる。

　サービスの提供過程で問題が発見されても，その時点で不良なサービスをもとに戻すことができないし，事後に，不良なサービスがなかったことにすることもできない。製品の場合には，生産過程で不具合が発見できたら補修によって完全品に手直しすることが可能なことがあるが，不良サービスに対しては，謝罪や何らかの別の補償ができたとしても，すでに提供したサービスを完全なものに手直しすることは不可能である。

　さらに，同じサービスを提供できていても，提供した人に起因する属性によって，顧客がサービスの質について同じ印象ないし満足感をもつとは限らない。すなわち，属人的な要因が大きい。

　以上の点が，VEで考慮する評価因子にも大きな影響を与えるといえる。なお，サービスの計画段階へのVE適用は新しいサービスの提案に関係し，サービスの実施段階へのVE適用はサービスの改善が目的となる。

3 ■サービスの評価因子

　製品のもつべき評価因子に準じて考慮したとき，サービスの評価因子としては次のようなものが考えられる。

① 基本機能：顧客の要求する機能の達成
② 過剰性：基本機能に対する過剰度合い
③ 信頼性：安心してサービスを受ける
④ 快適性：気持ちよくサービスを受ける（快・不快）
⑤ 嗜好性：自分の好みに合っている（好き・嫌い）
⑥ 融通性：変更に対しての適合度合い
⑦ 対応性：基本機能の達成度と要求機能のギャップ
⑧ 簡便性：サービスの受けやすさ

⑨　迅速性：要求するタイミングに対する適合
⑩　優越性：個人的優越感を味わせる

　これら評価因子は，すべて独立していて同等の並列的なものというよりも，顧客満足に結びつくには，これらの評価因子間のウエイトが時代や顧客の嗜好など顧客を取り巻く環境変化に応じて変化していくものとして考えることが重要である。顧客ニーズの変化を推論して次期新製品やサービスに求められる評価因子を捉えて企画することが重要で，さらに，単に顧客ニーズの変化を推測するというよりも，逆に顧客のニーズを積極的に作り出すという観点からいえば，評価因子間のウエイトを操作することに戦略性があるということになる。これは総合評価において評価因子間の相乗効果や減殺効果を戦略的に考慮することによって，総合評価で顧客満足を最大にもたらすサービスを企画することが期待できるということでもある。

　一方，製品の評価に準じるというのではなく，一般にサービス品質に関する測定尺度の議論としては，Parasuraman, Zeithaml & Berry（1985）による実証研究の結果がある。そこでは，次の10の次元が示されている。

①　信頼性：パフォーマンスの一貫性と信頼できるか
②　応答性：従業員が進んでサービスを提供しているか
③　能力：サービスを提供するのに必要な技能と知識をもっているか
④　アクセス：気さくで接しやすいか
⑤　丁寧さ：接客が礼儀正しく，敬意や思いやりをもっているか
⑥　コミュニケーション：顧客が理解しやすく，聞き取りやすい言葉で話しているか
⑦　信用性：正直で信用できるか
⑧　安全性：危険，リスク，不信から逃れられるか
⑨　顧客の理解：顧客のニーズを理解しようとしているか
⑩　有形性：物的な証拠

　これからさらにParasuraman, Zeithaml & Berry（1988）では，SERVQUALという表現で次の5つの次元に集約されている。

① 有形性：施設，設備，従業員の外見
② 信頼性：約束されたサービスを正確に遂行できる能力
③ 応答性：顧客を助け，迅速なサービスを提供する意向
④ 保証性：信用と信頼を与える従業員の知識と丁寧さ
⑤ 共感性：顧客に対する気遣いや個人的な注意

これらは，一般的なサービスの品質を測定するフレームとして定評があるとしても，その後の研究によって論者が種々その有効性に対して議論していることも鑑みて，これをベースにしつつも，次に紹介する筆者の試行した事例では，次の6つの評価因子を設定した。

① 有形性：施設，設備，従業員の外見
② 信頼性：約束されたサービスを正確に遂行できる能力
③ 応答性：顧客を助け，迅速なサービスを提供する意向
④ 保証性：信用と信頼を与える従業員の知識と丁寧さ
⑤ 快適性：気持ちよくサービスを受ける。快・不快
⑥ 嗜好性：自分の好みに合っている。好き・嫌い

その理由は，単に既存のサービス品質を評価するということではなく，サービスに対するリエンジニアリングを図るための積極的なものとして，顧客の感性に訴えることの重要性を考えて，製品開発における感性VEの取組みのサービスへの適用を意識して，快適性や嗜好性といった感性項目をあえて取り入れることを意図したからである。これらサービスの評価因子を把握することによってSREに結びつくサービスを展開することに意義がある。

4 ■新サービスのための顧客ニーズの把握と価値創造

4-1 高速道路サービスの事例

以下では，高速道路と鉄道の2つの事例を通じて，顧客ニーズの把握と取り込みの視点について考察することにしたい。1つめは，高速道路に関連する

サービスにおけるイノベーション構築に役立つ評価の項目や構造を探求し，顧客満足に結びつく評価項目を明らかにする試みである。2つめは，鉄道におけるサービスVEに関しての試みである。

さて，高速道路については，日本道路公団の民営化に伴い，ＣＳ推進の活動が積極的に行われてきている。その一環として，高速道路を利用する顧客に対してアンケート調査を実施して，顧客の期待する重視度とその満足度を経年変化で捉える活動がなされている。

アンケート調査項目の概要は，従来提供しているサービスに関連して，走りやすさ・快適性（交通情報，案内表示・標識，路面清掃・補修，トンネルの環境など），通行料金，ETCの評価，料金収受の評価（係員の態度・マナーなど），サービスエリアSA・パーキングエリアPAの評価（駐車場，売店，料理，トイレなど）の項目が調査され，その項目についての顧客が重視する程度とその満足度を比較して，満足度がどう変化したか，重視度と満足度とが乖離している項目は何かなどの分析が行われてきた。通行料金の水準の評価を除くと，押し並べて満足度は比較的高く推移し，総合評価も高くなっているが，アンケート調査の従来の分析から新サービスの提案に結びつけることが課題である。

そこで，筆者は共同研究として，これまでのアンケート調査のデータを用いて，従来のアンケート調査項目と前述のSERVQUALをベースとした評価因子との関係を3段階でウエイトをつけて評価・検討することにした。すなわち，各評価因子と強い関係があるものを◎（5点），中程度の関係があるものを○（3点），弱い関係があるものを△（1点）というウエイトで評価して，それぞれの調査項目の重視度と満足度の点数を，関連する評価因子のウエイトを反映した数値で割り振ってとらえてみた。図表4−1は調査項目の満足度について，その一部を示している。

図表4−1では，「走行中の交通情報の提供」という項目の満足度は5点満点の3.45であり，これが関係する評価因子として「信頼性」との関係が◎で，「応答性」との関係が○と判断されており，これを5：3のウエイトで3.45を配分した結果の数値が，それぞれ2.15625，1.29375と記載されている。また「路面清掃」では，満足度3.72を，信頼性との関係○と快適性との関係○に3：3の割合で配分してそれぞれ1.86という数値が計算されている。同様に，他のアン

図表4-1　アンケート調査項目と評価因子との関連性

関連性ウエイト ◎(5点) ○(3点) △(1点)	サービス評価因子（6項目）						満足度
	①有形性	②信頼性	③応答性	④保証性	⑤快適性	⑥嗜好性	
調査項目（一部）　…							
走行中の交通情報の提供		◎2.15625	○1.29375				3.45
…							
路面清掃		○1.86			○1.86		3.72
トイレの快適性（明るさ・臭気・清潔度）	○1.35				◎2.25		3.6
…							
合　計	…	…	…	…	…	…	

ケート調査項目もすべて計算し，それらの評価因子について縦の数値の合計を，当該評価因子の得点とするのである（なお，**図表4-1**では，その他の調査項目の数値と合計点数は省略している）。

　従来のアンケート調査の結果は，重視度と満足度の乖離の大きい項目を重点項目と位置づけて改善に取り組もうとしていた。しかし，今回の調査分析をすることによって，興味あることに，顧客による重視度と満足度とが乖離しているサービス項目について，その満足度を高める努力をしても，サービスの評価因子にすべて影響を与えるわけではないので，サービスの評価因子でみたときの評価得点が向上するとは限らないことがわかった。たとえば，重視度と満足度とが乖離しているサービス項目としての「走行中の交通情報の提供」は，信頼性と応答性に関係し，その満足度を向上させる努力は，信頼性と応答性は向上させるが，そのほかの評価因子には全く影響しない。省略するが，そのほかの調査項目全般をみると，これまでのアンケートに挙げたサービス項目の満足度を上げても，全般的に，応答性，保証性，嗜好性といった評価ポイントはあまり向上しないことがわかったのである。

　すなわち，サービスの品質を評価するSERVQUALの評価因子のポイントを上げるには，重視度と満足度の乖離の大きい項目に注視するのではなく，これまでのアンケート調査項目になっていないサービス，つまり認識していない別のサービスが必要であるということである。そうであれば，このような新しいサービスの開発は，どのようにして可能になるのであろうか。これは，顕在的

な顧客ニーズにこだわるのではなく，サービスの評価因子に関連する潜在的なニーズを捉える必要性を示唆するものである。

4-2　鉄道サービスの事例

　わが国の鉄道サービスも，民営鉄道はもとより旧国鉄も民営化によってJR各社がサービス向上に取り組んでいる。なかでもVE活動に積極的に取り組んでいるJR西日本のケースを取り上げてみたい。鉄道においても，車両や駅施設や軌道の建設など，ハードを対象としたVEは，いわば定着しているといえるが，ソフトを対象としたVEでもサービスVEは必ずしも定着しているとはいえない。日本VE協会の西日本支部で実施している「サービス領域でのVE適用方法」研究会（以下，サービスVE研究会）の中心的なメンバーとなっている。以下，研究会での内部資料を了承のもとで紹介することにしたい。

　JR西日本での鉄道業における価値の概念式は，顧客の視点では次のように表現されている。

$$V（価値）= F（安全 \times 移動 \times 正確 \times 速達 \times 快適）／C（運賃 + 料金）$$

　すなわち，顧客にとって支払う運賃と料金に対して期待する機能の割合が価値である一方，企業の視点で捉えた場合には，価値Vを構成する分子の機能Fの部分は同様であるが，分母のCは企業にとっての原価として認識される。

　ここで分子が機能の要素の掛け算で表現されているのは，どれかが達成されずにゼロならばすべて価値がゼロになるという考え方からである。

　そこで，多くの機能のうち，何をサービスVEの対象にして価値創造に結びつければよいかというのが問題になるが，そのためには，1つの手段として顧客要求の連関図を描くことが効果的である。次の**図表4-2**は，鉄道の顧客要求連関図の例である。

　ここでは，顧客価値の創造と顧客満足のために，顧客要求がどのような連関になっているかを，「安全性を確保する」，「快適性を向上する」，「対応性を向上する」，「利便性を向上する」，「地域との調和を図る」，「使用料を適正にする」という切り口で整理されている。このような連関図で機能を評価すれば，他社とは差別化できる機能が把握できるのではないかと期待できる。そして

図表4-2 鉄道の顧客要求連関図

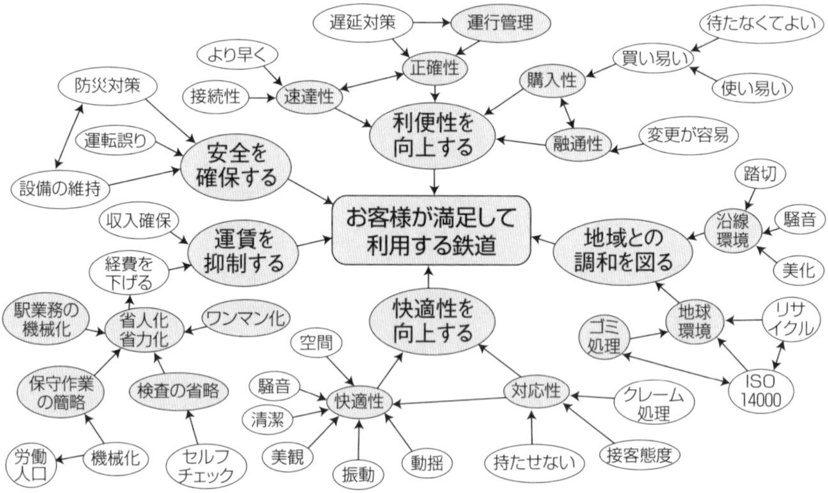

出所：JR西日本作成,サービスVE研究会資料。

　JRにおける機能の評価軸と評価因子を例示したものが**図表4-3**で示されている。

　たとえば，列車に乗車する際の切符を購入する場面を想定すれば，顧客要求連関図では，券売機の機械化によって，省力化で経費が下がり，運賃（コスト）抑制につながるとともに，買いやすいという購入性が向上して利便性が向上し，顧客を待たせない対応性につながり快適性が向上するといった具合である。また切符を購入して乗車するには，案内板で行き先までの運賃をよく視認し，操作をわかりやすくするサービスや乗車ホームへの安全でスムーズな移動も必要となる。これらの評価軸の機能を数量化する要素が**図表4-3**で示されている。

　なお，これら顧客要求を満たすため，当該サービスにどのような財が利用されるかを捉えるために，Shostackが提示した分子モデル[4]で確認することが考えられ，鉄道の分子モデルを例示すると**図表4-4**（p.70）のようになる。

図表4-3　機能の評価因子の一例

F値の評価因子の例（現行機能との相対比較）

向上機能	評価軸	数量化の因子
安全性向上	安全性	リスクアセスメント（重大性・可能性・頻度）
サービス向上	快適性	温度（℃），湿度（％），騒音（db），振動（Hz），動揺（加速度），空間（㎥），広さ（㎡），照度（Lux），清潔，美観（感性VE）
	利便性	乗換時間（分），乗換回数（回），検札回数（回），案内の分かり易さ（視認性で評価）
	速達性	到達時間（時・分），移動スピード（km/h）
	正確性	時間（時・分），誤案内件数（件），誤発売件数（件），誤表示件数（件），つり銭間違い件数（件）
	購入性	待ち時間（分），購入手続き（回数・時間），処理時間（分），営業時間（時間）
	移動性	移動距離（m），滞留時間（分），移動スピード（m/s），高さ（m），通路面積（㎡），通路幅（m），運動量（カロリー）
	流動性	通路幅（m），滞留面積（㎡）
	対応性	回答時間（分），処理時間（分），クレーム件数（件）
	操作性	操作回数（回），操作時間（分），操作の分かり易さ（文字の大きさ・色彩）
	視認性	視認距離（m），認知時間（秒），分かり易さ（文字の大きさ・色彩）
保守効率向上	保守性	耐用年数（年），保守回数（回/年），取替回数（回/年），清掃回数（回/年）
	作業性	重さ（kg），数量（個），距離（m），回数（回），作業所要時間（分），段取り時間（分），照度（Lux）
	操作性	セッティング時間（分），使い易さ（重さ），操作回数（回），操作時間（分），操作の分かり易さ（文字の大きさ・色彩）

出所：JR西日本作成，サービスVE研究会資料。

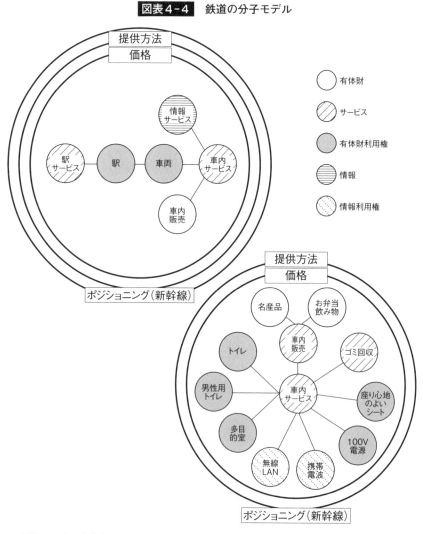

図表4-4 鉄道の分子モデル

出所：JR西日本作成，サービスVE研究会資料。

5 ■ テキストマイニングによるニーズの推測

VEの実施手順において，情報の収集はとても重要なことである。それは，

製品やサービスの価値を向上させるためには，VEのステップでさまざまな情報が必要であるからである。情報は，目的達成に役立つ知識，ないし判断したり行動するために必要な知識である。VEでは，情報について，利用範囲（特定の場面で利用できる固有情報と多くの場面で共通して利用できる共通情報），情報内容（対象テーマの技術の情報とコストの情報），情報源（外部と内部），加工程度（情報源からのオリジナルな一次情報と加工された二次情報），媒体形態（記録されている情報とそうでない情報）などに分類されるが，以下では，顧客のニーズの推測に役立つ情報に特化して考察する。

情報収集の手段として，面接や観察やアンケートやデータベースの利用などの方法があるが，アンケートの自由記述から情報を得ることが役立つこともある。自由記述は回答者の顕在的なニーズといえるが，必ずしも明確なニーズが表明されているとは限らない。しかし，その表現から意味のあるものを抽出することは大きな手がかりとなる。

そこで，以下ではいわゆるテキストマイニングによって，アンケート回答者がどのようなニーズを表現しようとしているのかの一例を紹介することにしたい。

先の高速道路の事例で，アンケート調査の自由記述を分析した一例が**図表4-5**である。これは，「SPSS Text Analytics for Survey」というテキストマイニングソフトを用いて，自由回答にみられる言語表現をカテゴリーに分類して，あるカテゴリーの回答をした人が同時に他にどのようなカテゴリーの回答をしているかをネットワークの形で示したものである。項目の丸の大きさは当該回答の多さを示し，項目間を結ぶ線の太さは，その項目を同時に共通して回答した人数の多さを示している。

図表4-5では，「ドライバーへのマナーやルール遵守の啓発」で，スピード違反，無理な追い越しなどの危険運転の取り締まり強化やパーキング内でのトラックの駐車スペースや，障害者用駐車スペースなどへの駐車といったマナー違反を取り上げている人たちが，同時に「渋滞の解消・緩和」，「駐車スペースの拡充」，「道路の整備」などを希望している。また安全性，快適性の向上という点で，事故防止のための安全に関する取組みの充実を希望する回答が見られ，利用者自らの安全性に対する意識を高める取組みの必要性が認識できる。快適

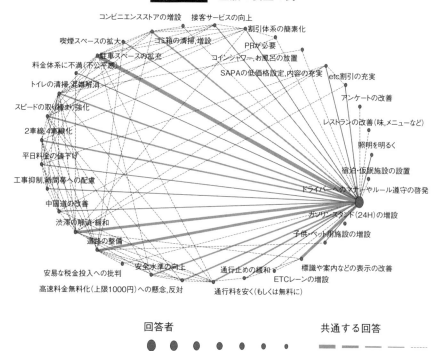

図表4-5 全般の要望の例

一方，図表4-6に示すように，サービスエリア（SA）・パーキングエリア（PA）に関する自由回答からは，多くが快適にトイレを使いたいとの要望を持っており，そのような要望を持つ人たちは同時に，子供・ペット用施設の充実も希望していることがわかる。これは，SA・PAに子供やペットを遊ばせるスペース，子供やペットと一緒に利用できる空間の提供を求めている。また同時に24時間営業のコンビニエンスストアの利用も希望しており，長時間のドライブに備えて飲食や買い物だけではなく，宿泊・休憩スペースやシャワー，コインランドリー，足湯などの癒し，くつろぎの空間が欲しいと思っている顧客

図表4-6　SA・PAの要望の例

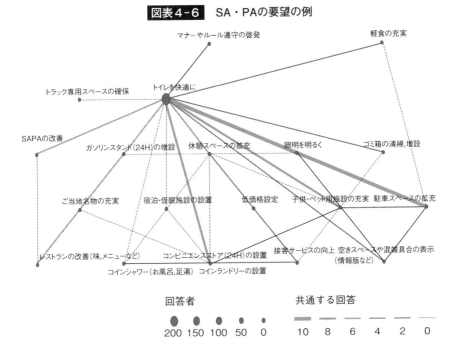

がいることがわかり，単に高速道路で移動するだけでなく，これら快適性を求める人々の存在を意識した新しいサービスのニーズを捉える必要性が認識できるのである。

6 ■コンセプト・メーキングVEのサービスへの展開の可能性

　テキストマイニングを利用した顧客ニーズの把握の例は，顧客アンケートの自由記述に表現された顕在的なニーズからの考察の例である。しかし，サービスのリエンジニアリングという観点からは，潜在的なニーズを把握することがより重要になる。

　新製品のコンセプトづくりにおいて，アンケート等の市場調査に基づく方法では顧客の顕在的なニーズの把握ができても潜在的なニーズを把握することは

困難であるという認識のもとで，潜在的なニーズを顕在化するアプローチとして，コンセプト・メーキングVEという技法が展開され，実務でのヒット商品の開発事例も報告されている。

そこでは，本能要因と社会環境要因と技術要因を設定し，市場調査で把握できなかったニーズを発想する試みが行われている。開発商品が顧客満足を与えるように商品企画の方向性を明確にするものであって，そのためにはまずターゲットとなる対象顧客を明確にする必要がある。新製品というモノづくりにおいて，ターゲット顧客を特定してのコンセプトづくりがなされるのと同様に，サービスにおいても対象顧客を特定することが重要である。先の事例で，鉄道業の顧客は一様に乗客といえるが，高速道路の事例では，顧客といっても，自分で運転するマイカーの利用者，同様のトラックの利用者，自分では運転しない乗客としての観光バスや路線バスの利用者では，共通のニーズがある一方で，異なったニーズもあると思われる。

製品とサービスとでは，具体的な内容が異なっても，アイデア発想に結びつける仕掛けは共通のフォーマットが利用できるであろう。VE活動では，機能定義カードや実施手順を誘導するワークシートなどがその共通のフォーマットとして利用される。コンセプト・メーキングVEにおいては，顧客ニーズの発想について，たとえば，本能要因の生理的欲求として，飲食・睡眠・被服・居住といった本能や，喜怒哀楽・好奇心・執着心などといった心理，安全欲求として警戒・危険回避といった防衛，清潔・無痛といった肉体の安定や精神的安定，また，社会環境要因では，政治・経済・労働・IT情報ネットワーク・生活環境・行動スタイル・生活様式・文化など，さらに技術要因としては，技術領域・技術傾向・新技術・新材料などとともに，市場的な技術要求として，簡便化・差別化などさまざまな視点からのニーズが着想できるような膨大なチェックリストが用意されて，自由な発想が誘導されるワークシートの仕組みになっている。その後は，顧客ニーズを実現可能性などの視点で絞り込み，その具体的な内容を機能に展開することが行われる。このようなチェックリストのうち，新サービスという視点を重視したときに，リスト項目をさらに見直すことで，サービスのニーズ把握に対する適合性をより高める工夫が可能だと思われる。

7 ■SREにおけるVEアプローチの限界と将来展望

　本章では，SREを意識して，サービスの評価の特徴を明らかにした。そして，サービスの評価因子と新サービス開発のための顧客ニーズの取り込みについて，テキストマイニングからの情報を補足として用いつつ，VEのアプローチとその有効性について論じた。VEである以上は，コストが考慮されなければならないが，サービスの性質から，製品のような部品原価の積み上げといった形でのコストの把握は困難である。それゆえ，コストの観点は一旦捨象して，顧客ニーズの把握による新サービスの開発を主眼として考察した。

　しかし，価値を創造するコストマネジメントの手法であるVEで，コストの把握を排除することはできないので，新サービスが着想された段階では，そのサービスのコストを把握して現実的なサービスによる価値創造を実現することが重要である。ただ，サービス提供に付随する施設・設備のコスト，サービスの提供に伴う実質的な労働のコストの把握は，活動基準原価計算などによる配賦手続がうまく実施できれば把握は可能と考えられるが，配賦には一層の検討が必要である。事例にあげた高速道路や鉄道で，本来の道路や駅といった施設・設備とそれに不可分な商業施設・設備のコストが，提供するサービスの内容ごとの括りで明確に把握することが可能かどうかは検討の余地があろう。これらもサービスの価値を捉えるにあたって今後検討すべき重要な課題である。

■注

1　感性VEにかかわるものとしては，一連の山本浩二（1995, 1997, 1998, 2001a, 2001b, 2004）を参照されたい。
2　この定義は，神戸大学管理会計研究会（1992）における定義である。
3　これは総合評価において，ファジィ測度による総合評価を用いることを意味する。ファジィ測度による総合評価については，山本浩二（1995）を参照されたい。
4　Shostack, G. L.（1977）による分子モデルを参照。

■ 参考文献

Parasuraman, A., V.A. Zeithaml & L.L.Berry, "A Conceptual Model of Service Quality and Its Implication for Future Research," *Journal of Marketing*, 49 (4), 1985, pp.41-50.

Parasuraman, A.,V.A. Zeithaml & L.L.Berry, "SERVQUAL: A Multiple-Item Scale for Measuring Consumer Perception of Service Quality," *Journal of Retailing*, 64 (1), 1988, pp.12-40.

Shostack, G. L., "Breaking Free From Product Marketing", *Journal of Marketing*, Vol. 41, No. 2, 1977, pp.73-80.

上野一郎監修『VEハンドブック』日本バリュー・エンジニアリング協会, 2007年。

神戸大学管理会計研究会「原価企画の実態調査」(1)～(3),『企業会計』第44巻第5号・第6号・第7号, 1992年。

コンセプト・メーキングVE研究会『コンセプト・メーキングVE（CMVE）―潜在的顧客ニーズの顕在化技法―』日本バリュー・エンジニアリング協会, 2008年。

近藤隆雄『サービス・イノベーションの理論と方法』生産性出版, 2012年。

サービス分野へのVE適用開発研究会報告書『サービス分野へのVE適用技法―サービス業務のVEジョブプランの設定―』日本バリュー・エンジニアリング協会, 1991年。

中村陽人「サービス品質の測定尺度に関する実証研究―SERVQUALの再検討―」,『横浜国際社会科学研究』第11巻第6号, 2007年, pp.39-54。

中村陽人「サービス品質の次元―テキストマイニングによる自由記述アンケートの定性分析―」,『横浜国際社会科学研究』第13巻第1・2号, 2008年, pp.44-57。

山本浩二「ファジィ多属性評価と原価企画」,『會計』第148巻第3号, 1995年, pp.54-67。

山本浩二「感性VEと原価企画」,『大阪府立大学経済研究』第42巻第2号, 1997年, pp.21-35。

山本浩二「感性領域への管理会計の拡大―組織の活性化―」,『會計』第153巻第3号, 1998年, pp.11-26。

山本浩二「管理会計から品質へのアプローチ―品質コストと感性品質のコストマネジメントを中心に―」,『大阪府立大学経済研究』第46巻第2号, 2001a年, pp.57-67。

山本浩二「品質・機能のコスト展開の限界と原価管理部門の役割認識―戦略的品質作り込みへの感性コストマネジメントの可能性―」,『會計』第160巻第6号, 2001b年, pp.74-87。

山本浩二「イノベーションアクションリサーチの実際／§1　シャープにおける感性コストマネジメントの導入」, 谷武幸編著『成功する管理会計システム―その導入と進化―』中央経済社, 第12章所収, 2004年, pp.229-240。

山本浩二「価値移転的原価計算からの脱却―価値創造的原価計算試論―」,『原価計算研究』第36巻第1号, 2012年, pp.1-9。

山本昭二『サービス・クオリティ－サービス品質の評価基準』千倉書房, 1999年。

第5章

サービス提供プロセスに基づく業績管理システム[1]

1 ■ サービス提供プロセスにおける情報インフラの整備

　サービス・リエンジニアリング（SRE）研究の主眼は既存のサービスの品質を見直し，顧客を感動させるサービスを最小のコストで作り込むための方法論的枠組みを提供することである。すなわち，サービスコンテンツの作り込みというサービスの源流管理に主な焦点が当てられている。それに対して本章は，伊藤（2012）で提示されているSREの基本ステップ(4)「顧客がサービスに遭遇するその瞬間を確実にマネジメントするために不可欠な人的・物的および情報面のインフラの整備」（p.31）に焦点を当てる。

　すでに何らかのサービスを提供している組織が既存サービスの修正を含めた新規サービスを提供する場合，既存のサービス提供プロセス（service delivery process）を適切にリデザインしていくことは重要な課題である（Tax and Stuart, 1997; Ponsignon et al., 2012）。すなわち，リエンジニアリングされたサービスコンテンツを適切に顧客へ提供するためには，サービス提供プロセスの見直しが同時に求められる。サービス提供プロセスのデザイン／リデザインそのものに関する議論はビジネス・プロセス・マネジメントやオペレーションズ・マネジメント研究において豊富な蓄積がある（Ponsignon et al., 2012）。そこで，ここではサービス提供プロセスにおける「情報面のインフラ」，具体的には業績管理システムを中心に議論していきたい。

　業績管理そのものは，サービス水準をコントロールできないが，適切なサー

ビスがどのようなものであるのかという思考を従業員に持たせる媒介システムあるいは意思決定支援システムとして認識できる。サービス提供プロセスは生産と消費がまさに同時に起こる局面（サービスエンカウンター）を対象としており，一連のサービスの成果を主に財務的指標を用いて測定し業績管理を円滑に実施していくことが「情報面のインフラ」として不可欠である。加えて，サービス提供プロセスに対して業績管理がどのような影響を及ぼすかという研究は海外を中心に僅かしかなく未解明な点も多いことから，研究対象としての意義も十分にあると考えられる。

以上のことから，本章ではSREの理論的枠組みを念頭に置きながら，サービス組織がいかなる点を考慮して業績管理システムを構築するべきかを現代的な意義を踏まえながら明らかにすることを目的とする。

サービスの提供はサービス組織の事業特性によって多様であるため，業績管理システムを一律に構築することは困難である。その点に関して，サービスの特性をサービス提供プロセスによって分類し，それに基づいて業績管理システムを検討することが有用である（Modell, 1996）。サービス提供プロセスを分類する基準は複数存在し，サービス・マネジメントやサービス・マーケティングの分野で広く発展している[2]。そのなかで比較的多く援用されている研究の1つとしてFitzgerald et al. (1991) がある。Fitzgeraldらは，サービス提供プロセスを大きく3つに分類して業績管理との関係性を明らかにし，その後の研究に大きな影響を与えている。よって，本章でも同分類に基づき業績管理のパターンを検討していく。

他方，業績管理システムにおける環境変化への適応性の側面は，これまでにも増して関心が高まっている。現代の組織は，環境の変化に適応するために柔軟性が求められ，組織下位層への権限委譲の重要性が増している（Otley, 1994）。変化適応型の業績管理システムの構築が求められ，とりわけ予測を重視した経営の意義が指摘されている（清水, 2009, 2013；清水・日置, 2011）。具体的には，予測の頻度を増やして目標の進捗管理の精度を向上させる京セラの経営管理システムがあげられる。同手法がサービス提供プロセスに基づき，いかにして有効に活用していくことができるかを議論していく。

本章の構成は次のとおりである。第2節ではサービス提供プロセスと業績管

理の関係性について改めて先行研究をレビューし，現代の環境変化を前提にサービス組織における業績管理の課題を提示する。第3節で変化適応型の業績管理について予測型経営を中心に整理する。それまでの議論を踏まえて第4節ではサービス提供プロセスに基づいた変化適応型の業績管理システムについて検討し，最終節で結論と課題を述べる。

2■サービス組織の業績管理

2-1 サービス提供プロセスに基づく業績管理に関する先行研究のレビュー

　サービス組織の業績管理を含めたマネジメント・コントロール・システム（Management Control System: MCS）についてAnthony and Govindarajan（2007）は専門的サービス組織，金融サービス組織，医療組織，非営利組織を具体的な例にあげて，各事業特性に応じたMCSについて論じている[3]。また，Dittman et al.（2009）はサービス組織のMCS全般に関する先行研究について管理会計を中心とした学術誌を網羅的にレビューしている。

　さらに，青木（2015）は対人的サービス組織におけるMCSについてMalmi and Brown（2008）のフレームワークを援用しながら検討し，文化的コントロールの重要性を指摘している。しかし，上記の諸研究では，本章で焦点を当てるサービス提供プロセスに基づく業績管理のレビューがほとんど反映されていないため，以下ではその点を中心に改めて整理する。

　サービス提供プロセスと業績管理についての先行研究は，Fitzgerald et al.（1991）の研究が先駆的となっている。Fitzgeraldらはサービス提供プロセスを6つの構成要素の重要度を基準に3つのプロセスに分類した。なお，必ずしもすべての組織が明確に3分類のいずれかに該当するわけではなく，特徴が重複し複数の分類に属するようなサービスの存在も容認している（Fitzgerald et al., 1991, p.13）。具体的には**図表5-1**のとおりである。

図表5-1 サービス提供プロセスと構成要素の関係

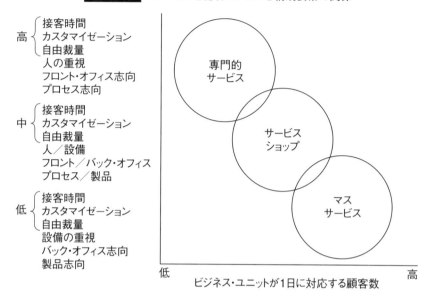

出所：Fitzgerald et al., 1991, p.12.

　3つのサービス提供プロセスとは，(1)専門的サービス（professional services），(2)サービス・ショップ（service shops），(3)マス・サービス（mass services）である。各サービスの特徴を簡潔にまとめると，(1)専門的サービスは顧客との接点を重視しカスタマイゼーションのレベルが高い，(2)サービス・ショップは専門的サービスとマス・サービスの中間的な存在，(3)マス・サービスは顧客数が多くカスタマイゼーションのレベルは低いなどとなっている。また，6つの構成要素とは，縦軸を，①人／設備の重視，②フロント／バック・オフィス志向，③製品／プロセス志向，④カスタマイゼーションの程度，⑤フロント・オフィス従業員への自由裁量の程度，⑥フロント・オフィス従業員の接客時間であり，それぞれに関する特徴によって分類を試みている。そして，横軸をビジネス・ユニットが1日に対応する顧客数で区分し組み合わせることで上記の3つのサービス提供プロセスを提唱したのである（Fitzgerald et al., 1991, p.9）。Fitzgeraldらは，この3つのプロセスごとに原価の跡付け可能性(cost traceability)を検討し[4]，業績管理の仕組みを論じている。

その後の研究では，Fitzgerald et al.（1991）のフレームワークをさらに進化させるために，別の要因による影響が検証されている。たとえば，Brignall and Ballantine（1996）は，企業特性（4つの企業類型），組織構造，組織階層レベル，戦略，業績尺度，内外の環境要因（サービス提供プロセスを含む），インタラクティブ・コントロール，サービスや組織のライフサイクル，ITシステム，情報システムなどのコンティンジェンシー要素とサービス組織の業績管理との関係性について，ケース・スタディを踏まえながら12個の仮説を導出している。

Brignall（1997）もコンティンジェンシー理論に基づき各サービス提供プロセスの事例を分析し，（組織もしくはサービスの）ライフサイクル理論を併用しながらサービスのコスト・システムと業績評価の統合を検討し10個の仮説を提示している。Brignall and Ballantine（1996）およびBrignall（1997）が仮説構築型研究であったのに対し，Auzair and Langfield-Smith（2005）はコンティンジェンシー理論に基づきサービス組織の財務担当者を対象としたサーベイを用いて実証研究を行っている。具体的には，サービス提供プロセスの3分類，戦略（コスト・リーダーシップ／差別化），組織ライフサイクル（成長段階／成熟段階）を独立変数とし，MCSの設計（行動／結果，フォーマル／インフォーマル，タイト／ルース，限定／柔軟，個人／集団）を従属変数として検証し[5]，サービス組織の特性がMCSの設計にいかなる影響を与えているかを明らかにしている。

Fitzgerald et al.（1991）に依拠したこれらの先行研究は，コンティンジェンシー理論をベースとして，サービス提供プロセスと業績管理システムの設計との関係性を主たるテーマとし，コンティンジェンシー要因（たとえば，戦略，組織構造，ライフサイクル，環境の不確実性など）がどのような影響を与えているかを検証している。このように，コンティンジェンシー理論に基づいた業績管理のフレームワークが構築され，サービス提供プロセスごとの設計が議論されてきたのである。

2-2　サービス組織における業績管理の課題

サービス提供プロセスに基づく業績管理の先行研究は，内外の環境要因と業績管理の関係性に着目してきたが，そもそもサービス組織が業績管理システム

を外部環境の変化に合わせてどのように見直すかという点についてほとんど議論がなされていない。なお，そのような観点からの研究はサービス組織の予算管理を対象としたSharma（2002）に見出すことができるだけである。Sharmaはサービス組織の予算管理システム（コミュニケーション，コントロール，業績評価，予測の頻度，予測の範囲）が，外部環境要因（社会的混乱，市場の競争，不確実性）および内部環境要因（組織規模，組織構造）によってどのような影響を受けるかについて，ホテルへのサーベイ調査に基づいて検証している。

　結果として，環境変化が激しいほど，予算管理においてより広範囲で頻繁な予測とコミュニケーションを行っていることを発見している。その理由は最新情報を収集し伝達する頻度を上げることで，競争力を高め，早期に問題を発見し対応することができるようになるためであると述べられている。このようにサービス組織のなかには予算管理で予測の頻度を高め，変化適応型の業績管理を実践している場合があることが明らかとなっている。

　また，筆者らが2010年に行った日本ホテル協会の会員ホテルを対象とした調査でも，予算管理において予測の頻度を高めている組織が複数存在することを発見している（清水・庵谷, 2010）。具体的には，予測と目標について「見直しはせず，年間を通じて適用」とする組織が37.7％であったのに対し，「半期に一度予測，年度目標は維持，下半期のアクション・プラン策定」10.1％，「半期に一度予測，年度目標は上方にも下方にも修正」20.3％，「四半期に一度予測，年度目標は維持，下半期のアクション・プラン策定」11.6％，「四半期に一度予測，年度目標は上方にも下方にも修正」5.8％，「月に一度予測，年度目標は維持，下半期のアクション・プラン策定」5.8％，「常に予測は行いアクション・プランや目標値に反映，予算の形式なし」8.7％という結果となっている（*ibid*, p.17）。

　とくに，予測を継続的に行いながらアクション・プランや目標値の修正に反映させている組織が複数存在しているという事実は，外部環境の変化へ適応するための業績管理の必要性を裏づけるものといえる。このことから，サービス組織が環境変化へ適応するためにより頻繁な予測とコミュニケーションを行うには，どのような業績管理システムを構築していくべきかが重要な課題といえる。

　以上，本節ではサービス提供プロセスと業績管理に関する先行研究を中心に

レビューを行った。先行研究の多くがそうであるように，サービス提供プロセスを用いることで，提供されるサービスの特性を考慮した業績管理を検討することが可能となる。とりわけ，Fitzgerald et al. (1991) がフレームワーク化したサービス提供プロセスは，サービス組織の業績管理システムを設計する上できわめて有用であると考えられる。

また，先行研究では多様なコンティンジェンシー要因に基づく影響が検証されてきた。残された課題としてサービス提供プロセスに基づく変化適応型の業績管理を検討することがあげられる。その前に次節では変化適応型の業績管理システムとは何かについて論じていく。

3 変化適応型の業績管理システム

3-1　予測型経営

本節では変化適応型の業績管理システムである予測型経営について説明し，具体的な手法として京セラの経営管理システムについて詳述する。最後に，同手法の本質的な仕組みについてまとめ，サービス組織における業績管理システムへの示唆を述べる。

環境変化への適応という問題について，清水 (2009) は「予測のシステムをどのように活用していくかが，業績管理のあり方に深く影響を与える」(p.120) と述べている。具体的には，フィードバック・システムとフィードフォワード・システムを有機的に結合させ，目標値を確実に達成するための経営を意味し「予測型経営」と称される（清水・日置, 2011）。より詳しく述べれば，「予算あるいは相当の財務計画を有しながら，変化に対応して素早く動ける組織を作り上げる経営」（清水, 2013, p.139）のことをいう。

ここで，本章で用いる「予測」の意味について確認したい。予測は「計画されたアクション・プランを取った場合に生じるであろうことを客観的に示す」（清水, 2013, p.182）ものである。すなわち，本章で用いる予測の範囲は「業績」に関連する情報であり，立案されたアクション・プランに従って行動した結果としての損益の見積額を最終的に示す。予測を実施する目的は，環境の変化が

もたらす業績への影響をあらかじめ予測値として算出し，事前に設定された計画値（目標値）と比較することで，そのギャップを埋めるためにアクション・プランの事前修正を促進することにある。さらに，この予測はアクション・プランの実施中も頻繁に行うことによって，環境変化への迅速な対応を企図している。このことから，予測（値）は「目標値を達成するための注意喚起情報」（清水, 2013, p.185）であり，目標値を達成するための不可欠な情報なのである。

上述したような予測型経営に期待される役割は，Ferreira and Otley（2009）が示す現代的な意味を踏まえたMCSの特徴と一致する。すなわち，フィードバックとフィードフォワードという両面から，組織が一連の行動の修正や適応に着手することを可能にし，組織構成員が経験を通して学習し，新しいアイデアを創出し，戦略や計画を再構築することを促進するのである。したがって，予測に基づき業績管理を的確に実行することにより，組織が変化への適応力を高めることができると考えられる。

予測型経営は，変化適応型の業績管理システムとマインドセッティングを合わせたものであるが，ここで予測型経営における業績管理システムは「戦略目標に関する最終的な業績を作り込むために必要な種々の領域における目標を設定し，これを達成するために実行すべきアクション・プランを適切に立案し，ローリング予測などを活用したフィードフォワード機能によって計画を適切に保ち，結果としての業績を測定・評価して戦略の適切性を吟味するとともに戦略の策定・変更に役立つような情報を提供するシステム」（清水, 2009, p.118）といえる。そこで，予測型経営の具体的な手法として本章では京セラの経営管理システムについて取り上げる。その理由は，上述した予測型経営の定義にもみられるように，予測を活用した変化適応型の業績管理システムとしての機能を有しているからである。

3-2　アメーバ経営

京セラのアメーバ経営が近年管理会計研究のなかで注目を浴びている。元は製造業から台頭したアプローチだが，サービス業での適用事例も少なくない。

いずれにしても，アメーバ経営の特徴の1つとして環境変化へ迅速に対応するために「事前管理」としての機能を有した業績管理を実践していることが指

摘されている（上總, 2010）。具体的には，アメーバ経営のなかで用いられる「部門別採算制度」のもとで，目標値・「予定」の数値・実績値間の差異に基づく利益目標の進捗管理が行われているのである。上總（2010）は「予実管理システム」として**図表5-2**のように整理している。なお，本章では上總（2010）の「予実管理システム」に新たな情報や知見を加えているため，京セラの経営管理システムと呼称を変更している。

図表5-2　京セラの予実管理システム

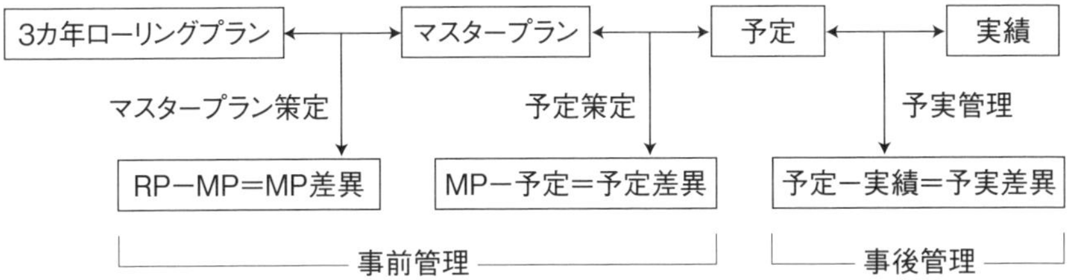

```
┌─────────────┐   ┌──────────┐   ┌──────┐   ┌──────┐
│3カ年ローリングプラン│←→│マスタープラン│←→│ 予定 │←→│ 実績 │
└─────────────┘   └──────────┘   └──────┘   └──────┘
   マスタープラン策定       予定策定          予実管理
┌─────────────┐   ┌──────────────┐   ┌─────────────┐
│ RP－MP＝MP差異 │   │ MP－予定＝予定差異 │   │ 予定－実績＝予実差異 │
└─────────────┘   └──────────────┘   └─────────────┘
└──────────── 事前管理 ────────────┘   └── 事後管理 ──┘
```

出所：上總, 2010, p.84.

　京セラの経営管理システムの構成要素には中長期的な目標管理である「3カ年ローリングプラン（RP）」，そして短期的目標管理である「マスタープラン（MP）」（年次）および「予定」（月次）がある。「RP」はトップマネジメントが中心となって策定され毎年更新されていくため，いわゆる「ローリング予測」としての機能を有している。ローリング予測とは「ローリング（転がし）を行いながら一定期間先を予測していく方法」（清水, 2013, p.177）を意味する。さらに，清水（2013）によればローリング予測には大きく2つの形態があり，年度を超えて継続的に行われる予測と年度末までの予測（年度末でいったん終了）とに識別されるという（pp.178-180）。環境の変化を継続的に把握するには前者の方が望ましく，京セラでもこの形態を採用している。

　次に，「RP」に基づいて「MP」が各採算単位の責任者によって年度開始前に策定される。「MP」は責任者が1年間どのように経営していくのかという「思い」を描いたものであり（稲盛, 2006），年間の目標値として持続的な成長を前提に前年比何％増というように設定される。また，「MP」は単なる年度目標を示せばよいのではなく，季節変動の影響等を加味しながら各月の目標値ま

で分割されていく。「MP」では目標値が対前年を上回る形で設定されることから，対象年度の環境変化の予測をあらかじめ十分に反映した数値とまではいえない。「MP」で策定された数値は「RP」と比較され「MP差異」として認識される（上總, 2010）。そして，「MP差異」がゼロ（もしくは最小）になるまで「MP」の策定を可能な限り何度も繰り返すのである。

　つづいて，「MP」に基づいて各月開始前に「予定」が各採算単位の責任者によって作成される。「予定」では「MP」で設定した目標値を達成するために，より直近の内外環境要因を考慮して予測を行い予定の数値を作り込むことになる。注意すべきは，予測型経営において予測は単なる事実であるが，京セラでは予測に基づいた数値がMPを下回った場合に，予測に対して最大限の努力を行った場合に積み上げた数字を「予定」と称している。すなわち，京セラにおける「予定」は，見直された「計画」に他ならない[6]。なお，京セラでは翌月の数値を「予定」とするが，その次の2カ月の数値を「見通し」として予測しており，これは，まさしく予測であり，少し先の状況についても予測をかけている。

　換言すれば，直近の予測に基づくより現在の環境変化を反映した情報を得た上で，MPを達成するために，あるいはMPが達成できなくても，できるだけそれに近づこうとして計画を改訂していくのであり，予測は清水（2013）で述べている「目標値を達成するための注意喚起情報」としての性質を有している。

　予測に基づき策定された「予定」の数値は「MP」で策定された目標値と比較され「予定差異」として認識される（上總, 2010）。「MP差異」の場合と同様に，「予定差異」がゼロ（もしくは最小）になるまで何度も予測を行いながら「予定」の策定を繰り返すことになる。ただし，予定を下方修正するなど「予定差異」がゼロにならない場合（MPの目標値≠「予定」の数値），「予実差異」によってMPの目標値と実績値の差異および予定の数値と実績値の差異がそれぞれ示されることになる。このため，京セラの経営管理システムでは，計画・予定（改訂計画）・実績という3つのファクターのそれぞれが比較される形になっている。

　ただし，比較された結果，マネジメントに活用されるタイミングは明らかに異なっている。MP（計画）と予定（改訂計画）との差は行動に入る前に算定

されており，それが0になる，すなわち当月のMPが計画どおり実行できるようにフィードフォワード情報として活用される。他方，予定と実績の差あるいはMPと実績の差は，フィードバック情報として，次月の活動に利用されていくのである。

　なお，予定と実績が比較されるのは，前月末にとどまらない。というのも，京セラでは日次もしくは1月当たり数回，目標の予測に基づく進捗管理が行われているのである。とくに目標値≠「予定」の数値の場合（「予定差異」がゼロでない場合），目標値・「予定」の数値・実績値の累積額に基づき「MP」（目標値）や「予定」の進捗度を把握し，進捗が遅れている場合は原因の究明やアクション・プランの変更を通じて責任者を中心に現場レベルでの改善が行われるのである。さらに，上總（2010）の「予実管理システム」では触れられていないが，進捗管理のために「概算実績」も用いている。「概算実績」とは月の途中の時点で月末に到達するであろう実績の見込値を指し，これも予測情報に他ならない。「概算実績」を用いることで，「MP」（目標値）および「予定」の達成見込みを月末以前に把握することが可能となり，未達と予想される場合は早期の対応を促すことにつながるのである。

3-3　サービス組織における業績管理システムへの示唆

　ここまで変化適応型の業績管理システムとして予測型経営を取り上げ，具体的な手法として京セラの経営管理システムについて述べてきた。サービス組織において同手法を援用するにあたり，いかなる点を考慮すればよいのだろうか。

　そこで，業績管理システムの仕組みを整理するために，Pitkänen and Lukka（2011）が提示している3つの要素を用いる。具体的には，業績管理システムで利用される「情報源」（source），情報が利用される「タイミング」（time），情報の利用上の「ルール」（rule）である。すなわち，マネジャーが目標値を達成するために，どの情報源（フィードフォワード情報／フィードバック情報）から，いつ，どのような手続によって情報を収集し用いるのかを考慮することが肝要となる。これらの視点に基づいて京セラの経営管理システムのメカニズムを改めて考察することにより，次節で検討するサービス提供プロセスごとの業績管理システムの在り方について有用な視座が得られると考えている。

利用される「情報源」ではフィードフォワード情報が主となる。京セラの経営管理システムに基づけばフィードフォワード情報には，MPを達成するための短期的な予測情報がある。さらに，情報の性質として，ある一時点での予測は情報収集量が限定されるが，継続的に予測が実施されることによって外部環境の変化を動態的な変化として捉えていくことが可能となる。また「RP」（3年単位），「MP」（1年単位），「予定」（1カ月単位），さらに「見通し」（2カ月後および3カ月後の予測）で用いられている予測単位の細分化はより直近の変化を正確に捉える上できわめて有用な手段であり，かつ，3カ月先までの予測を継続的に行うという形になっている。

　加えて京セラの経営管理システムの予実差異で用いられる「概算実績」もフィードフォワード情報といえる。この数値はあくまでも予測値ではあるものの実績との乖離はきわめて小さいため，事前に把握される実績値の近似値としての性格を有する。これによって，月中であっても目標達成の進捗管理の精度を向上させ，より変化適応型の業績管理を確実にしていくといえる。

　次に情報を収集し利用する「タイミング」であるが，主に目標値を達成するための計画の策定段階もしくは実行段階があげられる。京セラの経営管理システムでみられたように，対象となる期間は3年の中長期から年次・月次・日次といった短期まで幅広い。「RP」の策定はトップを中心に将来到達することが望ましいというトップの意思を示すことであり，目標値を達成するために予測を活用することとは目的が異なる。また，「MP」は前年比との関係で目標値が策定されることから，予測の役割はさほど求められていない。それに対して，「予定」では対象となる月の直前に目標値を達成するための手段として予測が用いられる。すなわち，「予定」とは目標値を達成するための計画を意味し，予測値を通じて直近の外部環境の状況が色濃く反映されることになる。上述したように予定差異（「MP」―「予定」）をゼロにする努力が求められることから，「予定」が満足な水準に到達するまで予測を何度も行い，それに基づいて計画を何度も練り直すことになる。したがって，「予定」（目標値を達成するための計画）策定時の予測が最も活用頻度が高く変化適応型の業績管理の要といえる。

　最後に，情報を活用する「ルール」であるが，誰がどのように情報を収集し利用するのかということが重要となる。端的にいえば，目標値に対する責任者

が予測情報を収集し利用することが考えられる。しかし，組織によっては組織階層レベルで予測情報の収集と利用を分離しているところも少なくない。というのも，予測を行う際は，予測型経営の項（3-1）で説明したように，収集された種々の情報を踏まえながらアクション・プランを実施した結果得られるであろう損益情報を算出する必要がある。しかし，組織下位層の責任者であるほど能力上の問題や過度な業務負担の問題が生じうる。よって，予測の一部もしくはすべてをトップやミドルレベル（あるいはマーケティング部といった専門部署）で行い，組織下位層の責任者は上層部や他部署から提供された情報に基づいて目標値の設定やアクション・プランの立案・修正に専念することも想定される。

　そこで，情報収集と利用のルールを明確化するために組織階層レベルでの権限委譲を考慮する必要がある。予測型経営では，組織下位層への権限委譲が積極的に実施されていることを前提としている。すなわち，組織下位層の責任者が計画を策定しアクション・プランの立案・修正を自律的に行うのである。しかし，予測を誰が行うかについては各組織環境に応じて柔軟な対応が可能である。たとえば，トップやミドル（もしくは専門部署）が中心となってすべての予測を行う（組織下位層の責任者は予測に携わらない）場合と，組織下位層の責任者が予測の一部もしくはすべての予測を行う場合が想定される。本章では便宜的に，前者を「予測分離方式」，後者を「予測一体方式」の予測型経営と呼称し識別する。これによって，組織ごとで予測を活用するルールを可視化し議論を整理することが可能となると考えられる。

　以上のことから，サービス組織の変化適応型の業績管理システムを検討していくにあたり，次のような要素を示すことができる。「情報源」ではフィードフォワード情報として中長期的もしくは短期的な予測情報を活用すること，「タイミング」では目標値を達成するための計画策定およびアクション・プランの立案・修正を行う場面を想定して予測を活用すること，「ルール」では「予測分離方式」と「予測一体方式」に基づいて，組織下位層の従業員が目標値を達成するために予測を活用することがあげられる。次節では仮説例をもとに具体的な場面を想定し，サービス提供プロセスに基づく業績管理システムのあり方について検討する。

4 サービス提供プロセスに基づく変化適応型の業績管理システム

4-1　宿泊業における業績管理システム

　環境変化への適応について，Otley（1994）は，組織下位層の責任者は顧客サービスとの関係から組織目標を達成するために必要な行動をとり，ボトムアップから適応していくことが求められると述べている。すなわち，サービス組織では，直接顧客へサービスを提供する従業員が業績管理システムに基づいてどのように行動するかが重要となる。そのために，サービス提供プロセスの構成要素を業績管理システムに反映させていくことが有用であることはすでに述べたとおりである。

　そこで，先行研究でも多用されていたFitzgerald et al.（1991）の3つのサービス提供プロセスに基づいて業績管理システムを検討していく。

　具体的なサービス組織として，本章では宿泊業における例を取り上げる。筆者らは2008年より10社以上の国内ホテル・旅館（外資系も含む）に対して業績管理に関する聞き取り調査を継続的に実施してきた。また，2010年には社団法人日本ホテル協会の協力を得て，業績管理に関するアンケート調査を実施した（清水・庵谷, 2010）。調査対象が提供するサービスやそのプロセスはさまざまであるが，相対的な観点からFitzgerald et al.（1991）の3つのプロセスのいずれかに分類することが可能である。

　本章では，専門的サービス，サービス・ショップ，マス・サービスごとに典型的なホテル・旅館の仮説例としてA社，B社，C社を設定する[7]。また，Fitzgerald et al.（1991）のサービス提供プロセスを構成する6つの要素にはすでに触れたが，具体的に各サービス提供プロセスの特性を示したものが**図表5-3**である。この特性に基づきながら，A社，B社，C社の提供するサービスを記述し，プロセスごとの業績管理システムのあり方について前節までの議論を踏まえながら考察していく。

図表5-3　サービス提供プロセスごとの特性

専門的サービス	サービス・ショップ	マス・サービス
□顧客と接する時間が極めて長い □カスタマイゼーションの程度が高い □個々の顧客ニーズにきめ細かな対応がなされている □従業員は接客時に大きな自由裁量がある □従業員はフロント・オフィス業務に割く時間が極めて長い □設備よりも人が重視される □「何を提供するか」よりも「どのようにしてサービスを提供するか」に重点が置かれる □専門的な能力を有する従業員の割合が高い	□接客時間，カスタマイゼーションの程度，顧客数，従業員の自由裁量の程度について，専門的サービスとマスサービスの中間に位置する □フロント・オフィスとバック・オフィス，人と設備，「何を提供するか」と「どのようにしてサービスを提供するか」を同程度に重視する	□接客時間は最小限に抑えられる □カスタマイゼーションはほとんどなされない □顧客数が多い □バックオフィスが重視され，フロントオフィスの従業員による意思決定は極めて少ない □人よりも設備が重視される □「何を提供するか」に重点が置かれる
例）コンサルタント	例）レンタルショップ	例）鉄道会社

出所：Fitzgerald et al.（1991, pp.11-13）に基づいて執筆者作成。

(1) 専門的サービス：A社

A社はラグジュアリー（高価格帯）なホテル・旅館に相当し，宿泊と料飲が主なサービスである。A社では社内でプロジェクトチームを結成し，個々の顧客ニーズに対応するためにどのようなサービスを提供するかについて，接客を担当する従業員自らが計画に参加している。すなわち，組織構成員がサービスコンテンツとサービス提供プロセスをある決められた範囲内で自由に設計し実行している。

したがって，提供するサービスは顧客のニーズが積極的に反映されカスタマイゼーションの程度が高い。接客時には，顧客1グループに1人以上の専属の担当者を配置し，チェックイン前の到着案内からチェックアウト後の見送りまで可能な限り顧客と接する時間を持つよう仕向けられている。というのも，接客に割く時間が長いほど，顧客の仕草や態度から些細な要望までもくみ取るこ

とが可能となり，即座にサービスコンテンツやサービス提供プロセスに反映させることが可能となるからでる。またチェックアウト後には顧客の使用した部屋の清掃を通じて顧客の嗜好を把握し，次回の来訪時に提供するサービスに活かすことで顧客ロイヤルティを高めリピーターを増やす努力もなされている。

このようにA社では接客を担当する組織構成員に幅広い業務を担当できる能力や高いサービス提供能力が求められる。責任と権限を明確化し分業体制をとるよりも，各組織構成員には自由裁量が与えられ担当する顧客の価値向上に資する幅広いサービス提供活動を自らの判断で行うことを可能にしている。そのため，教育の機会として従業員の空き時間を利用したeラーニングによる専門的知識の習得やスキルの向上（たとえば，マルチタスク能力の向上など）を積極的に進め，組織的に従業員の能力開発を支援する仕組みが整っている。

A社のような組織では，現場で生じる変化に対して意志決定の早さと柔軟性が求められることから，組織下位層へ権限が委譲され，組織構成員が自ら予測を行い積極的に計画やアクション・プランの立案・修正に関与していくことが考えられる。すなわち「予測一体方式」の予測型経営が適しているといえよう。

具体的には，組織下位層の責任者が中心となって目標値を設定し，目標を達成するための計画の策定作業を予測を繰り返しながら行う。そして，計画に基づき現場から得られる数々の情報を反映させながらアクション・プランを立案するのである。A社では接客時間が長いため，顧客ごとにアクション・プランをアレンジし高付加価値のサービスコンテンツやサービス提供プロセスを生み出すことも期待される。アクション・プラン実施段階では目標の進捗管理を行うために，接客業務への支障に配慮しながら予測を自ら行い必要があればアクション・プランを即座に修正する。

もちろん，業務負担が過多であれば，予測頻度を軽減するか予測の一部を上層部か他部署で担当することなどが考えられる。いずれにせよ，得られた予測情報に基づき組織下位層で進捗管理を実施することにより，顧客ニーズに適した形でアクション・プランの変更を即座に実行することが期待できるのである。

(2) サービス・ショップ：B社

B社は，ホテルの代表的なフルサービスである宿泊・料飲・宴会（一般およ

び婚礼）を提供するシティホテルに該当する[8]。B社は客室，レストラン，宴会場，会議室といった設備を総合的に有し，多様なサービスを組み合わせることによって顧客ニーズへ対応している。組織構成員は業務に求められる役割に基づいて権限と責任が明確化されることになる。そして，各組織構成員には各業務における専門的な能力の向上が最も求められる。

　そこで，B社ではA社の場合と異なり，ある顧客に対して複数の部署の担当者が各業務範囲に基づいてサービスを提供していくことになる[9]。ただし，あらかじめ標準化されたサービスを提供する場合は顧客ニーズ全てに対応できないこともある。そのような事態に備えて「コンシェルジュ」を設けており，可能な範囲でより個別対応を可能としている。

　B社のような組織では宿泊部門，料飲部門，宴会部門ごとに部門別利益管理を実践している場合が多い。同社のような組織で予測型経営を行う場合，前節における京セラの経営管理システムでみられたような予測頻度を高めることが十分に可能である[10]。具体的には，各部門で目標値を達成するための計画を予測に基づいて立案し，アクション・プランを実行するなかで細かい予測を行いながら日次・週次・月次の利益目標の進捗管理を行うのである[11]。また，「予測分離方式」と「予測一体方式」の予測型経営どちらも適しているといえる。

　「予測分離方式」の予測型経営を実践する場合，トップやミドル（もしくは専門部署）がすべての予測を行い組織下位層へ必要な情報を伝達する。組織下位層の従業員はトップやミドルに対して現場の情報を随時報告しながら情報共有を行い，計画の策定やアクション・プランの立案・修正を行うのである。

　それに対して，「予測一体方式」の予測型経営を実行する場合，A社の場合と同様に組織下位層の従業員の負担を考慮する必要がある。しかし，業績管理の実践には両社で違いが生じる可能性が高い。A社の組織構成員には各顧客に対してある程度の自由裁量のもと幅広いサービスを提供するという役割が与えられているのに対し，B社の組織構成員は宿泊・料飲・宴会といった部門ごとに役割が分割され業務範囲も明確に限定されている。そのため，B社では顧客ニーズを満たすために部門横断的な情報共有と連携が求められ，顧客ニーズの変化への対応速度や質（要求を満たす程度）についてA社と同程度に行うことは容易ではない。

すなわち，予測情報や現場で直接観察された変化に基づいてアクション・プランを修正するには関連部署との調整を必要とする場合があり，迅速な対応に制約が伴うのである。

さらに「予測分離方式」もしくは「予測一体方式」どちらの予測型経営を採用していたとしても，組織下位層の担当者間で部門横断的な対立が頻繁に生じる場合は，より上位層の責任者が仲裁に入ることでトップやミドルが組織下位層の意志決定に関与することも考えられる。このような状況下では，組織下位層への完全な権限委譲という様態が崩れ，そもそも予測型経営が十分に機能しないことも危惧される。したがって，B社のような組織が予測型経営を成功裡に遂行するためには，組織構成員の関係性や部門横断的な調整能力の向上といった条件が整う必要がある。

(3) マス・サービス：C社

C社は，宿泊特化型の低価格なビジネスホテルチェーンにあたる。提供するサービスは宿泊と宿泊者向けの朝食のみである。フロント（受付）の担当者は若干名であり，チェックインとチェックアウト（もしくはどちらか）は顧客自らが機械を操作して行う簡易的な手続きとなっている。このように，C社のサービス提供プロセスは効率性を最優先して設計され，自動化（省人化）が徹底されている。

そこで，従業員が接客に要する時間は最小限に抑えられている。組織下位層の従業員はマニュアルに従って標準的なサービスを提供するため顧客ニーズの個別対応はほとんどなく（ある程度のパターンはあるがカスタマイゼーションはほとんど存在しない），顧客がサービス提供プロセスに合わせる形となっている。

C社のような組織は，宿泊サービスに特化しているため機能別組織に基づきトップ（各チェーンの総支配人）が利益責任を負っている。そのため，計画からアクション・プランの立案や実行中の修正に関してもトップ自らが行うことになる。当然，目標値の達成に向けて予測を行うことも考えられるが，基本的には価格（「客室単価」）と「客室稼働率」を操作しながら収益の拡大を図る，いわゆるレベニュー・マネジメント（もしくはイールド・マネジメント）[12]を用いた予測が中心となる。

というのも，C社ではA社のようなカスタマイゼーションや，B社のようなフルサービスの提供に必要な人材や設備を有しておらず，たとえアクション・プランを立案・修正するにしてもきわめて限定的とならざるをえない（たとえば，複数の利用時間帯をベースとした価格のバリエーションやポイント増量など）。目標値を達成するための計画策定やアクション・プランの立案・修正にわざわざ予測を用いる必然性は高くないのである。結局のところ，C社では環境変化への対応を「客室単価」と「客室稼働率」という2つの視点で予測し管理することが中心となるといえよう。したがって，本章で提唱する予測型経営の核となる予測に基づく変化適応型の業績管理システムをC社が採用する意義はきわめて小さいといえる。

4-2　仮説例が示唆する予測型経営

　本節では，Fitzgerald et al.（1991）が提唱する3つのサービス提供プロセス（専門的サービス／サービス・ショップ／マス・サービス）に基づき，予測型経営を中心とした変化適応型の業績管理システムについて宿泊業の仮説例をもとに考察を行った。

　専門的サービス組織に該当するA社では，顧客ニーズへのカスタマイゼーションが重視されるため組織構成員に付与される自由裁量の程度も大きく，接客時間が長いため現場から直接的に顧客ニーズの変化を読み取ることも可能である。したがって「予測一体方式」の予測型経営を採用することで，組織下位層の従業員自らが予測に基づき目標値を達成するための計画を策定しアクション・プランの立案・修正を行うことが可能となり，環境変化への迅速な適応を実現することが期待される。なお，予測を全て組織下位層で行うかどうかは従業員の業務負担度合いを考慮して検討することが望ましい。

　次に，サービス・ショップに属するB社は，宿泊・料飲・宴会というホテルのフルサービスを提供し，各サービスによって部門別利益管理を実施し，各組織構成員の役割と責任を明確にしている。同社では目標値を達成するための計画策定やアクション・プランの立案・修正に予測を頻繁に用いることが可能である。また予測型経営の採用について「予測分離方式」と「予測一体方式」という両選択肢の可能性もあげられる。しかし，B社の特徴として部門ごとに業

務区分が明確であるがゆえに組織横断的な連携や調整に時間を要することが想定されるため，A社と比較して環境変化への対応速度や質に弊害が生じる恐れがある。そのため，組織構成員の関係性や調整機能の向上という組織環境要件が十分に整わない限り予測型経営の成立は困難といえる。

　マス・サービス組織に属するC社は，宿泊に特化しサービス提供プロセスの効率性を最優先するために，組織構造も総支配人をトップとした機能別組織を採用している。同社では，本章で提唱する予測型経営を採用するよりも，レベニュー・マネジメントを採用し客室単価と稼働率を用いた予測によって収益機会の最大化を図ることが望ましいといえる。予測型経営では目標値を達成するために予測に基づき計画を策定しアクション・プランの立案・修正を行うことがその本質的な機能と考えているが，C社ではそもそもA社やB社にみられるようなアクション・プランを変更することによって需要を喚起できるほど人材や設備を有していない可能性が高い。したがって，C社では変化適応型の業績管理システムとして予測型経営のような手法を採用することは困難といえる。以上をまとめると**図表5-4**のようになる。

図表5-4　サービス提供プロセスに基づく予測型経営

サービス提供プロセス	予測型経営のタイプ	注　意　点
専門的サービス：A社	予測一体方式	組織下位層の従業員に対して業務負担を配慮する
サービス・ショップ：B社	予測分離方式／予測一体方式	予測型経営の成立には組織環境の条件あり
マス・サービス：C社	—	予測型経営の採用は困難であり，レベニュー・マネジメントが中心となる

5 ■サービス提供プロセスにおける業績管理上の課題

　本章では，SREで提唱されている一連のプロセスにおいて，サービス提供者と顧客が接する場面で求められる「情報面のインフラ」に焦点を当て，変化適応型の業績管理システムをいかに構築していくかについて理論的に検討した。

具体的には，サービス組織に関する先行研究で有力視されていたFitzgerald et al.（1991）のサービス提供プロセスに基づく業績管理システムの考え方をベースに，現代の環境変化へ適応するために予測を重視した業績管理に関する議論に理論的基盤を求めた。本章では予測が目標値を達成するための手段として機能することを示した上で，変化適応型の業績管理システムとして予測型経営の有用性について確認した。そして具体的な手法として京セラの経営管理システムが目標値を達成するために予測を効果的に活用する仕組みを有していた。後半の議論を円滑に進めるために，予測の活用について「情報源」，「タイミング」，「ルール」という視点で再整理し，予測型経営について「予測分離方式」と「予測一体方式」とに分類した。

　以上の議論を踏まえて，最後にサービス提供プロセスに基づく変化適応型の業績管理システムについて宿泊業3社の仮説例に基づいて考察を行った。その結果，専門的サービス組織では「予測一体方式」，サービス・ショップ組織では「予測分離方式」もしくは「予測一体方式」（組織環境の条件あり），マス・サービス組織では本章で提唱する予測型経営が適しているとはいえない，という結論を得るに至った。

　本研究から得られるインプリケーションは以下のとおりである。第一に，SREを展開していくにあたり，サービス提供プロセスの分類を用いることで各タイプ特性と整合した形で「情報面のインフラ」としての業績管理システムを構築することが可能であることを示した。サービス提供プロセスを用いることでサービス組織のMCSの有用性を高めるという結果はModell（1996）をはじめとする諸研究の指摘と一致する。

　第二に，目標値を達成するための手段として予測を意味づけしたうえで変化適応型の業績管理システムとして予測型経営の議論を整理し，「予測分離方式」と「予測一体方式」という2つの視座を導出したことである。それらの視点は，Pitkänen and Lukka（2011）が提示する「情報源」，「タイミング」，「ルール」に基づいて業績管理システムの仕組みを再整理することにより導出することが可能となった。

　第三に，サービス組織におけるMCS研究に対して変化適応型の業績管理システムの必要性を指摘するだけでなく，具体的なサービス組織の仮説例に基づ

き予測型経営の適用可能性について理論的に示した。これまで，サービス組織を対象としたMCS研究はSharma（2002）にみられたように予算管理における予測頻度の向上などに留まっていたが，本章では予測型経営という新たなMCSの仕組みをサービス組織で導入することを提案している。

最後に本章で残された課題を述べる。本章の結論は仮説に過ぎず，今後は実際のケース・スタディにおいてより信頼性と妥当性の高いエビデンスを示していく必要がある。とりわけ，SRE（もしくは類似の取り組み）を実践している組織で，本章で提唱するサービス提供プロセスにおける変化適応型の業績管理システムがいかにしてデザインされ，実行されているかを内外環境要因との関係性も含めて考察していきたい。さらに，わが国のサービス組織が予測を重視した業績管理システムをどの程度実践し，各事業特性に応じてどのような仕組みを構築・実行しているのかも合わせて明らかにしていく。以上の課題については，今後の研究のなかで取り組んでいきたい。

■注

1 本章は庵谷・清水（2012）の内容に基づいて大幅に加筆修正を施したものである。
2 庵谷（2008）では，サービス提供プロセスの類型についてそれぞれの特性を列挙しながら整理している。
3 なお，Anthony and Govindarajan（2007）の欧州版であるAnthony et al.（2014）の第12章では「サービス提供におけるマネジメント・コントロールの挑戦（Management control challenges in service delivery）」と題して，これまでの議論を踏襲しながらもサービス提供に基づくMCSのデザインによりフォーカスしていることを強調している。
4 Brignall et al.（1991）は，Fitzgerald et al.（1991）と関連しながらサービス提供プロセスごとの原価の跡付け可能性と間接費の配賦の関係性について明らかにし，サービス組織における原価計算のあり方を論じている。
5 また，それ以外にもサービス組織の管理会計を検討する上で，Fitzgerald et al.（1991）のフレームワークが引用されることが多い（たとえば，青木，1999；2000など）。
6 京セラでは，「予定」を英訳する場合，planと訳している。
7 実際の聞き取り調査や観察された内容だけでなく，これまでに収集した資料（講演会，公表されている統計資料，雑誌・記事など）にも基づき，各サービス提供プロセスの典型的なホテル・旅館を示している。また，各サービス内容は，実際の事例を反映させながら加筆修正を施している。本章では，各プロセスの例に基づいて変化適応型の業績管理システムの可能性を検討することが目的であり，実際の事例分析については稿を改めて議論する（たとえば，庵谷（2012，2013）を参照されたい）。
8 清水・庵谷（2010）の調査対象ホテルの多くは，B社タイプに属している。
9 VIPと呼ばれる顧客に対しては特定の担当者が全てのサービスにわたって終始対応する

場合もある。
10 たとえば庵谷（2014）はホテルにおけるアメーバ経営の導入と実践について事例研究を行っている。
11 執筆者らの一連の調査から，実際に日次の利益管理を行っているあるホテルで，固定費も単純に日割り計算し認識しているとの事実が得られている。
12 レベニュー・マネジメント（イールド・マネジメント）とは，客室単価や稼働率に関する過去の統計データをもとに「1室当たりの収益の最大化をはかる取組み」を指す（仲谷ほか，2006, pp.72-73）。

■ 参考文献

Anthony, R. N. and V. Govindarajan *Management Control Systems 12th ed.*, McGraw-Hill, 2007.
Anthony, R. N., V. Govindarajan, F. G. H. Hartmann, K. Kraus and G. Nilsson, *Management Control Systems 1st European ed.*, McGraw-Hill, 2014.
Auzair, S. and K. Langfield-Smith, "The Effect of Service Process Type, Business Strategy and Life Cycle Stage on Bureaucratic MCS in Service Organizations," *Management Accounting Research*, Vol.16, 2005, pp.399-421.
Brignall, S., "A Contingent Rationale for Cost System Design in Service," *Management Accounting Research*, Vol.8, 1997, pp.325-346.
Brignall, S. and J. Ballantine, "Performance Measurement in Service Businesses Revisited," *International Journal of Service Industry Management*, Vol.7, No.1, 1996, pp.6-31.
Brignall, T. J., L. Fitzgerld, R. Johnston and R. Silvestro, "Product Costing in Service Organizations," *Management Accounting Research*, Vol.2, 1991, pp.227-248.
Dittman, D. A., J. W. Hesford and G. Potter, "Managerial Accounting in the Hospitality Industry," Chapman, C. S., A. G. Hopwood and M. D. Shields (ed.), *Handbook of Management Accounting Research*, Elsevier, 2009, pp.1353-1369.
Ferreira, A. and D. Otley, "The Design and Use of Performance Management Systems: An Extended Framework for Analysis," *Management Accounting Research*, Vol.20, 2009, pp.263-282.
Fitzgerald, L., R. Johnston, T.J. Brignall, R. Silvestro, and C. Voss, *Performance Measurement in Service Businesses*, CIMA, London, 1991.
Malmi, T. and D.A. Brown, "Management Control Systems as a Package: Opportunities, Challenges and Research Directions," *Management Accounting Research*, Vol.19, 2008, pp.287-300.
Modell, S., "Management Accounting and Control in Services: Structural and Behavioural Perspectives," *International Journal of Service Industry Management*, Vol.7, No.2, 1996, pp.57-80.
Otley, D., "Management Control in Contemporary Organizations: Towards a Wider Framework," *Management Accounting Research*, Vol.5, 1994, pp.289-299.
Pitkänen, H. and K. Lukka, "Three Dimensions of Formal and Informal Feedback in Management Accounting," *Management Accounting Research*, Vol.22, 2011, pp.125-137.
Ponsignon, F., P. A. Smart and R. S. Maull, "Process Design Principles in Service Firms:

Universal or Context Dependent? A Literature Review and New Research Directions," *Total Quality Management*, Vol.23, No.11, 2012, pp.1273-1296.

Sharma, D. S., "The Differential Effect of Environmental Dimensionality, Size, and Structure on Budget System Characteristics in Hotels," *Management Accounting Research*, Vol.13, 2002, pp.101-130.

Tax, S. S. and I. Stuart, "Designing and Implementing New Services: The Challenges of Integrating Service Systems," *Journal of Retailing*, Vol.73, No.1, 1997, pp.105-134.

青木章通「サービス業の管理会計の基本的な枠組み」、『三田商学研究』第42巻第4号、1999年、pp.133-159。

青木章通「サービス業における経常的な管理会計の検討」、『三田商学研究』第43巻第2号、2000年、pp.89-108。

青木章通「対人的サービス組織におけるマネジメント・コントロール—パッケージに基づくフレームワークの検討—」、『會計』第187巻第6号、2015年、pp.56-70。

伊藤嘉博「サービス・リエンジニアリングの革新性とその実践的アプローチの検討」、『企業会計』第64巻第12号、2012年、pp.28-38。

稲盛和夫『アメーバ経営：ひとりひとりの社員が主役』日本経済新聞出版社、2006年。

庵谷治男「サービス組織における戦略マネジメント・システム—サービス・プロセス類型を用いた検討—」、『商経論集』（早稲田大学大学院）第94号、2008年、pp.37-49。

庵谷治男「ロアーレベルの利益管理におけるマネジャーの役割とマネジメント・コントロール」、『産業経理』第72巻第3号、2012年、pp.152-162。

庵谷治男「ロアーレベルにおける利益目標の管理—コントロール・レバーに基づくシティホテルK社のケース・スタディ—」、『原価計算研究』第37巻第2号、2013年、pp.135-147。

庵谷治男「ホテル日航プリンセス京都におけるアメーバ経営の導入と実践」、『企業会計』第66巻第12号、2014年、pp.134-140。

庵谷治男・清水孝「サービスの提供と業績管理システム」、『企業会計』第64巻第12号、2012年、pp.39-48。

上總康行「アメーバ経営の仕組みと全体最適化の研究」、アメーバ経営学術研究会編『アメーバ経営学—理論と実証—』KCCSマネジメントコンサルティング株式会社、2010年、pp.58-88。

清水孝「業績管理会計の現代的意義と体系」、『産業経理』第69巻第2号、2009年、pp.110-122。

清水孝『戦略実行のための業績管理—環境変化を乗り切る「予測型経営」のすすめ—』中央経済社、2013年。

清水孝・庵谷治男「わが国宿泊業における管理会計の実態」、『早稲田商学』第424号、2010年、pp.1-30。

清水孝・日置圭介「計画達成の確度を向上させる予測型経営」、『税経通信』第66巻第9号、2011年、pp.17-25。

仲谷秀一・杉原淳子・森重喜三雄『ホテル・ビジネス・ブック』中央経済社、2006年。

第6章

ホスピタリティ産業における
サービス・リエンジニアリング[1]

1 ■ホスピタリティ産業が共通に抱える問題

　オリンピック招致のプレゼンテーションで世界にアピールした日本の「おもてなし」は，今やわが国のサービス産業の高い品質を象徴する代名詞となった感がある。このアピールが功を奏してか，日本は2020年の東京オリンピックの招致に成功し，これを機に外国人観光客の増大を期待してわが国のサービス産業，わけても宿泊，飲食等に代表されるホスピタリティ関連の業種に属する企業（以下，ホスピタリティ産業）は久々に活気づいた。

　だが，その興奮が冷めやらぬなか，有名ホテルや大手百貨店などで食品偽装が[2]，また運送会社では本来冷やして運ぶべき荷物を常温で輸送していたことなどが次々と明るみにでた。こうした事件は今に始まったことではなく，数年前にも老舗菓子店「赤福」の製造年月日の偽造や，高級料亭「吉兆」における地鶏の産地偽装，および食べ残しの再提供などの不祥事が世間を騒がせた。こうした事件が跡を絶たないことを考えると，日本が世界に誇る「おもてなし」もなにやら張り子の虎に思えてくる。

　おしなべてこの種の産業に属する企業は，ホスピタリティを高めることなくして収益を改善する道はない。にもかかわらず，そのホスピタリティを自ら減じるような行動をなぜとるのであろうか。もとより，その要因は複数指摘されうるであろうが，1つには，高いホスピタリティを実現および維持することとコストの低減が真逆のベクトルをもつために，収益が低迷すると顧客が気づきにくい部分でコストカットが横行し，結果として偽装に走るという構図が浮か

び上がってくる。

　この産業に限ったことではないが，収益性の改善を企図するのであれば，取り組むべきは小手先のコストカットではなく，経営体制の大胆かつ戦略的な転換である。メーカーであれば，画期的な新製品を投入することで過去の失敗を払しょくすることもできようが，サービス産業ではそうした決定打を出しにくい。ましてや，顧客の知覚や感性に訴えることで収益の向上を図るホスピタリティ産業にとって，顧客の信頼を裏切る行為はたんなるサービスの失敗では片づけられない。

　実際のところ，ひとたび顧客への背信行為が発覚すれば，その影響は計り知れない。サービスの失敗コスト（COPS），すなわち顧客の信頼を回復するために必要なコストは，この信頼を勝ち取るためにこれまでこつこつと積み上げてきたコストをはるかに凌駕するものであることは，過去の不祥事の顛末を見るまでもなく明らかである。

　本章は，こうした問題意識を背景に，ホスピタリティ産業の現状に潜む問題点をフィールドリサーチから得られた知見をもとに整理し，当該産業における喫緊の課題を明らかにする。そのうえで，先進的なサービス・リエンジニアリング（SRE）の実践事例を検討することによって，抽出した課題を解決するための有効なアプローチを考察していくことにする。

　だが，まずは「おもてなし」およびホスピタリティの意義を問い直すことから議論をスタートさせたいと考える。というのも，前述の後を絶たない不祥事の背景の1つに，当該概念に関する誤解や理解の欠如が影響していると見られるからである。

2　ホスピタリティとコストの関係性

2-1　「おもてなし」とホスピタリティの異同点

　「おもてなし」やホスピタリティの解釈は多々あるが，両者を明確に区別している文献は少ないようだ[3]。むしろ，両者に共通する事柄を強調している論者が多数を占めるといってよいだろう。

主な論点を抽出してみると，「おもてなし」もホスピタリティも，ともに家族や友人と接するように，表裏のない心で見返りを求めない（無償の）対応を意味するようである（Tucker, 2003；中根2006；四方2010）。ただし，それらは施しや奉仕とは本質において異なるものであるという。また，サービスを受ける側と提供する側の対等な関係のもとで成立するものであると強調する論者も少なくない（高野, 2005；細井, 2006；服部, 2006）。

　もっとも，文献の上ではともかく，多くの日本人は「おもてなし」と欧米流のホスピタリティとは本質において異なるものだと考えているように思える。それでいて，いざ「おもてなし」とはなにかと問われても，多くの日本人はうまく説明できないのではないだろうか。外国人はしばしば，日本人従業員の丁寧な接客態度や言葉遣い，さらには店舗の清潔さなどに他国にはないホスピタリティを感じているようだ。しかも，それは高級な店だけでなく，ごく普通の，それこそ街中の小さな店舗においても，しかもいつでも同様な体験ができることに驚く外国人も多い。

　たしかに，日本人は相手の状況を察して細かい気配りができる点は認めるとしても，それは欧米流のホスピタリティとそれほどまでに異なるものなのであろうか。おもてなしの精神は日本の文化に根づいているという議論もあるようだが，他方で共通した文化を少なからず有する他のアジア諸国でも同様なおもてなしは体験できるといった話も聞く。また，アジアに限らず，欧米でも他者を思いやる細かい心配りを経験することは決して皆無ではない。いや，むしろ欧米人のほうがホスピタリティにおいて秀でていると感じさせられる場面も少なくない。たとえば，欧米人は他人がなにか困っていれば気軽に声をかけてくれるし，電車やバスのなかでは，優先席の近くでなくとも老人や障害者にはすぐに席を譲る。こうした光景を目にすると，相手の状況を察して，細かい心配りができるのは決して日本人だけではないことに気づかされる。

　しかし，多くの外国人が自国にはないホスピタリティを日本に感じていることもまた事実である。この点をどう解釈すればよいのであろうか。おそらく，多くの日本人は自己主張や自己表現が下手な分，日常生活の場面では他者を思いやる気持ちを行動に出すことに躊躇することもあるに違いない。だが，ひとたび仕事となると状況が一変する。すなわち，仕事では他人（顧客）に対する

配慮を積極的に表に出すことを，フォーマルにも，またインフォーマルにも習慣づけられてきた。その結果，日本人の接客の仕方は平準化していて質が高いものになっている。行為の責任の所在があいまいな点も，行動に出しやすい環境を創っているともいえる。その意味では，「おもてなし」の根源は文化というよりは，その一部であるところの商慣行や上記の対応を接客のための必要十分条件としてきた社会制度にあるとみることもできるかもしれない。

　一方，欧米では仕事においては常に個人の責任が問われるため，決められたルールや職務の範囲内で行動することこそが正しい行為とされ，これを逸脱して自己主張や表現をとること，および他者にとらせることはタブー視されてきた。一人ひとりは資質において高いホスピタリティを持ちながらも，仕事の面ではそれが十分に発揮できないのはそのためとも考えられる。その結果，日常生活の場面では存在しないはずのサービスを受ける側と提供する側の間の壁が，仕事の場面では突如として出現してしまうのも欧米のサービス産業でしばしばみられる特徴である。この壁があるがゆえに，両者は友人や家族と接する際に感じるホスピタリティを感ずることができなくなってしまうのである。

　一方，日本の商習慣はこうした壁が知らぬ間に築づかれてしまうことがないよう教育面も含めてさまざまな配慮や工夫を重ねてきた。その結果が世界に誇る「おもてなし」という比類なきホスピタリティを生むことになったとみることができよう。とはいえ，かくも不祥事が続く現状を鑑みれば，そうした「おもてなし」を日本のすべてのホスピタリティ産業が等しく実現できているわけではない。むしろ，真に「おもてなし」の看板を掲げることのできる企業や施設はわが日本においても，ごく少数にしか過ぎないのではといった疑念が浮かんでくる。

2-2　無償のホスピタリティ

　人がホスピタリティを経験する媒体はさまざまだが，ホスピタリティそれ自体の本質は共通であり，それは通常のサービス（個々のサービス提供主体がその産業の特性から当然提供するものと一般に認識されているもの）を越えた付加価値を意味するといってよいだろう。また，人がホスピタリティを感じるのは，事前の期待を越えた経験ないしは他者の経験したものを越えた経験をもった時で

あることも共通であるに違いない。

　人は多くの場合，他者との触れ合い，すなわち接客を通じてホスピタリティを体験する。欧米では，設備の充実さや快適性によってもたらされるホスピタリティと同様，人の行動ないし行為によってもたらされるホスピタリティに対しても対価を支払って手に入れるものと考えるのが一般的なようだ。人が提供するサービスは個人の資質に左右される割合が高いため，日本人ほどはこの部分には期待を寄せないのかもしれない。仮に期待する場合には，あらかじめトレーニングなどを通じて，きっちりとそれが作り込まれていることを前提としているため，当然この部分にも対価を支払うことを厭わない。

　他方，日本では人の行為を源泉とするホスピタリティは自然に醸成されるもので，コストはかからないと思いがちで，当然対価を要求するものではないと考える。その結果，支払う対価とは関係なく細かな心遣いや行き届いた配慮を相手かまわずに期待してしまうところがある。しかしながら，仮におもてなしの本質とされる「見返りを求めない対応」が無償のホスピタリティの提供を意味するとしたら，それは日常生活の場面ではともかく，ビジネスの世界では成立しないのではないだろうか。

　いうまでもなく，ホスピタリティの維持・向上には相応の投資が必要であり，経常的にコストが発生する。だが，顧客はともかくも，サービスの提供者側もホスピタリティの多くは対価を要求できないものであり，同時にこれを維持していくためのコストもさほどかからないと考えている節がある。その反動からか，コストカットの矛先は顧客の気づかないところに向かってしまう。しかも，ホスピタリティは人によって創出される部分が大きいにもかかわらず，リストラや残業という形で従業員に無償の奉仕を強いるといったことが繰り返される。その顛末が件の不祥事の数々というわけである。

　もしホスピタリティが，サービスの受け手と提供者との間の対等な関係を基礎とするものであるなら，対価を要求するのは当然である。もちろん，個々のサービスに対していちいち対価を要求すべきと主張するつもりは毛頭ない。直接対価を求めるというよりも，経営サイドはホスピタリティが収益を生んでいることを認識し，従業員がそのホスピタリティを発揮しやすいように条件や環境を整えることに十分な資金を投ずる必要があるということである。

この産業にあってはホスピタリティこそが商品であり，その商品から対価を得るのは当たり前のことである。他方で，よりよい商品に仕立てるためにコストをかけるのも自然のことであり，商品に対して直接対価を顧客に要求できないとしても，どこかで当該コストを回収する仕組みを整える必要がある。当然，無駄な支出を極力抑えるように努力することになるだろうが，削減の対象となるのは顧客にとってなんら付加価値を生むことのない諸活動（非付加価値的活動）に関連する支出である。一方で，顧客にとっての価値を高める付加価値的活動にはむしろ積極的にコストをかけていくことが求められる。ただし，両者の見極めは難しく，諸活動に対する十分な検討がなされないまま実行されると，食材偽装のような不祥事を招くことになる。

　過去の経緯を見ると，この種の不祥事が招く顛末は明らかだ。倒産に追い込まれるケースや，その後数年間にわたって多額のCOPSが発生するのが常である。しかもそうした，いわば目に見える損失だけでなく，機会損失，すなわち売上の低下に起因する利益の喪失分をCOPSに加えるなら，顧客に対する背信行為は到底ペイするものではない。にもかかわらず，ホスピタリティ産業にあっても，「コストダウン」や「コストカット」を躊躇なくスローガンに掲げる経営者は少なくない。

　コストとは本来，ベネフィット（利益）を生むための犠牲を意味するから，その鑑みに倣えば，いかなる場合であれコストはカットしてはならないということになる。というのも，コストを削ってしまっては，せっかくの利益自体も失われかねないからである。代わって，削減の対象となるのは，利益の獲得・向上になんら寄与することのないロス（損失）である。

　ただし，多くの場合，それはコストのなかに紛れていて容易に区別がつかない。両者を明確に峻別するためにも，なにが顧客に付加価値をもたらし，それによって収益増につながる付加価値的活動であり，反対になにが顧客にとってはなんら付加価値をもたない，その意味で彼らの購買意欲を刺激することのない非付加価値的活動かを日常的に評価・識別するよう心がけることが重要となる。これは決して容易な作業ではないが，手間暇を惜しんで安易なコストダウンに走れば，結局のところレベニューダウンを招くだけである。

　実際，高いホスピタリティを維持し，経常的に高収益を上げているところで

は，サービスの源泉である諸活動に細部にわたって気を配り，戦略的な見地から付加価値的活動を高め，反対に非付加価値的活動を減じることに決して努力を惜しむことはないようだ。次節では，事例をもとにこの点を検証してみることにする。

3 ホスピタリティの維持・向上のための諸条件

3-1　最上級のホスピタリティに見られる共通項

　日本人が概してきめ細かい心配りができ，その表現の仕方がすぐれていることは確かだが，本当に「おもてなし」は日本独特のホスピタリティを意味するものなのだろうか。

　いかなる時も相手の状況をみて察して，細かい心配りができるのは決して日本人だけではないだろう。わが国にあっては，「おもてなし」は日本人の資質や個人の自主的な行為の賜物であり，いわば自然発生的なものであるので，とくにマネジメントの必要はないと認識される場合もあるに違いない。換言すれば，わが国のホスピタリティ産業に属する企業の経営者は一様に「おもてなし」の重要性を声高に叫ぶが，その一方でそれをきちんとマネジメントしようとはしてこなかったのではいだろうか。代わって，それを個々の従業員の自主的な努力に委ねてきたことは想像に難くない。

　欧米では，ホスピタリティはマネジメントすることなしには決して実現できないと考えるのが普通である。そして，日本の著名な旅館やホテルでもその点は共通している。いくつかの事例を検討していくことにしよう。

　ザ・リッツカールトン（以下，リッツ）は欧米の数あるラグジュアリーホテルのなかでも，ひときわホスピタリティに秀でた存在として世界中でその名を知られている。残念ながら，リッツ大阪では，冒頭で触れた食材偽装が発覚し評判を落としたが，日本にある2つのリッツは東京と大阪では経営母体が異なる。すなわち，リッツ東京は，ザ・リッツ・カールトン・ホテル・カンパニー（L.L.C.）が直接所有・運営しているのに対し，リッツ大阪の経営は，阪急阪神ホテルシステムズが行い，L.L.C.に運営を委託している。そこで，やや穿った

見方をするなら，大阪のそれは見かけはリッツでも，実態は一連の食材偽装の発端となった阪急阪神ホールディングス配下の一ホテルにすぎなかったということができるかもしれない。したがって，あの不祥事をもとにリッツのホスピタリティを云々するのは適切ではないであろう。

さて，リッツはサービスの質の高さを差別化の核に位置づけ，顧客満足を越えて「感動」を創出するサービスを実現するために，客室係のみならず従業員全員に対し徹底的な教育を実践してきた。その高いホスピタリティはさまざまなメディアを通じて紹介されてきたし，関連する文献も少なくない。そのリッツが欧米のホスピタリティ産業を代表する存在なら，日本を代表する存在は能登の老舗旅館加賀屋であろう。同旅館は，旅行新聞社が主催する「プロが選ぶ日本のホテル・旅館100選」において30年以上にわたって総合部門1位を記録している。

実は，**図表6-1**が示すように，リッツと加賀屋には驚くほどの共通点がある。たとえば，リッツの基本ポリシーは「ノーと言わないサービス」の提供である。むろん顧客の要望を極力叶えることを意味するが，言うは易いが実践するのはそう簡単ではない。内外の文献[4]でしばしば紹介されていることだが，リッツではこれを実践するために従業員に1人1日2,000ドルまで決済可能な権限を与えている[5]。これでは，相当のコスト負担になると思いがちだが，元リッツ日本支社長であり，現在は人とホスピタリティ研究所所長を務める高野登氏にインタビューした際[6]に確認したところ，実際の決済額は従業員トータルでも年間数万円程度にすぎないとのことであった。重要なのは，そうした決済が許容されているが故に従業員は安心して意思決定ができ，思う存分にホスピタリティが発揮できるということである。

リッツと同様に，「ノーを言わない接客」は加賀屋の流儀でもあり，接客の心得を綴った接客十戒にも「『ありません』『できません』は言わない」が記されている。しかし，リッツと加賀屋の共通点はこれだけではない。より重要な共通点はその人事方針にみられる。リッツでは「従業員満足なくして，顧客満足なし」をモットーに従業員を内部顧客と位置づけている。また，リッツの従業員が常日頃携帯しているクレドカード[7]には，基本的理念である「クレド」のほかに同ホテルの「モットー」が記されているが，そこには「紳士淑女をも

図表6-1　リッツと加賀屋のホスピタリティ・マネジメントにおける異同点

論点	リッツ	加賀屋
人事基本方針	従業員満足なくして，顧客満足なし ・従業員は顧客（内部顧客） ・紳士淑女をもてなすわれわれも紳士淑女 ・従業員はリッツを代表する存在 ・楽しくなければ，いい仕事はできない	社員を大切にする経営 ・家族主義的な人間関係 ・好きでなければ，いい仕事はできない
CSの実現手段	行動は自らの判断で ・従業員1人1日2000ドルまで決済可能 ・ホスピタリティは決まった型を持つ一般名詞ではなく，個々人で内容は異なる	顧客の心にそった自然なCS ・ノーを言わない接客 ・お客様と接する時間を大切に（自動搬送システム）
採用と離職	・独自の基準（Quality Selection Process）で厳しく選考 ・平均勤続年数は短い。早い巣立ちが人件費の抑制につながる	・選抜ではなく，育てるがモットー ・平均勤続年数は20年。客室係は加賀屋の宝 ・給与水準は高く，離職率は低い
トレーニング期間	1カ月以上	1カ月。その後見習い期間が数カ月
人事評価	サーティフィケーション・チェックシート：合格ラインは100％	グループリーダーが評価し，指導する
モチベーション	・部下からの提案に対し，上司は48時間以内にリアクションをとる ・経費の削減，売上増につながった提案には，数％のリターンあり	・待遇面で動機付け ・提案は大歓迎だが，リターンはとくになし
施設ポリシー	18世紀英国の憧れの我が家 ・施設のメンテは，サービス・Qインジケータで評価し，3カ月に一度のペースで全施設を新品または新品同様にする	現代風数寄屋 ・地域文化を発信する美術館
価値観の共有手段	クレド。その他，情報を共有し，いち早く知らせる手段がいくつもある	最小限のものはあるが，マニュアルに頼らないおもてなし
自社業態の位置づけ	特殊な「場（空間）」を作りだす	「空間」を売るのではなく，「時間」（過ごし方）を提案する

てなす我々も紳士淑女」という一文がある。同じくクレドカードの表面に綴られている「従業員に対する約束」には彼ら，すなわち紳士・淑女こそがもっとも大切な資源であると明言している。

　このように，日常的に従業員がリッツを代表する存在であることを彼ら自身

に自覚させるとともに，彼らが幸せでなければ，お客を幸せにすることはできない（林田，2004）として，従業員が快適に過ごせる職場環境を整えるよう工夫するとともに，そのための投資は欠かさない努力を続けている。

　この点は加賀屋も同様で，従業員との間に家族主義的な人間関係を構築するのが基本ポリシーになっている。前述の接客十戒にも記されているのだが，まさに「好きでなければ，いい仕事はできない」を実現するために，同旅館も従業員満足を高めるための環境整備を積極的に進めてきた。その1つが料理の自動搬送システムの導入である。料理の運搬は接客係にとってもっとも過酷な労働といえる。それでいて，その活動自体は顧客にとってなんら付加価値を提供しない非付加価値的な活動である。こうした重要ではあるものの，接客においては無駄な活動を除去できたことは，顧客と接客係が触れ合う時間，すなわち付加価値的活動を増大させることに大いに貢献する結果となった。実は，それこそが当該投資の最大の眼目であったようだ。

　加えて，同旅館では接客係が子供を育てながら日々安心して働けるよう，保育園と母子寮を兼ねた「カンガルーハウス」を旅館の周辺に設けるなどの経営努力を怠らない。これが功を奏してか，加賀屋の客室係の離職率は極めて低い。この点をインタビューの折に加賀屋専務取締役 鳥本政雄氏に確認したところ，開口一番「うちほど出せるところはありませんから」という言葉が返ってきた。それは，同旅館が従業員を大切にし，かつそれを形にするために，いかに多額の投資を行ってきたかを序実に物語っている。

　リッツと加賀屋の共通点はほかにもある。両者とも従業員からの提案を積極的に受け入れ，これをサービスおよびホスピタリティの維持・向上のために積極的に活用していることである。リッツでは客室係が顧客との会話のなかから得られた情報や気づいたことを即座にメモ（プリファレンス・パッドと呼ばれている）に残し，予約センターでそれらを集約して情報の共有化をはかるとともに，サービス改善に役立てている。とくに，経費の削減や売上増につながる提案には数％のリターンが客室係に支払われる。加賀屋でも，客室係だけのミーティングが頻繁に開かれ，その場を通じて改善につながるさまざまなアイデアが提示される。それらは各フロアのリーダーが集まる「リーダー会議」を経て集約され，実行に移される。顧客の一番近くにいる存在であるからこそ，顧客

の身になって考えることのできる従業員からもたらされる数々のアイデアは，両社の収益性の改善にも大いに役立っているのである。

　従業員を大切な経営資源と位置づけ，サービスを受ける側と提供する側が対等な関係の上にたって家族や友人のように顧客と接する。経営側も従業員を家族や友人そして顧客と考えて，彼らが負担と感ずることを強いらない。それどころか，彼らが究極のホスピタリティを発揮できるように楽しく働ける職場環境を整え，これを維持できるよう投資も含めて必要な努力を惜しまない。無論マニュアルはあるものの，それに頼らず，顧客満足の前に待遇や経済面も含めて従業員を満足させ，彼らの個性を引き出して質の高いホスピタリティを実現する。リッツと加賀屋の共通点を要約すれば，およそそのように表現することができるであろう[8]。

　ともあれ，リッツも加賀屋もともに，施設・設備の豪華さが際立つラグジュアリーな存在と目されている。それだけに，相応の規模のホテルや旅館だからこそあれだけのことができるのであって，中小のホテルや旅館では到底真似できないとあきらめの声も聞こえてきそうだが，少なくとも加賀屋は最初からラグジュアリーな存在であったわけではない。

　1906年の創業当時，加賀屋は千年余の歴史を誇る和倉温泉の中では新参の弱小旅館の1つに過ぎなかった。その後，前述のような努力を重ねてきたからこそ，現在のように成長し，業績を伸ばすことができたのである。たしかに，リッツも加賀屋も宿泊料はすこぶる高いといってよいが，それでも多くの顧客を惹きつけて止まない。両社は，ホスピタリティが十分に商品価値をもつことを教えてくれる好例であろう。

3-2　エンタテイメント型とヒーリング型のホスピタリティ

　これまでの考察を通じて，日本人が「おもてなし」という言葉に対して抱くイメージに匹敵するホスピタリティを実現しているのは，決して日本のホスピタリティ産業だけではないことを示してきた。しかし，本当に日本のホスピタリティ産業あるいは日本人でなければ表現ないし実現できない「おもてなし」があるのであろうか。あるいは，そうしたものが存在すると思うのは日本人の勝手な思い込みにすぎないのであろうか。やや適切さに欠ける表現かもしれな

いが，どちらが優れているかということではなく，欧米流のホスピタリティはエンタテイメント型であると感ずることがたびたびある。すなわち，顧客に喜んでもらうためなら，努力を惜しまないのが欧米のホスピタリティ産業の特徴のようで，戦略的にもそうしたホスピタリティの高さを顧客に積極的にアピールすることを忘れない。

他方，日本的な「おもてなし」はもっと地味な，いわばヒーリング型のホスピタリティではないだろうか。すなわち，お客が気づかないところにこそ気を配る。したがって，ただちに顧客満足や感動には結びつかないが，それがあるから顧客は安心して，そこに身を委ねることができる。そんなホスピタリティが「おもてなし」の神髄だと筆者は考える。

両者の違いを象徴するエピソードがある。2008年4月に米国ディズニーワールド内のワイルダーネス・ロッジ・リゾートに宿泊していたマサチューセッツから来ていた夫婦が誤って結婚指輪ほか3点をゴミ箱に捨ててしまった。実は前日の夜，妻がはずして紙袋にしまっておいたものを，部屋を去る際に夫がゴミだと思ったのが事の始まりであった。帰路の途中で指輪がないことに気づいた妻は慌ててホテルに連絡をとったものの，すでに指輪が混ざっていると思われるゴミは廃棄物としてホテルを出てしまっていたため，回収はできないと聞かされ彼女はすっかり落ち込んでしまった。その後，ホテル側は従業員から7名のボランティアを募り，産業用の圧縮機にかけられる寸前のゴミの山から無事3個の指輪を見つけ出したのである。このことがニュースで流れるや，「さすがディズニー」との称賛の声が沸き起こり，もちろんその後，顧客は大幅に増大したのである。

同じことが仮に日本のホテルで起こったとしたら，どうだろうか。帝国ホテルを事例に考えてみよう。同ホテルでは，ごみ箱に捨てられているゴミでもフロアごとにまとめられ部屋別に翌日まで保管している。もちろん，上述のようなことがあるかもしえないとの配慮からである。加えて，どこであろうと部屋の中に残っているものについては，冷蔵庫の中身も含めて，長いもので2年間保管するという。ゴミ箱の中身以外は顧客の忘れ物という解釈からだ。

さらに，同ホテルのクリーニング・サービスも秀逸である。汚れを確実に落とすため，ホテル内で使われるあらゆる素材（液体個体を問わず）をサンプリ

ングして備えていることに加え，ワイシャツのアイロンがけの際にはわざわざボタンを取り外すこともあるという。また，元からボタンが取れていたような場合に備えて，さまざまな種類のボタンを用意しておき，さりげなくそれを付けて顧客に返すという徹底ぶりである。さぞかし料金が高いかと思いきや，この職人仕上げのサービスは機械プレスの場合と200円程度しか変わらないのである。

　こうした地味だが心に浸みるサービスは外国人にも好評のようで，日経流通新聞が外国人向けにホテルの手配を手掛ける外資企業・団体の秘書らにアンケートしたところ，帝国ホテル東京が首位となった[9]。もちろん，同ホテルの「おもてなし」の精神は東京だけのものではない。大阪あるいは上高地の同ホテルでもそれは継承されている。

　ただ，上高地帝国ホテルの場合は年間のオープン時期が限られているため，ホスピタリティの維持・向上には他の帝国ホテル以上に心を砕く必要があるようである。筆者は2011年5月に同ホテルを訪問し，支配人の佐々木弓彦氏（当時）からそのあたりの事情を聞く機会を得た。同氏によると，従業員は数年のローテンションで上高地に赴任し，クローズ期間中は他の帝国ホテル等で働いたり研修期間にあてたりしているそうだが，その間に彼らの気持ちが離れたりサービスの質が落ちないよう配慮を怠らないように努めているとのことであった。顧客満足は結果であるので，「お客様を満足させることはとくに意識はしていないが，とにかくお客様をがっかりさせないように」，そのことだけを日々心かけているという言葉が印象的であった。「毎年，オープン期間中にほぼ毎月来てくださるお客様がおられて，特別なことはなにもしないのだけれども，ここがわが家だといってくださるんです。その気持ちを大切にしたい」とも語っていた。

　これらの言葉が物語るように，ヒーリング型のホスピタリティはストレートに人の心に迫ってくるものではない。いわば，後からじわりと湧いてでてくるがごとくのものといえる。わずか1泊だけの滞在であったが，そのことを実感した訪問であった。

　ともあれ，ヒーリング型のホスピタリティは長い時間をかけて育まれ，信用ないし信頼として醸成されるものであり，そのことから短期間で収益に結びつ

きにくい。他方で，その間にも確実にコストは発生しており，回収はずっと遅れて実現するといったことが常である。それだけに，目先の利益を確保するために，コストカットに走るのは得策ではない。換言すれば，エンタテイメント型のホスピタリティを売りにする産業以上に，戦略的な見地に立ってコストを見直し，ホスピタリティの維持・向上を図っていく必要があるといえるであろう。

3-3 「おもてなし」の海外移転

　外国人が日本の「おもてなし」にある種あこがれを抱くのは，前述のヒーリング型のホスピタリティを期待してのことと思われる。ただし，ヒーリング型のホスピタリティは，いわば，わかってもらえる人には共感してもらえるものの，そこに付加価値を見出さない顧客もいることも事実だ。顧客側の感性やニーズとの適合性はエンタテイメント型ほどストレートではないからである。

　とはいえ，口コミやインターネットの書き込みなどが功を奏してか，ここ数年日本の「おもてなし」が世界で注目されるようになったことを受けて，これを海外に移転しようとする動きもではじめている。その代表例が加賀屋の台湾進出である。

　場所は，台北から車で30分程度のところにある北投という日本統治時代からある温泉地である。台湾の加賀屋は，この地に2010年12月に現地企業との合同出資によって「日勝生加賀屋」としてオープンした。実は，能登の加賀屋にも毎年のように台湾の富裕層が団体で訪れていることもあって台湾進出を決めたようだ。むろん，主要なターゲットは台湾人および中国本土の顧客であるが，1泊の宿泊料は日本と同水準で現地の平均年収の半分を超える。それだけに，庶民が何度もリピートできるはずもなく，はたしてこの進出が吉と出るか当初はこれを危ぶむ声も聞かれた。だが，オープンから3年目にあたる2013年10月に台湾の検索エンジンサイトが発表した「人気の高級温泉旅館10選」では，「日勝生加賀屋」が堂々1位に輝いた。

　実は，日本に劣らず台湾も古くから温泉文化があり，温泉旅館も相当数あるものの，入浴スタイルは水着を着用するなど日本とは大きく異なる点が多々見受けられる。にもかかわらず，台湾加賀屋はいわば日本の加賀屋をそのまま現

地にもっていくという暴挙にも似た奇策に出たのである。これは，台湾の加賀屋を取り仕切る徳光重人取締役が台湾の出資企業を説得して実現にこぎつけたものである。

　オープンからほぼ1年後の2011年12月に現地を訪問した折に，筆者らのインタビューに際し徳光氏は，「よいものはどこでも必ず受け入れられる自信があった」と，あくまでも日本式にこだわった胸のうちを語ってくれた[10]。実際，台湾加賀屋のこだわりぶりには目を見張るものがあり，接客係はすべて台湾人であるのに流暢に日本語を話し，日本と同じ接客をする。徳光氏曰く，形だけ真似てもだめで，日本のように隅々まで気を配るサービスを実現するには，日本人になり切る必要があった。そのために，日本から指導員を招いて長期間の研修を行ってきたことが功を奏したようであるが，同時にこれは「おもてなし」がシステムとして作り込めることを実証した事例であるともいえる。

4　サービス・リエンジニアリングの適用

　これまでの事例の検討から明らかになったように，もともとホスピタリティに長けた日本人だから，コストをかけずに「おもてなし」が提供できると考えるのは誤りである。ホスピタリティは決してひとりでに生まれるものではない。それは，作り込み，かつ育むもので，日本であれ，また諸外国であれ，的確な投資とシステマティックなマネジメントが必須であることには変わりはない。

　たしかに，日本流の「おもてなし」に近年海外が注目しはじめているのは事実であり，それは確実に商品価値をもちはじめつつあり，これに呼応して日本のホスピタリティ産業の競争優位性も高まっていることは認めなければならない。この競争優位性を武器に，日本的なホスピタリティを海外に移転しようとする動きは今後ますます加速するに違いない。とはいえ，すべてのホスピタリティ業界において日本的な「おもてなし」が十分に認知されているわけではない。そうした業界にあっては，市場の創造からスタートさせることが必要となる場合もある。

　このように，チャレンジすべき経営課題は業界によって微妙に異なるものの，すべてのホスピタリティ産業にとって共通するマネジメントプロセスを要約す

るなら，まずは，市場（顧客）のニーズ（潜在的なものも含めて）を的確につかむのが先行要件となる。次に，かかるニーズに応えることのできるサービス・コンテンツ（サービス・ミックス）を識別する。そして，最後にこのサービス・コンテンツを実現するために必要なインフラや経営資源を確保するということになる。この点は第1章において強調したとおりである。

実際，本章で検討してきた先進的なホテル・旅館は，それぞれ形は異なるものの，上記のプロセスを実践もしくは経験してきた。それだけではない。もう1つの重要な点においても，それらの先進企業には共通項が見出される。

いうまでもなく，収益を安定的に確保するためには，有効なサービス・コンテンツを戦略的に選択し，低コストで作り込まなければならない。それには，ホスピタリティを生む源泉となる付加価値的活動とホスピタリティの確保にはなんら貢献することのない非付加価値的活動を明確に識別し，後者を低減することによってコストを捻出し，その分前者に効果的に投資していくことが重要となる。しかしながら，現実にはそれは決して簡単なことではない。

本章の冒頭でもふれたように，世界が日本の「おもてなし」に注目するなか，ホスピタリティ産業の一部には食材偽装などの不祥事が後を絶たない。いずれも，低価格競争の煽りを受けて，顧客の気づかないところでコストカットに奔走し，挙句の果ては顧客の信頼を裏切る結果に陥るのが決まったパターンである。

他方で，顧客の気づかないところにこそ心血を注いで高いホスピタリティで顧客を魅了するホテルや旅館もある。そうしたホテルや旅館では，顧客の信頼を勝ち取るための努力を欠かさないとともに，顧客にとって付加価値をもたらす活動には積極的な投資を行っている。もちろん，それらのホテルや旅館もまた厳しい価格競争に晒されている。前述の加賀屋とてそれは例外ではない。

すなわち，加賀屋にとって今もっとも脅威なのは，ここ数年和倉温泉に進出してきた低価格を売り物にするシティホテルだと，同旅館の鳥本専務は語る。低価格であるだけなら問題ないが，そこにホスピタリティが加わるとなると話は別で，さりとて加賀屋がこうしたホテルや旅館と同じ土俵で勝負するわけにはいかないからだ。

実際，他の業種では，低価格競争とホスピタリティによる差別化競争が激化

する勢いを見せている。航空業界はその典型で，LCC（low cost carrier）の一部にはこれまでとかく評判の悪かったサービスを見直し，低価格を維持しながらホスピタリティも追及することで業績を伸ばすところが現れ[11]，わが国でも関西国際空港を拠点とするピーチ・アビエーションがこれに追随する動きを見せ始めている。

ともあれ，業種を問わず価格競争を理由にコストカットに奔走するのは得策ではない。むしろ，競争が激化している今だからこそ，ホスピタリティの維持・向上のために十分にコストをかけ，他方で顧客にとって付加価値をもたらさない無駄な支出を識別してこれを削減するよう努めることが肝要である。そして，これをまさにシステマティックに追求しようとするアプローチがSREなのである。

SREはまた，日本流のホスピタリティの海外移転を模索する際にも，有効な行動指針を提供する。実際，近年では諸外国にはこれまでなかったタイプのホスピタリティを求めるマーケットも欧州を中心に確実に育ちつつある。その意味では，わが国のホスピタリティ産業にとって海外移転の好機が到来したといえるかもしれない。

ただし，このチャンスを生かすには，それまで何やら得体の知れない存在であった日本流のホスピタリティを他者にきちんと理解してもらえるようにモデル化することが重要となろう。かかるプロセスなくしては，ホスピタリティを制御，すなわち確実に利益に結びつけることはできない。そして，ここでもまたSREは威力を発揮するに違いない。

■注

1　本章は，伊藤（2013）の一部を加筆修正したものである。
2　阪急ホテルのレストランで絞り立てと銘打ったジュースの味に顧客が不信を抱いて問い詰めたことから明るみにでたもので，その後ザ・リッツ・カールトン大阪を含む阪急阪神ホテルズの各ホテル，ホテルオークラ，東京ドームホテル，ロイヤルパークホテルズ，JR東日本配下の日本ホテルなどにも拡大し，さらには大丸松坂屋百貨店，近鉄百貨店，京王百貨店，東武百貨店，京急百貨店，松屋などのレストランでも同様な虚偽表示があったことが相次いで発覚した。いずれのケースも，牛肉やエビなどの高級食材を安価なもので代替していた。なお，事の発端となった阪急阪神ホテルズではトップの交代劇にまで発展し，深刻な影響が今もなお続いている。

3 徳江（2012）は例外で，「おもてなし」とホスピタリティを明確に区別する必要性を論じている。また中根（2013）もホスピタリティはおもてなしとの関係性は認めつつも，前者はより広範な内容を有する概念であると指摘している。
4 たとえば，Hesket, et al（2003）を参照されたい。
5 2,000ドルの根拠であるが，これはかつて客室係が顧客の忘れ物を急きょ届けたことがきっかけのようで，米国で往復航空券を出発直前に購入した場合の上限金額がほぼ2,000ドルであることが根拠となっているようである。
6 このインタビューは，2012年6月に高野氏の講演先である東京築地本願寺にて実施した。当日の同席者は小林啓孝（早稲田大学教授），吉岡勉（産業能率大学准教授）の2名である。
7 クレドカードの表面には「モットー」，「クレド」のほかにも「従業員への約束」，「サービスの3ステップ」が記されている。また，裏面には，リッツの従業員が提供するサービスの指針となる12項目の「サービス・バリューズ」が記されている。
8 高いホスピタリティを誇る宿泊業は上記の2社だけではない。香港資本のシャングリラホテルもまたリッツや加賀屋に匹敵する卓越したホスピタリティで名を馳せているホテルグループの1つである。筆者は，2013年2月にクアラルンプールの同ホテルにおいて，飲食部門のエグゼクティブ・アシスタントマネジャーを務めるGiuliano Ungaro氏にインタビューする機会（同席者は，小林啓孝早稲田大学教授と長谷川惠一同大学教授）を得たが，そこでもまたリッツや加賀屋に共通するホスピタリティの作り込みがシステマティックムに実践されていることが確認できた。

　さらに，「ノーとは言わない」接客も顕在で，法律に触れないかぎり，ポジティブに顧客の要求に応えることのできる決済権限を従業員に付与している点も共通している。実際，ある顧客がどうしても6,000米ドルもするビンテージワインが飲みたいと言い出し，従業員がそれを探すのに奔走したエピソードなどをUngaro氏は語ってくれた。ただし，同氏は「顧客のためにはさまざまなことをするが，われわれは決して奴隷ではない」とも強調していた。顧客との対等な関係こそが，やはり高いホスピタリティを生み出す前提となっていることを示唆する言葉と筆者は受け止めた。
9 詳しくは，日経流通新聞（2013/10/30）を参照されたい。
10 当該インタビューの同席者は，小林啓孝早稲田大学教授，山本浩二大阪府立大学教授，長谷川惠一早稲田大学教授，佐々木茂高崎経済大学教授の4名であった。
11 その代表格がノルウェーのノルウェジアンやスペインのブエリングといった新興LCCである。これらのLCCが業績を伸ばすなか，最大手のライアンエアーのシェアが低下し，2014年3月期の純利益は5年ぶりに前期割れの見通しであるという。詳しくは，日本経済新聞朝刊（2013/12/03）を参照されたい。

■参考文献

Hesket, J.L., W. E. Sasser, Jr. and L.A. Schlesinger, *The Value Profit Chain: Treat Employees Like Customers and Customers Like Employees*, The Free Press, 2003.（山本昭二，小野譲司訳『バリュープロフィットチェーン：顧客・従業員満足を「利益」と連鎖させる』日本経済新聞社，2004年）

Tucker, H., *Living with Tourism: Negotiating Identities in a Turkish Village*, Routledge, 2003.

秋月將太郎・小長井教宏「海外の『鉄道オペレーター』との連携を通じた国内鉄道会社の海

外事業展開シナリオ」,『知的資産創造』第18巻第7号, 2010年, pp.26-41。
伊藤壽博「ホスピタリティ産業におけるサービス・リエンジニアリング―その不可避性とアプローチに関する検討―」『早稲田商学』第438号, 2013年, pp.159-196。
狩野紀昭・瀬楽信彦・高橋文夫・辻新一「魅力的品質と当たり前品質」,『品質』第14巻第2号, 1984年, pp.39-48。
四方啓暉『リッツ・カールトンの究極のホスピタリティ』河出書房新社, 2010年。
高野登『リッツ・カールトンが大切にするサービスを超える瞬間』かんき出版, 2005年。
徳江順一郎 (2012)『ホスピタリティ・マネジメント』同文舘, 2012年。
中根貢『ザ・ホスピタリティ―「おもてなし」「思いやり」から経営へ―』産業能率大学出版部, 2013年。
服部勝人『ホスピタリティ学原論』内外出版, 2006年。
細井勝『加賀屋の流儀―極上のおもてなしとは―』PHP, 2006年。
吉村文雄『ホスピタリティ産業の戦略と会計―サービス管理のシステム情報戦略―』森山書店, 2013年。

第7章

サービス・リエンジニアリングの手法としてのUSALIの導入[1]

1 ■宿泊業の収益性の向上をめざして

　企業の経営管理にあたっては，管理会計情報が有用である。サービスを提供する企業にとっても，経営管理において管理会計情報が必要となることはいうまでもない。伝統的な管理会計の研究は製造業を対象として展開してきたが，これと比較して，サービスを提供する企業における管理会計の研究は，それほど多くはない。

　サービスを提供する企業といっても，提供する商品やサービスは多様にわたる。商品やサービスの提供の仕方が異なる，企業によってさまざまなビジネス・モデルがある，それぞれの産業によって商慣行が異なるなどの特徴があるため，サービスを提供する企業全体へと一般化できる管理会計の理論や手法を展開することが困難である。そのために，一企業レベルや特定の産業を対象とする管理会計の「事例研究」が多くなる傾向にある。

　筆者は，このアプローチ自体は1つの方便であると考える。多岐多様にわたるサービスを提供する企業のマネジメントに資する管理会計情報を検討するのであれば，それなりに対象を限定して研究することも必要である。むしろ，サービスを提供する企業全体へと一般化した管理会計の理論を構築するよりも，提供する商品，ビジネス・モデル，産業の商慣行が異なることを前提にしつつ，それに適した管理会計情報を検討するほうが，サービスを提供する企業が実践するにあたっては有用である。そのような管理会計情報を利用した結果，当該企業の収益性が向上することになれば，サービス・リエンジニアリング研究の

一環としての成果につながる。

本章では,考察の対象を宿泊業に限定し,宿泊業における管理会計情報の必要性と有効性について述べ,欧米において広範に用いられている『宿泊業の統一会計報告様式』(Uniform System of Accounts for the Lodging Industry: USALI, The Hotel Association of New York City, 1996; 2006; 2014)の概要を紹介し,日本におけるUSALI導入の課題について検討する。

2 ■宿泊業における管理会計情報の必要性

2-1 サービスの多様性と生産したサービスの原価情報

宿泊業においても,管理会計情報は重要な役割を果たす。たとえば,ホテルには,さまざまな商品やサービスを提供している企業や部門がある[2]。提供している商品やサービスの販売価格を決定するためには,その商品の売上原価あるいは商品やサービスを生産するために発生した単位当たりの原価を把握しなければならない。

卸売業者から商品を仕入れてそのまま販売するホテル内の物販部門や土産物販売店であれば,商品を生産するための原価は発生しない。販売した商品の単位あたりの売上原価は,商品の仕入原価をもとに計算できる。

提供している商品やサービスを生産するために発生した単位当たりの原価を計算する技法として,製造業において発達してきた計算技法である原価計算をホテルに応用することができそうである。ただし,提供する商品やサービスによっては,製造業における原価計算をそのまま適用するのは難しい。

ホテル内のレストランおよびバーや飲食店では,仕入れた材料を加工して商品を提供しているので,材料費のほかに加工作業にかかる原価も発生していることから,販売した商品を生産するために発生した単位当たりの原価(食事1食や飲物1杯当たりの原価)の計算は製造業における原価計算に類似している。

また,ホテルの客室部門では,加工作業をせずにサービスを生産しているので材料費はほとんどかからないが,人件費や設備関連の原価が発生することから,提供したサービスを生産するために発生した単位当たりの原価(客室1泊

あたりの原価）を計算するのには工夫が必要である。

2-2　宿泊業における管理会計情報の特徴

　宿泊業における管理会計情報としては，直接原価計算方式のセグメント別損益計算書の様式が参考になる。直接原価計算方式の損益計算では，売上原価ならびに販売費および一般管理費を変動費と固定費とに分解し，売上高から段階的にこれらの費用を差引いて営業損益を計算している。さらに，製品別，地域別，顧客別などのセグメントを設定し，セグメントごとに損益計算および収益性の検討を行う。

　宿泊業における利益管理に役立つ管理会計情報を得るためには，提供する商品の売上原価あるいは商品やサービスを生産するために発生した原価のほかに，顧客に対して商品やサービスを提供するための費用が発生しているのでそれらの費用も対象とし，商品やサービスを顧客に提供するまでに発生した原価および費用と売上高とを対応させた営業損益ベースでの検討が必要である。

　可能であれば，商品やサービスを顧客に提供するまでに発生した原価および費用を提供したサービスの単位で除して計算した「サービスの単位当たりの原価」として，これを検討するべきである。商品やサービスを提供するための費用は，全部原価計算方式の損益計算書であれば販売費および一般管理費として示される。これらの費用は，単独の土産物販売店，飲食店，宿泊サービスのみに特化したホテルであれば，企業組織全体で発生総額を把握することは可能ではあるが，期間原価としてとらえるならば，サービスの単位当たりの原価を計算することはできない。

　さらに，企業規模が大きくなった場合や，ホテル内の物販部門，料飲部門，客室部門など，広範にわたる業務をしている部門が多い場合には，先述のように，商品やサービスを顧客に提供するまでに発生した原価および費用の発生状況は多岐にわたる。サービスの単位当たりの原価を知るためには，部門ごとに発生している原価および費用を把握したり，部門共通であるいは企業全体で発生した原価および費用を配賦計算したりする必要がある。

　管理会計情報の一般的な特徴として，収益および費用について，いつ，どこで，どれだけ発生したのかを可能な限り詳細に把握するという志向がある[3]。

この考え方は，利益管理においては重要な観点であり，宿泊業においても，こういった管理会計情報は必要となる。

3 USALIの概要

3-1 USALIの意義

宿泊業における会計情報の活用を検討するにあたり，さまざまな商品やサービスを提供している部門をもつホテルにおける会計情報の利用について考察することは，大いに参考になる。ホテルの収益性を向上させるためには，客室，料飲，宴会などの部門別のデータに基づくオペレーションの管理が求められる。

欧米のホテルやグローバルに展開するホテル・チェーンの多くは，ニューヨーク市ホテル協会の「宿泊業の統一会計報告様式」(Uniform System of Accounts for the Lodging Industry: USALI)[4]を利用していて，宿泊業の経営に必要な部門別の会計情報はこれに基づいて作成・利用されている。

USALIの初版は，ニューヨーク市ホテル協会が1926年に出版した『ホテルの統一会計報告様式』(*Uniform System of Accounts for Hotels*) であった（The Hotel Association of New York City, 2014, p. ix）。その後，第9版から現在の名称へと変更になっている（The Hotel Association of New York City, 1996, p. vii）。

USALI第11版では，貸借対照表（Balance Sheet），損益計算書（Statement of Income），包括利益計算書（Statement of Comprehensive Income），株主資本等変動計算書（Statement of Owners' Equity），および，キャッシュ・フロー計算書（Statement of Cash Flow）を財務諸表として説明している（The Hotel Association of New York City, 2014）。

USALIの財務諸表および計算書の様式における特徴の1つは，ホテルの収益性を把握するにあたり，部門別損益計算書（Summary Operating Statement）やその明細表（Schedule）を作成することである。USALI第11版の様式によると，ホテルの部門を，大まかに分けて，客室部門，料飲部門およびその他の営業部門をライン部門に区分して部門別損益計算書や部門別の明細表を作成することになっているし，一般管理部門やマーケティング部門などのスタッフ部門

についても明細表を示すことになっている（The Hotel Association of New York City, 2014）。USALI第11版から想定できるホテルのプロパティごとの部門別組織編制を示すと，**図表7-1**のようになる（日本の宿泊業において大きな収益部門である宴会部門は，USALIでは料飲部門の一部となっているが，この論点については後述する）。

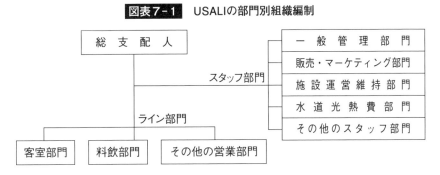

図表7-1　USALIの部門別組織編制

出所：The Hotel Association of New York City（2014）をもとに作成。

USALIの様式を利用している欧米のホテルやグローバルに展開するホテル・チェーンでは，これを管理会計情報としても財務会計情報としても活用している。USALI第10版では，損益計算書や部門別の明細表を月次で作成し，実績を見積り（forecast）や前年同月実績と比較するとともに，当月までの累計についても，実績，見積り，前年同月実績を記載することになっている（The Hotel Association of New York City, 2006）。

USALI第10版でいう見積りはUSALI第11版では見積りまたは予算（forecast/budget）と表記していることから（The Hotel Association of New York City, 2014），USALI第10版および第11版による様式では部門別予算を作成することになっており，この管理会計情報を利益管理に活用することができる。

また，ホテルが資金調達を行うにあたって，金融機関にUSALIの様式による財務諸表を提示し，金融機関はそのホテルの収益性を部門別に判断して融資を決定している。あるいは，ホテル事業を売買するにあたって，そのホテルの部門別の収益性を判断できなければ，適切な売買価格を決めることができない。とくに，収益性が低い部門があれば，買収するときにその部門を切り離すこと

もあるので，そのときの判断にはUSALIの様式による財務諸表が有用な会計情報となる。

3-2　USALIの様式による部門別損益計算書の構造

　*USALI*第11版では，その説明のうち，大部分を部門別損益計算書やその明細表に充てている（The Hotel Association of New York City, 2014）だけでなく，第10版までは財務諸表を第1部で，部門別損益計算書および明細表を第2部で説明していたのに対し（The Hotel Association of New York City, 1996; 2006），第11版では部門別損益計算書および明細表の説明を第1部とし，財務諸表の説明を第2部としている（The Hotel Association of New York City, 2014）。

　*USALI*第11版によるオペレータ用の部門別損益計算書[5]のイメージを示すと，**図表7-2**のようになる。**図表7-2**は，*USALI*第11版の部門別損益計算書の様式とは異なるが，USALIの様式による計算方式を理解しやすくするために作成したもので，右側の3列が部門別の損益計算を示している。

　もともと，USALIの様式による部門別損益計算書では，売上高はともかく，部門費用については各部門に固有のさまざまな項目があるため，同じ費用項目に統一できない。したがって，*USALI*第11版では，プロパティ（ホテル全体）・レベルの「部門別損益計算書」と，各部門レベルの損益計算を示す各部門の「明細表」とが，それぞれ独立した計算表になっている。**図表7-2**のように，合計の列に示すホテル全体の損益計算と，右側の3列の部門別の損益計算とを一覧的に示しているわけではない。

　*USALI*第11版（The Hotel Association of New York City, 2014）の部門別損益計算書の各項目について概説する。「その他の営業部門」の売上高の具体例は，ゴルフコース，ヘルスクラブやスパ，駐車場があればその利用料金などである。部門費用は，売上原価，売上以外の収益に対応する原価，給料および関連費用，その他の費用がある。

　共通営業費（undistributed operating expenses）とは，一般管理費，電話などの通信，販売・マーケティング費，施設運営維持費，水道光熱費といった，**図表7-1**に示したスタッフ部門で発生する費用であり，これはホテル全体の共通費と考えて各部門には配賦しない。部門利益の合計から共通営業費を差し引

図表7-2 USALIの部門別損益計算書のイメージ

	合計	客室部門	料飲部門	その他部門
売上高	4,823,000	3,510,000	1,105,000	208,000
部門費用	1,573,000	1,170,000	312,000	91,000
部門利益	3,250,000	2,340,000	793,000	117,000
共通営業費	820,800			
営業総利益	2,429,200			
マネジメント料	242,920			
営業利益	2,186,280			
営業外損益	23,500			
EBITDA	2,162,780			
差引：更新積立金	350,000			
更新積立金差引後EBITDA	1,812,780			

出所：The Hotel Association of New York City（2014）をもとに作成。

いた営業総利益（general operating profit: GOP）は，ホテルの経営成績を判断する指標の1つとして用いられることが多い。マネジメント料はホテルを運営するマネジメント会社に対して支払われる。GOPからマネジメント料を差引いて「営業利益」（Income before Non-Operating Income and Expenses）を計算し，営業利益から「営業外損益（Non-Operating Income and Expenses）」を差し引いて利払い・償却・税引前利益（Earnings before Interest, Tax, Depreciation and Amortization: EBITDA）を計算している。更新積立金は，家具，什器，備品や設備の更新のために積み立てるものであり，EBITDAから更新積立金を差し引いて更新積立金差引後EBITDAを計算する。

部門別損益計算書や部門別の明細表の詳細については，*USALI*第11版（The Hotel Association of New York City, 2014）で確認されたい。

*USALI*第9版では，部門別損益計算書や部門別の明細表についての説明において，ホテルごとの事情によっては，必要があれば収益や費用の項目を調整することを認めている（The Hotel Association of New York City, 1996）。一方，*USALI*第10版および*USALI*第11版では，部門別損益計算書や部門別の明細表についての説明において，ホテルごとの事情によって発生しない収益や費用の

項目を削除あるいは省略することを認めているが，新しい項目を追加することは認めていない（The Hotel Association of New York City, 2006; 2014）。これは，*USALI*第10版および*USALI*第11版による部門別損益計算書および部門別の明細表の様式が収益や費用項目についてかなり網羅的に設定されている証拠である。当然，*USALI*第10版における重要な変更事項の1つとなっている（The Hotel Association of New York City, 2006, p. xiii）。

4 ■USALIに基づく管理会計情報の利用

4-1　欧米およびわが国におけるUSALIの利用状況

　欧米の宿泊業においてはUSALIの様式を利用してマネジメントを行っているところが多い[6]。一例として，アメリカのホスピタリティ産業におけるUSALIの利用状況についての実態調査を行った研究（Kwansa and Schmidgall, 1999）によると，Hospitality Financial and Technology Professionalsの会員500棟に対して質問票を送付し，112件（22%）の回答を得て，回答件数のうち78%がUSALI[7]を利用していると回答している（pp.89-90）。

　欧米のグローバルに展開するホテル・チェーンが日本において運営するホテルでも，USALIの様式が用いられている。これらのホテル・チェーンに属するホテルの総支配人（general manager: GM）あるいはこの職位に準ずる方に対して筆者らが実施したインタビューでは，おしなべてUSALIの様式で地域の統括部門あるいはグローバルの本部に業績を報告しているという事実を確認している。

　日本のホテルにおけるUSALIの様式の利用状況については，社団法人日本ホテル協会（現　一般社団法人日本ホテル協会。以下，ホテル協会）の会員ホテルに対する2010年の調査では，若干の修正を加えているホテルも加えて，回答ホテルのうち18.6%が利用しているという結果であった（清水・庵谷, 2010, p. 10）。日本のホテルにおいてUSALIの様式を利用していない理由としてよくあげられるのは，後にも述べるように，日本のホテルとアメリカのホテルとでは，部門別の売上高構成比が異なることである。とくに，日本のホテルにおけるGM

などへのインタビューでは,アメリカのホテルと比較して,宴会部門の売上が大きいことから,料飲部門の一部門として宴会部門を設定することに不合理を感じるという意見を聞くことが多い。

さらに,欧米の宿泊業はそのほとんどがホテルであるが,日本の宿泊業には,わが国特有[8]といってもよい旅館が多く存在する[9]。旅館については,USALIの様式を利用しているか否かを広範に調査したデータを確認していない。旅館では,ホテルと比較して多くの場合規模が小さいこと,宿泊ならびに朝食および夕食をセットで提供する形態のサービスを中心に運営していることから,客室部門と料飲部門などに区分して部門別損益計算を行うことは,ホテル以上に困難であると主張する経営者が多い。

とくに,従業員の人件費については,ホテルと比較して小規模な施設が多い旅館では,従業員が複数の部門にまたがって業務に従事することが多く,人件費の配分は大きな問題になるという。玄関で客を迎え,客室まで案内し,夕食および朝食の時間帯に料理をサーブすることを考えると,客室部門,料理部門,飲料部門という区分を設けて人件費を配分することが非常に困難であるという。

それでも,旅館においては,宿泊客と日帰り客ごとに,パターン化した客単価を売上および費用について設定することが可能である。また,宿泊部門と料理部門の販売単価および単位原価を設定して積上げることで,部門別に損益を計算することは可能である。宿泊部門と料理部門それぞれに販売単価を設定して部門別に損益を管理している旅館の実例については,筆者らが実施した訪問調査によって複数例を確認することができている。

4-2 USALIに基づくベンチマーキング情報

アメリカでは,USALIの様式による質問票を作成し,さまざまなデータをベンチマークできるサービスが整っている。Dittman, Hesford and Potter (2009) によると,PKF Consultingの*Trends® in the Hotel Industry*やSmith Travel Researchによる*HOST Study*がその例としてあげられるという。とりわけ,これらのデータは,部門別に収益,費用に関する情報を提供している (Smith Travel Research, 2001; PKF Consulting USA, 2013) ことから,自館のデータと比較しベンチマークすることができ,部門別利益管理に有用な情報を得ら

れる。

前述の *Trends® in the Hotel Industry* および *HOST Study* のうち，HOST Studyについては2000年のデータを集計した2001年版を入手できたので[10]，その内容について概観する。

Smith Travel ResearchのHOSTとは，Hotel Operating Statistics Smith Travel Researchの頭文字である。*HOST Study* によると，USALIの部門別損益計算書の様式による質問票（Smith Travel Research, 2001, pp.38-39）を作成し，データを集計している。

回収したデータは，フル・サービス（full-service）のホテルと宿泊のみ（limited service）のホテルの2タイプに大別しており，2000年については，フル・サービスのホテルが約1,300人，宿泊のみのホテルが約1,400人のオペレーター（operators）が回答している（Smith Travel Research, 2001, pp.18, 28）。

フル・サービスのホテルと宿泊のみのホテルに分類したデータは，さらに，(1)米国全体・チェーン加盟ホテル・独立ホテル，(2)地域（geographic region），(3)立地（location），(4)価格帯（price category），(5)規模（size）ごとに区分している。

(1) **全米，チェーン加盟ホテル，独立ホテルの分類**

①全米（Total U.S.），②チェーン加盟ホテル（Chain-Affiliated），③独立ホテル（Independent）にそれぞれ分類している。

(2) **地域別区分**

地域別としては，全米50州を，①ニューイングランド（New England）[11]，②ミドル・アトランティック（Middle Atlantic）[12]，③サウス・アトランティック（South Atlantic）[13]，④イースト・ノース・セントラル（East North Central）[14]，⑤イースト・サウス・セントラル（East South Central）[15]，⑥ウェスト・ノース・セントラル（West North Central）[16]，⑦ウェスト・サウス・セントラル（West South Central）[17]，⑧マウンテン（Mountain State）[18]，⑨パシフィック（Pacific）[19]の9地域に区分している。

(3) **立地別区分**

立地については，①都市（Urban），②郊外（Suburban），③空港隣接（Airport），④高速隣接（Highway），⑤リゾート地（Resort）の5つに区分し

ている。
(4) 価格帯別区分

　フル・サービスのホテルについては，①最高価格帯（Luxury），②高価格帯（Upscale），③中価格帯（Mid-Price），④普通（Economy）の４つの区分に，宿泊のみのホテルについては，①高価格帯（Upscale），②中価格帯（Mid-Price），③普通（Economy），④低価格帯（Budget）の４つに区分している。

(5) 規模別区分

　規模については，客室数で区分している。フル・サービスのホテルについては，①150室未満，②150室以上300室以内，③300室以上500室以内，④500室超の４つに区分し，宿泊のみのホテルについては，①75室未満，②75室以上125室以内，③125室超の３つに区分している。

(6) 表示データ

　(1)から(5)の区分ごとに，回答サンプルの平均客室稼働率（occupancy），宿泊業の規模を示す平均客室数（average size of property: rooms），平均客室料金（average daily rate: ADR）を示している。

　また，(1)から(5)の区分ごとに，部門別損益計算書の部門別収益（Revenue），部門別費用（Departmental Expenses），部門別利益（Departmental Profit）など[20]について，全部門の売上高合計に対する比率（Ratio to Sales），販売可能客室あたりの年間額（Amounts Per Available Room）および１室１泊当たりの単価（Amounts Per Occupied Room Night）をそれぞれ示している。

　(1)から(5)の区分ごとに示されたデータによって，各ホテルは，客室稼働率，平均客室数，平均客室料金，対全部門の売上高合計の比率，販売可能客室あたりの年間額および１室１泊当たりの単価についての平均値を，自館の所在，立地，価格帯，規模に対応させて知ることができる。

　こういったベンチマークによって比較分析をすることが可能であれば，各ホテルがUSALIの様式で管理会計情報を作成・利用することについて，その重要性は大きくなる。

5 ■ 日本におけるUSALI導入の課題

5-1 売上高における部門別構成比の相違

このようにホテルの経営管理に有効なUSALIの様式であるが，日本のホテルにおけるその利用状況は，先述のようにホテル協会の会員ホテルに対する清水・庵谷（2010）の調査では18.6％であった（p.10）。先にも指摘したように，日本のホテルがUSALIの様式を利用していない一因として，売上高構成比率に占める宴会部門の割合がアメリカのホテルと比較して高いことから，宴会部門が独立していることが考えられる。

アメリカのホテル経営の教科書では，宴会部門は料飲部門の一部として位置づけられている（Walker, 2009, pp. 166, 182-190）し，USALIの様式でも宴会部門のオーディオ・ビジュアル，室料などの使用料は料飲部門の収益としている（The Hotel Association of New York City, 2014, pp. 24, 28-29）。

図表7-1では，USALIから想定できるホテルの部門別組織編成を示したが，日本のホテルでは売上高構成比の割合に応じて，組織編成が異なり，宴会部門が独立している場合が多い。日本のホテルの部門別の組織編制を大まかにとらえると，ライン部門は客室部門，宴会部門，料飲部門，および，その他の部門というくくりで説明することができる。**図表7-3**は，これを示したものである。

図表7-3 日本のホテルの部門別組織編制

アメリカにおいては，客室だけではなくレストランやバーを設置しているフル・サービス（full-service）のホテルでは，売上高に占める部門別の売上高が，客室が62.6％，料飲部門が26.7％，そのほかの部門が10.7％という統計がある（Smith Travel Research, 2001, p.19）。これに対して，あるホテルの経営者に聞いたところ，日本のホテルでは，売上高の構成比が，客室：料飲：宴会＝1：1：1の割合のところが多いということであった。また，日本のホテルでは，宴会を含めた料飲部門の売上高が売上高全体のうち60％以上を占めるという説明もある（仲谷・杉原・森重, 2006, p.67）。

この問題に対する解決策の1つとして，USALIの様式をそのまま利用するのではなく，実情に合わせて部分的に修正した様式を利用しているホテルもあるという（清水・庵谷, 2010, p.10）。日本のホテルの売上高構成比や組織の実態に合わせて，宴会部門を料飲部門から独立させた部門別損益計算書の様式を考えてみるのも検討の対象となるであろう[21]。また，日本では，フル・サービスのホテルのみならず，機能を絞り込んだビジネス・ホテルおよびビジネス・ホテルのチェーンが多い。ビジネス・ホテルの場合，USALIの様式をそのまま利用しても，宿泊部門の様式のみを利用し，料飲部門およびその他の部門の様式を利用しないことで対応が可能である。

5-2　日本におけるUSALI導入への第一歩

欧米のホテルやグローバルに展開するホテル・チェーンでは，USALIの様式を財務会計情報として利用していることはすでに述べた。日本の会計制度では，会社法の計算書類や金融商品取引法の財務諸表の様式で財務報告をしなくてはならないため，財務会計情報としてUSALIの様式を利用することは難しいかもしれない。

それならば，管理会計情報としてUSALIの様式を利用することはどうであろうか。欧米のホテルにおいてUSALIの様式が利用されている1つの大きな理由は，前述のようなベンチマークに利用できる情報が提供されていることである。とくに部門別損益の情報を地域別，立地別，価格帯別，規模別に得ることができれば，USALIの様式による会計データは利益管理にあたって有用な管理会計情報になる。日本の宿泊業においても，地域別・規模別にベンチマー

キング情報を作成・提供している例があるが[22], *HOST Study* (Smith Travel Research, 2001) のような部門別損益のデータを示しておらず，改善する余地は大いにある。

また，ベンチマーキング情報としての利用ができなくとも，各宿泊業で独自にUSALIの様式を導入し，それから得られる会計データを管理会計情報としてマネジメントに利用することは可能である。USALIの様式を利用している日本のホテルでは，予算管理，コスト・マネジメント，業務的意思決定を重視しているという調査報告もある（清水・庵谷, 2010, pp.23-25)[23]。

最後に，宿泊業の割合を多く占める旅館に対してもUSALIの様式が有効かどうかを検証する必要がある。旅館の場合は，宿泊と食事を一体として提供している場合が多いことと，企業規模としては中小企業が多いことから，部門を設定していない可能性が高い。そうであれば，部門別に収益性を判断するという考え方がより希薄であることは，容易に想像できる[24]。こういった点も，ホテルのみならず「宿泊業の統一会計報告様式」であるにもかかわらず，日本でUSALIの様式が普及しない理由の1つであると思われる。

しかしながら，先述のように，部門別の計算を詳細に行って先進的なマネジメントを行っている旅館もあることから，USALIの様式を参考にしながら，旅館に適した「部門別損益計算書」の様式を工夫することはできる。この方向性と軌を一にしたものとして，国土交通省観光庁の宿泊業経営検討会が旅館向けの管理会計システム構築について検討を行って取りまとめ，旅館における部門別損益管理を提案した「旅館管理会計システム」および「旅館経営管理マニュアル」をあげることができる。これらの資料の考え方によれば，旅館における部門別の収益性を検討する材料としての管理会計情報を作成・提供することができる。

6 「日本版USALI」への道程

本章では，USALIの様式による会計データが，宿泊業の収益性管理に役立つ管理会計情報として利用できることを検討した。また，日本においてUSALIを利用するための課題と解決策についても吟味した。

日本のホテルにUSALIを導入するにあたっては，USALIの様式をそのまま適用するのが原則である。ただし，部分的な修正を行ったうえでUSALIの様式を導入することも可能である。

　旅館については，部門別の収益性という考え方が希薄であることから，USALIそのものを導入することが困難であるといわれる。それでも，先進的なマネジメントを行っている旅館では，部門別の損益計算を詳細に行っている経営者もいる。また，国土交通省観光庁の「旅館管理会計システム」および「旅館経営管理マニュアル」のように，USALIの様式を参考にしながら部門別の損益計算を行う提案もある。

　日本においてUSALIの様式を利用するための課題に対する解決案として，ホテルにおいて部分的に修正したUSALIの様式を利用することや，旅館において「旅館管理会計システム」および「旅館経営管理マニュアル」を利用することは，いわば「日本版USALI」の様式を考案することになる。「日本版USALI」の様式は，日本の宿泊業の収益性を高めるための管理会計情報の提供を目指すものとして，USALIの様式をそのまま適用しづらい点を微調整するものであり，本質的な部分を変更するものではない。したがって，最終的には「日本版USALI」の様式からUSALIの様式へと調整することは，それほど困難ではないと考えている。

　「日本版USALI」の様式は，各宿泊業において現行のビジネスについて，より詳細な管理会計情報を作成し，それをマネジメントに利用することを目指している。USALIそのものを導入すること，あるいは，「日本版USALI」を導入することは，日本のホテルおよび旅館の収益性管理の向上に資することを目的とするものであり，サービス・リエンジニアリング研究の一環として位置づけられる。これらの方策は，新規の情報システムへの莫大な投資を必要とするものではなく，パーソナル・コンピュータの計算ソフトレベルでも対応できることを前提としている。

　今後の「日本版USALI」についての研究は，USALIの様式を国内に紹介する一方で，USALIの様式を修正しながら利用しているホテルの会計システムや，先進的なマネジメントを行っている旅館の会計システムを検討することになる。

■注

1　本章は長谷川（2013a）および長谷川（2013b）の内容を大幅に加除修正したものである。
2　Dittman, Hesford and Potter（2009）も，ホテルは幅広い業務を展開していて，客室・カジノなどは純粋な「サービス業」であり，レストランは「製造業」的であり，売店は「小売業」的であると指摘している。この指摘は，サービス業における管理会計・原価計算を研究するにあたっても，示唆に富むものである。
3　管理会計情報のもう1つの大きな特徴は，事前計算を行うことである。
4　USALIのほかに，ユニフォーム・システム（uniform system）と略称する場合もある。以後本章では，一般名称をさす場合にはUSALIと表記し，書名をさす場合には*USALI*と表記する。本章では，*USALI*第11版の内容を中心に検討するが，*USALI*第9版および*USALI*第10版についても適宜参照する。なお*USALI*第10版の概要については長谷川（2013a）で検討している。
5　*USALI*第11版では，部門別損益計算書についてオペレータ用（for operators）とオーナー用（for owners）の2種類を設定している。オーナー用では，EBITDAまでの計算はオペレータ用と同じであるが，EBITDAから支払利息，償却費を差し引いて税引前利益を計算し，税引前利益から税金を差し引いて純利益を計算している。
6　*USALI*第9版（The Hotel Association of New York City, 1996）の訳書の「訳者序文」（大塚監修，山口訳，2000, p.11）によれば，「1926年初版がニューヨーク市ホテル協会によって出版されて以来，米国はもとより，世界各国のホテル産業では，この通称ユニフォーム・システムを会計基準としてきたが，特に1960年以降，ヒルトン，シェラトン，ホリデイ・イン，インターコンチネンタルなど主に米国の主要ホテル運営会社が，積極的に世界各国に進出するに従って，このホテル統一会計システムは，国際的に認められたホテル会計基準として使用されるに至った」という。
7　この時点では，*USALI*第9版（The Hotel Association of New York City, 1996）の様式である。
8　たとえば，台北市北部の北投温泉で日勝生加賀屋が2010年12月に開業したが，そのオペレーションは，日本の加賀屋とほぼ同じであることを筆者らが実施した訪問調査によって直接確認している。
9　厚生労働省『平成25年度衛生行政報告例』によると，2014年3月31日現在の旅館営業施設数は43,363件（客室数735,271），ホテル営業施設数は9,809件（客室数827,211）であり，客室数としてはホテルのほうが多いが，施設数としては旅館のほうが圧倒的に多い。
10　*Trends® in the Hotel Industry*については，Web上でSample Reportのみを入手した。入手したSample Report（PKF Consulting USA, 2013）の目次によると，回収したデータを，①全米（all hotels），②フル・サービスのホテル，③宿泊のみのホテル，④料飲サービスのある全室スイートのホテル（suite hotels with food and beverage），⑤料飲サービスのない全室スイートのホテル（suite hotels without food and beverage），⑥会議や展示会などが開催可能な施設のあるホテル（convention hotels），⑦リゾート・ホテル（resort hotels）の7つのタイプに分類している。

　7つのホテルのタイプごとに示すデータは，さらに，1）価格帯（rate groups），2）地域（geographic divisions），3）規模（property size classifications）ごとに示されているが，チェーン加盟ホテルと独立ホテルの区分および立地の区分はない。表示データの詳細については，Sample Reportから把握できなかった。

11 ニューイングランド地域には、メイン（Maine）、ニューハンプシャー（New Hampshire）、ヴァーモント（Vermont）、マサチューセッツ（Massachusetts）、ロードアイランド（Rhode Island）、コネティカット（Connecticut）の6州が属する。
12 ミドル・アトランティック地域には、ニューヨーク（New York）、ニュージャージー（New Jersey）、ペンシルヴェニア（Pennsylvania）の3州が属する。
13 サウス・アトランティック地域には、ワシントンD.C.（Washington D.C.）、および、デラウェア（Delaware）、メリーランド（Maryland）、ヴァージニア（Virginia）、ウェストヴァージニア（West Virginia）、ノースカロライナ（North Carolina）、サウスカロライナ（South Carolina）、ジョージア（Georgia）、フロリダ（Florida）の8州が属する。
14 イースト・ノース・セントラル地域には、ミシガン（Michigan）、ウィスコンシン（Wisconsin）、オハイオ（Ohio）、インディアナ（Indiana）、イリノイ（Illinois）の5州が属する。
15 イースト・サウス・セントラル地域には、ケンタッキー（Kentucky）、テネシー（Tennessee）、アラバマ（Alabama）、ミシシッピ（Mississippi）の4州が属する。
16 ウェスト・ノース・セントラル地域には、ミネソタ（Minnesota）、ノースダコタ（North Dakota）、サウスダコタ（South Dakota）、アイオワ（Iowa）、ネブラスカ（Nebraska）、ミズーリ（Missouri）、カンザス（Kansas）の7州が属する。
17 ウェスト・サウス・セントラル地域には、アーカンソー（Arkansas）、オクラホマ（Oklahoma）、ルイジアナ（Louisiana）、テキサス（Texas）の4州が属する。
18 マウンテン地域には、モンタナ（Montana）、アイダホ（Idaho）、ワイオミング（Wyoming）、コロラド（Colorado）、ユタ（Utah）、ネヴァダ（Nevada）、ニューメキシコ（New Mexico）、アリゾナ（Arizona）の8州が属する。
19 パシフィック地域には、アラスカ（Alaska）、ワシントン（Washington）、オレゴン（Oregon）、カリフォルニア（California）、ハワイ（Hawaii）の5州が属する。
20 部門別利益以下の項目としては、共通営業費（Undistributed Operating Expenses）、営業総利益（Gross Operating Profit）、フランチャイズ料（Franchise Fee）、マネジメント料（Management Fee）、固定費控除前利益（Income before Fixed Charges）、資産税（property tax）・保険料（insurance）・更新積立金（reserve for capital replacement）といった固定費（Selected Fixed Charges）、および、債務返済およびその他の固定費充当額（Amount Available for Debt Service & Other Fixed Charges）を示している。
21 仲谷・杉原・森重（2006）は、さらに宴会を一般宴会とブライダル宴会に細分することが必要だという見解を示している（p.67）。
22 日本の宿泊業におけるベンチマーキング情報の例として、ホテル協会の『全国主要ホテル経営実態調』および一般社団法人日本旅館協会の『営業状況等統計調査』をあげることができる。これらについては、長谷川（2013b）において検討している。
23 清水と庵谷（2010）の調査によると、財務会計目的では日本の会計基準を採用しているが、管理会計目的ではUSALIの財務諸表様式に変換しているホテルもあるという（p.10）。
24 旅館における部門別収益性管理の実態については、付録に掲載した質問票調査の結果と考察を参照されたい。

■ 参考文献

Dittman, A. David, James W. Hesford and Gordon Potter, "Managerial Accounting in the Hospitality Industry," in Chapman, Christopher S., Anthony G. Hopwood and Michael D. Shields, eds, *Handbook of Management Accounting Research*, Vol. 3, Oxford: Elsevier, 2009, pp. 1353-1369.

The Hotel Association of New York City, *Uniform System of Accounts for the Lodging Industry*, the Ninth Revised Edition, East Lansing, MI: the Educational Institute of the American Hotel & Motel Association, 1996.（大塚宗春監修，山口祐司訳『米国ホテル会計基準』税務経理協会，2000年）

The Hotel Association of New York City, *Uniform System of Accounts for the Lodging Industry*, the Tenth Revised Edition, Lansing, MI: American Hotel & Lodging Educational Institute, 2006.（大塚宗春監修，山口祐司・金子良太訳『米国ホテル会計基準II』税務経理協会，2009年）

The Hotel Association of New York City, *Uniform System of Accounts for the Lodging Industry*, the Eleventh Revised Edition, Lansing, MI: American Hotel & Lodging Educational Institute, 2014.

Kwansa, Francis and Raymond S. Shmidgall, "The Uniform System of Accounts for the Lodging Industry: Its Importance to and Use by Hotel Managers," *Cornell Hotel and Restaurant Administration Quarterly*, Cornell University School of Hotel Administration, Vol.40, No. 6, 1999, pp.88-94.

Smith Travel Research, *The Host Study Report for the Year 2000*, Hendersonville, TN: Smith Travel Research, 2001.

Walker, John R., *Introduction to Hospitality*, Fifth Edition, Upper Saddle River, NJ: Pearson Education, 2009.

清水孝・庵谷治男「わが国宿泊業における管理会計の実態」『早稲田商學』第424号，2010年，pp.1-30。

仲谷秀一・杉原淳子・森重喜三雄『ホテル・ビジネス・ブック』中央経済社，2006年。

長谷川惠一「『宿泊施設の統一会計報告様式』にもとづいた管理会計情報の利用可能性」『早稲田商學』第434号，2013年a，pp.231-245。

長谷川惠一「宿泊施設のベンチマークに有用な会計情報の検討」『早稲田商學』第438号，2013年b，pp.219-231。

〔参照URL〕

PKF Consulting USA, *Trends® in the Hotel Industry USA Edition 2013*, Sample Report, San Francisco: PKF Consulting USA, 2013.（http://www.pkfc.com/samples/ATsample.pdf　最終参照日2014年2月3日）

厚生労働省『衛生行政報告例』（http://www.mhlw.go.jp/toukei/list/36-19.html　最終参照日2015年8月30日）

国土交通省観光庁「旅館管理会計システム」および「旅館経営管理マニュアル」（https://www.mlit.go.jp/kankocho/news06_000203.html　最終参照日2015年8月29日）

第8章

顧客吸引力の創造とディレンマ[1]

1 ■顧客吸引力とは

　観光においては，宿泊，運送，飲食など多くのサービスが提供され，観光産業はこれらのサービス提供業界を含む裾野の広い産業であるとされている。一方で，観光産業はサービス・リエンジニアリング（SRE）が対象とする各種のサービスを核とした産業であるといえる。

　ある地域に人を引きつける要素をアトラクター（attractor）と呼ぶことにしよう。一般的に，アトラクターが魅力的であるほど人を引きつける力は強いし，多様なアトラクターがあるほど多くの人を引きつける可能性が高くなると考えられる。また，競争力のある魅力的で多様なアトラクターが存在すれば，環境変化に対する頑健性は高くなると考えられる。サービスに関連したアトラクターについていえば，SREではアトラクターをより効率的あるいは低コストでいかに提供するかが問題になるが，アトラクターはサービスに関連したものだけではない。

　小林（2012）では，ラスベガスがカジノ・ホテルとしても，町としても，さらには周辺を含めた地域としても多様なアトラクターを持っている（＝マルティプル・アトラクター構造を有している）ことを示し，それが故にデスティネーションとしてのブランド力の高さも相まってネバダ州がギャンブルの独占的地位を失った1977年以降も成長し続けていることを確認した[2]。ラスベガスがマルティプル・アトラクター構造を有していることは，ギャンブルを主要目的として来訪している人の割合がきわめて低いこと[3]，収益構造において宿泊，

飲食等のギャンブル以外の収益のウエイトの方が高く，バランスのとれた収益構造となっていることからも確認できる。この収益構造はかつて，東の横綱とでもいうべき存在であったアトランティック・シティの収益構造がほとんどギャンブル収入に依存していたのと好対照をなしている。アトランティック・シティは，ネイティブアメリカン運営カジノ（＝インディアン・カジノ）を含む近隣都市・州のカジノ開設，オンラインカジノの普及に伴って競争力を失い，カジノ・ホテルが次々と閉鎖されていっている[4]。

　これまでの記述から，費用と収益とに関して言えば，基本的に重要なのは収益のもとになっている顧客吸引力であることが確認できるだろう。たとえ効率的にサービスを提供できる仕組みを構築していたとしても，収益が上がらないことには費用がまかなえず，アトランティック・シティのカジノ・ホテルの例に見られるようにビジネスの継続ができなくなってしまうからである。次に，これもアトランティック・シティの例に見られるように，環境が変われば顧客吸引力は変化する。これに対しては，環境変化に適応する（あるいは環境変化を見越して）アトラクターを変化させていく（スクラップアンドビルド，重点の変化などによる構造の変化），アトラクターの多様化などの方策が考えられる。ブランド力の強化は，すでにある顧客吸引力の強化には貢献するであろうが，アトラクター自体の魅力が失せ，競争力を失えば，ブランド力は程なく失われてしまう[5]。

　本章では観光関連事業としてレストランを取り上げ，顧客吸引力の創造について検討していくことにする。レストランを取り上げる理由は，観光の核であるホスピタリティが問題になる際に，レストランはホテルと並んで取り上げられる代表的な業種であること，ホテルよりも集客力が個人の力量や（ブランド化した）名前に依存する度合いが高いこと，したがってまた，ブランドや集客力という点ではほぼ無の状態からの出発も多く，比較的短期間でブランドの確立，吸引力の創造に成功する例が見られるからである。

2■スペインのレストラン

2-1　スペイン高級レストランの評価の上昇

　レストランを取り上げることにしたが，本章ではスペインの三つ星レストランを検討対象とする。

　三つ星レストランを取り上げる理由は，ミシュランのホテル・レストランのガイドブック，通称La Guide Rouge（ラ・ギド・ルージュ）におけるレストランの三つ星は，世界的に見ても一定の権威があるものとして受け入れられており，吸引力の創造，ブランド確立の観点から適当な考察対象であると考えられるからである。ただ，三つ星レストランはSREの観点からするとSREが想定している標準的ケースからはずれたものになる。三つ星レストランでは，第1章でみた当たり前属性や一元的属性は当然に充足してなければならず，もっぱら問題となるのは魅力的属性であり，しかも魅力的属性を作り出すにあたって，費用面の考慮は標準的ケースに比べて重要性が小さくなるからである。

　三つ星レストランの中でもスペインに着目したのは，三つ星レストランの数だけでみても，ここ10年の間に4店から8店[6]へと倍増しており，レストラン業界における位置づけが高くなっていると考えられるからである。

　英国の雑誌「レストラン（Restaurant）」（William Reed Business Media）の創刊年の2002年から設けられている「世界のベスト・レストラン50（The World's 50 Best Restaurant）」というレストランのランキングがある。ベスト・レストランの選出方法は，次のようになっている[7]。世界を26の地域に分け，まずレストラン業界に精通していると考えられるチェアマンをそれぞれの地域ごとに任命する。次に，各地域のチェアマンがシェフ，レストラン経営者，料理／レストラン関係ジャーナリスト，美食家のバランスを考慮しながら（チェアマン自身を含め）36名のパネリストを選出する。この26×36名＝936名のパネリストが投票をしてベストレストランを選出するのである。

　投票にあたっては，前もって定めてある特定の選考基準はなく，各人が良いと思ったレストランに投票すればよい。各人は，順位を付けて7つのレストラ

ンに投票するが、そのうち3つは自分の属す地域以外のレストランでなければならない。自分が投票するレストランは、少なくても18カ月以内に食事をしたレストランでなければならない。当然のことながら、自分が所有するレストランや利害関係を持つレストランに投票してはならない。なお、毎年少なくとも各地域で10人のパネリストの交代が要求されている。

このようにしてレストランのランキングが決定されるわけだが、入手可能だったリストのうちで一番古い2004年のリストでは、50位までにフランスのレストランは13店入っていた（リスト上は14店となっているが、モナコのLe Louis XVをフランスに分類してあり、正確ではない）。同じ年、リストに入っていたスペインのレストランは3店である。それから10年が経過した2014年のランキングでは、リストに入っているフランスのレストランは5店であり、スペインのレストランは7店がランクインしている。「世界のベスト・レストラン50」のリストだけで見る限りはフランスのレストランの評価の低下とスペインのレストランの評価の上昇を読み取れる。「世界のベスト・レストラン50」の選択には、バイアスがかかっていると考えられるところもあり、本当にベストなレストランを選んでいるかについては疑問もある[8]が、世界的規模で行われているある種の評価を表したものであるとは言えるであろう。

なお、「世界のベスト・レストラン50」に関しては、スペインのEl Bulli[9]が2006年から2009年まで4年連続で1位を獲得したことが話題になった（El Bulliは2011年に閉店）。なお、その後は、デンマークのNoma（ノーマ）が2010年から2012年までの3年間と2014年に1位になっている（2013年はスペインのEl Celler de Can Roca（エル・セジェール・デ・カン・ロッカ）が1位）。

2-2 スペイン高級レストランの興味深い点

ミシュランで見ても、「世界のベスト・レストラン50」で見ても、ここの10年ほどの間にスペインのレストランの評価は高くなっていると考えられるが、ミシュランの三つ星店に注目するとやや面白い点に気がつく。

1つは、1995年以降2013年までは、スペイン第一の都市マドリッド（人口約323万人）にも、第二の都市バルセロナ（人口約162万人）にも三つ星店がなかった[10]ことである（2014年にマドリッドのDiverxo（ディベールホ）が三つ星店になっ

た)。これは一般的常識から考えると，おかしな現象である。何故なら，人口が多い大都市は，経済活動が活発であり，したがって，高級レストランを利用できる所得水準の客も多く，大都市では高級レストランが営業していける条件が整っていると考えられるからである。現にパリや東京，ニューヨークといった大都市では，三つ星レストランの数が多い。

　2つめが，三つ星レストランがカタルーニャ地方とバスク地方に偏在していることである。カタルーニャは地中海沿岸のフランス国境に近い地方から山側に広がっており，バルセロナはカタルーニャ自治州の州都である。スペインのバスク地方（バスクはフランス側とスペイン側の両国にまたがっている）は，大西洋沿岸のフランス国境に近い地方から山側に広がっている。

　El Bulliが閉鎖する前のカタルーニャ地方には，El Bulli，Can Fabes（カン・ファベス），Sant Pau（サン・パウ），El Celler de Can Roca（エル・セジェール・デ・カン・ロッカ）の4店が三つ星を持っていたが，2011年にEl Bulliが閉鎖し，Can FabesはシェフのсултанSanti Santamaría（サンティ・サンタマリーア）氏の急死（2011年）後，星を1つ落とし，2013年に閉店しているので，2015年現在三つ星店はSant Pau，El Celler de Can Rocaの2店のみになっている。バスク地方には，Arzak（アルサック），Martín Berasategui（マルティーン・ベラサテーギ），Akelarre（アケラーレ：本来はrの上にアクセント記号が付くが表記できないので他の表記事例にならいrrとした），Azurmendi（アスルメーンディ）の4店がある。スペインの三つ星レストランは両地方を合わせて6店であり，あとはマドリッドの1店とデニア（バレンシア地方）の1店である。

　では，何故マドリッドの1店を除いて，人口の多くない町（デニアは約44,000人，他は後に触れるが人口は多くない）で高級レストラン（haute cuisine：オット・キュイジーヌ）がやっていけるのであろうか。そしてまた，何故三つ星店はカタルーニャとバスクに偏在しているのであろうか。

3 ■ サン・セバスチャンとその近隣地区の三つ星レストラン

3-1 美食の街

　高城（2012）の出版やいくつかのTV番組での紹介もあり日本人にもバスク地方の町サン・セバスチャン（San Sebastián：バスク名ドノスティア（Donostia））が知られるようになってきた。高城氏の書籍のタイトルは『人口18万の街がなぜ美食世界一になれたのか』であり，顧客吸引力の創造という点から興味深い。

　サン・セバスチャンはスペインの北東，フランス国境に近い大西洋に面した人口186,000人ほどの町である。美食の街と称されるゆえんは，旧市街に一口料理ピンチョス（pintxos）と酒を提供する伝統的から前衛的なものまで多様かつ多数のバール（bar）が存在するとともに，サン・セバスチャンとその近郊にミシュランの星付きレストランがあり，好みに応じて庶民的な料理から高級料理までを楽しむことができるからである。バールは立食形式で，はしごをして食べ，飲み歩くのが通常である。

　サン・セバスチャンへの代表的なルートは，ヨーロッパの国際線も乗り入れているビルバオ（Bilbao）空港からに車で来るルート（バスで1時間くらい），国内ローカル2路線しか乗り入れていないサン・セバスチャン空港から車で来るルート（タクシーで20分強），フランスのビアリッツ（Biarritz）あたりから鉄道を乗り継いで来るルートである。スペインの主要都市から鉄道を乗り継いで来るという手やバスで来るという方法もあるが，時間がかかる。

　それでは，どのくらいの人がサン・セバスチャンを訪れているのであろうか。サン・セバスチャンでは宿泊した来訪者の統計をとっており，宿泊来訪者数は2012年959,744人，2013年991,235人である[11]。来訪者のうち外国人は2013年が506,518人であり，来訪者の51.3％が外国から来ている。内訳は，フランス人16.95％，米国人13.46％，イギリス人10.57％，ドイツ人6.06％，オーストリア人5.1％である。米国は，ヨーロッパ諸国より離れているにもかかわらず，フランスに次いで来訪者数が多く，目を引く。注目すべきは日本からの来訪者数で，

14,000人と外国人来訪者数の2.7%を占め，2012年比で59.6%も増加している。TV，雑誌，書籍によって急速にサン・セバスチャンの知名度が上がったとともにツアーも組まれるようになったためであろう。

　高城（2012）は，サン・セバスチャンの知名度の向上に貢献したと思われるが，半面で，多少の誇張，単純化，意図的あるいは無意識の混同があるようである。

　一例をあげれば，「この小さな街にミシュランの三つ星レストランが3店，二つ星レストランが2店，一つ星レストランが4店もある」(p.3)としているが，三つ星3店のうち1店（Martín Berasategui）はサン・セバスチャンではなく，近郊の別の町Lasarte-Oriaにある。二つ星店は1店の間違い（誤植か？）であり，しかもその店（Mugaritz：ムガリッツ）はサン・セバスチャンにはなく，近郊の別の町Errenteriaにある。一つ星も多めに計上してあり，実際には4店ではなく3店である（高城（2012）出版時点からミシュラン2015年版の間）。正確には，サン・セバスチャンとその近郊の町に星付き店が多く存在しているとすべきであろう[12]。

　高城（2012）の主張のエッセンスは2つあり，1つは世界遺産などの観光の目玉となるものが何もないサン・セバスチャンが集客の目玉として「美食」に焦点を当てたために，ここ10年ほどの間に世界に誇る美食の街になったというものであり，その2は，シェフ達がレシピーを公開（料理のオープンソース化）し，交流を通じて料理のレベルがここ15年ほどの間に急速にあがったというものである。ただ，高城氏の主張は疑わしい点が多い。

3-2　デスティネーションとしてのサン・セバスチャン

　高城（2012）は，サン・セバスチャンが「美食」に焦点を当てたが故に90年代に「ヌエバ・コシーナ」（nueva cocina：新料理）運動が始まった（p.4）と述べているが，高城氏自身もほかの箇所で述べている（pp.84-86）ように「ヌエバ・コシーナ」は，フランスで起きた（現在使われている意味での）「ヌベル・キュイジーヌ」（nouvelle cuisine: 新料理）[13]の影響を受けて誕生したもので，「ヌベル・キュイジーヌ」は1970年代前半にはフランスで市民権を得ている。それから20年以上も経って「ヌエバ・コシーナ」運動が起きたというのはどう考え

てもおかしい。ヌベル・キュイジーヌの影響を受けてバスクの伝統料理に新しい工夫を加える試みが継続的に行われ，それがやがて（カタルーニャのEl Bulliへの関心の高まりもあり，カタルーニャ地方の新しい料理も含めて）ヌエバ・コシーナとして社会的に広く認識されるようになったというのが実態であろう。

　事実，ArzakのJuan Mari Arzak（フアン・マリ・アルサック）氏はArzakの歴史を述べているなかで「バスクのヌエバ・コシーナ運動（El movimiento de la Nueva Cocina Vasca）が始まったのは1976年で，これはガストロノミー（美食・料理）に関するラウンド・テーブル（la Mesa Redonda sobre Gastronomía）が引き金となっている」としている。このラウンド・テーブルのスピーカーとしてフランスのヌベル・キュイジーヌの実践者Paul Bocuse（ポール・ボキューズ）氏が招かれており，その話に感動したArzak氏とPedro Subijana（ペドロ・スビハッナ）氏（Akelarreのシェフ）の2人はヌベル・キュイジーヌの秘密を勉強するべく2カ月後にPaul Bocuse氏のいるリオンに赴いたのである[14]。

　高城氏はサン・セバスチャンが「美食」に焦点を当てたが故にレストラン・バールビジネスが盛んになり，集客に成功したと受け取れる記述をしているが，これもおかしい。ArzakのJuan Mari Arzak氏がミシュランの三つ星を得たのは1989年であり，25年ほども前のことである。二つ星はそれよりさらに10年以上前の1977年に取得している（一つ星は1974年）。また，Subijana氏のAkelarreは1983年に二つ星を取得している（一つ星は1978年）。スペインでは星を持っているレストランが少なかったので二つ星のレストランなら，スペインの他の地域や近隣の国から来る人はいただろう。Arzakが三つ星を得た1989年以降はさらに多くの人が訪れたであろう。したがって，30年以上前からArzakやAkelarreで食事をするためにサン・セバスチャンを訪れる人はいたと考えられるのである。

　サン・セバスチャンとその近郊のレストラン，バールでの飲食を目当てにサン・セバスチャンに訪れる人が多くなっていたので（Martín Berasateguiは1996年に二つ星，2001年に三つ星を得ている），これに目を付けて観光の目玉としてサン・セバスチャンがキャンペーンを張るようになったというのが実態に近いであろう。

　料理のオープンソース化による料理のレベルの上昇がサン・セバスチャンの

観光客集客の成功の鍵とする考えもおかしい。高城氏は，料理業界は徒弟制の世界で何年も下働きをしながら親方の技を側で盗んでいくものであり，繁盛店のシェフが自分のレシピーや手法を同じ業界の人に教えることは考えられないと述べている（pp.102-103）。しかし，私の知っている限りでは近代フランス料理の父と称されるAuguste Escoffier（オーギュスト・エスコフィエ）の時代からレシピーは公開されている[15]。料理や技法を習得していくには実習が必要だが，フランスでもその他の国でもいくつかのレストランを回って修行していく人が多くいる。違った流儀の料理を経験してシェフになっていく人が少なくないのである。ただし，高城氏がシェフの交流を通じて料理のレベルがあがったとしている部分は正しい。

　サン・セバスチャンはかつて高級保養地だったところである。19世紀後半には王侯・貴族などが保養のために訪れていた。つまり，彼らが滞在するだけの景観とインフラを備えた街だったのである。確かにサン・セバスチャンには観光の目玉となる世界遺産はない。しかし，サン・セバスチャンは高級保養地であっただけあって，「ビスケー湾の真珠」と称されるほどの素晴らしい海岸の景観と美しい白浜，趣のある石造の建造物が点在する街である。のんびりと滞在し，体と心を休めたいと思わせる街なのである。自然と人工の建造物の景観だけでも，人を呼び，リピーターを引き寄せるポテンシャルを持った街である。これに食の楽しみが加われば，是非また来たいと思う人は多いであろう。

　サン・セバスチャンは，何もないところで「美食」に焦点を当てたが故に旅行の目的地（デスティネーション）になったのではなく，自然と人工の建造物の景観がすでにあり，美食を提供するレストラン，バールが育っていたところにサン・セバスチャンの魅力（美食，景観，サーフィンなど）を訴える広報活動，多くの人を呼ぶため各種フェスティバルの開催[16]などの努力をしたが故に，デスティネーションとしてのブランドを確立できたと考えられるのである。

4 ■ 何故サン・セバスチャンとその近郊なのか

4-1　高評価レストランが集中している理由

　サン・セバスチャンとその近郊には世界的に高く評価されているレストランが4店ある。すでに見たように，ミシュランの三つ星レストランはArzak（1989年取得），Martín Berasategui（2001年取得），Akelarre（2007年取得）の3店，二つ星レストランはMugaritz（2005年取得）の1店である。「世界のベスト・レストラン50」で見ても，2014年ではMugaritzが6位，Arzak 8位，Martín Berasateguiが35位にランクインしている。

　では，何故高評価されているレストランがサン・セバスチャンとその近郊に集中しているのであろうか。第一の理由は，良質な海，陸の食材が得られるからであろう。料理にとって食材の善し悪しは決定的に重要である。サン・セバスチャンが海に面していることはすでに述べたが，近郊では農作物もとれるのである。赤茶けた大地が広がるスペイン中央部と異なり，バスクは「緑豊かなバスク」（渡部，2004，p.14）なのである。

　大西洋に面したバスクならどこでも海，陸の食材が得られそうなものであるが，何故サン・セバスチャンに良質食材が集まるのであろうか。実は，サン・セバスチャンはギプスコア（Guipúzcoa：バスク名Gipuzkoa）県の県都であり，同県の政治，経済の中心地なのである。

　歴史的に見ても，サン・セバスチャンは，1529年にカルロス1世によってアメリカへの直接航路をビルバオとともに認められる（渡部，2004，p.76），1728年にはフェリペ5世によってベネズエラのカラカスとの定期航路が開設される（渡部，2004，p.92）など，交易によって栄えた歴史を持つ。19世紀後半には，スペイン王室がサン・セバスチャンで夏を過ごすようになり，これに伴って貴族もサン・セバスチャンに邸宅を設けるようになって夏の首都（summer capital）の様相を呈した。1885年以降はスペイン王アルフォンソ12世の未亡人マリア・クリスティーナが毎年夏に滞在するようになり，1887年にはカジノが設けられた[17]。このような経緯と県都であることを考え合わせれば，美食への

関心が高くなり，良質な食材が集まるのも当然と言えるであろう。

　高評価されているレストランがサン・セバスチャンとその近郊に集中している第二の理由は，ArzakのJuan Mari Arzak氏，Martín BerasateguiのMartín Berasategui氏，AkelarreのPedro Subijana氏，MugaritzのAndoni Luis Aduriz氏のいずれのシェフもサン・セバスチャン出身で，この地域を愛していることである[18]。これらのシェフ達はいずれも修行のためにサン・セバスチャンを離れて学び，働いているが，サン・セバスチャンとその近郊に戻ってきて，店を開いている。これは，サン・セバスチャンの自然とその景観，良質な食材を愛してやまないからである。たとえば，Arzak氏は産物，季節，土地と海が彼の料理の基礎を形成していると述べている（注18（A①by Rodrigo García Feríndez））。また，Berasategui氏は，Pricilla Pollara氏のインタビューに答えて「（料理にあたって）私は，生まれた土地から非常に霊感を受けている」と述べている（注18（B③））。

　高評価されているレストランがサン・セバスチャンとその近郊に集中している第三の理由は，いずれのシェフもレストランのコア・サービスである料理について，意欲的かつ熱心に継続して研究していることである。Arzak氏とSubijana氏がヌベル・キュイジーヌに刺激を受けて，Paul Bocuse氏のもとに勉強をしに行ったことはすでに述べた。滞在したのは短期間らしいが，このときArzak氏は自分のレストランですでに一つ星を得ていたし，Subijana氏もその前年の1975年に自分の店Akelarreを開店し，営業していたのである。それにもかかわらず，彼らは躊躇することなくBocuse氏のもとに赴いたのである。Arzak氏が述べているように，バスクの，そしてスペインのヌエバ・コシーナはヌベル・キュイジーヌの影響を受けて始まった。では，そもそもヌベル・キュイジーヌとはどのようなものであったのであろうか。

　ヌベル・キュイジーヌは，その以前の伝統的な料理に対する不満から生まれてきたものであり，何よりもまずシェフ自身が食べたくなるものを提供するものだという。ヌベル・キュイジーヌは，単純さ（simplicité），軽さ（légèreté），本当の味（vraie saveur）への回帰であるという（Rambourg, 2009, p.293-294）。したがって，自然の味を保つように，調理時間は短くし，新鮮な食材を使い，重いソースは使わない。地方の料理にも注意を向け（Neirinck, Poulain, 2000, p.119)，当時としては新しい調理器具（例：ミキサー）を使用する（Rambourg, 2009, p.297）など料理法も旧習に囚われず，新技法を適用する。

4-2　ヌエバ・コシーナ

　Arzak氏とSubijana氏がサン・セバスチャンに戻った後の1977年にバスクのヌエバ・コシーナ運動に関し2つの重要なことが起きる。1つは，ヌエバ・コシーナ運動メンバーのレストランが持ち回りで月次の夕食会を開催するようになったことである。2つめには，ガストロノミーに関するラウンド・テーブルのシンポジウムのテーマとして「地方の料理（las cocinas regionales）」が取り上げられ，シェフが地方の料理に変化とダイナミズムをもたらすことが推奨されたことである。これを機にバスクのガストロノミーに革新が起こり，地方の狭い枠組みが捨てられはじめ，新しい考えがバスクの外へも広まっていったのである（注18（A①））。

　こうしてスペインでは，ヌベル・キュイジーヌの精神を受け継ぎながらも，研究と工夫が積み重ねられていき，ヌベル・キュイジーヌ後のフランスの高級料理（haute cuisine）とは別の道を歩んでいくことになる。しかし，フランスとスペインで交流がなかったわけではない。Arzak氏は，1978年にルーアンのTroisgros（トロワグロ），1979年にパリのSanderens（サンドラン），1980年にランスのBoyer（ブワエ）を訪ねているし（注18（A③）），Berasategui氏は，17歳から20歳にかけての1977年から1980年に，短期間ずつではあるが，フランスのさまざまな著名シェフのもとで修行をしている（注18（B①），（B④））。ガストロノミーに関するラウンド・テーブルは確認した限りではマドリッドで4回開かれており，毎年フランスの著名シェフが招待され，スピーチを行っていた[19]。

　Arzak氏はEl BulliのシェフFerran Adrià（フェラン・アドリア）氏とも親交がある。Adrià氏の前衛的な料理にも後押しされて，スペインの斬新な料理は世界に認知されるようになった。MugaritzのAduriz氏はAdrià氏のもとで修行している。彼は，El Bulliでの経験は，新しい可能性の世界を開いたとしている（注18（LA①））。また，彼は「世界のベスト・レストラン50」が与える賞のうち（シェフ達が一番良いと思うシェフを選出する）「シェフの選出賞」を

2008年と2012年に受賞している。

　サン・セバスチャンと近郊の4レストランを前衛的な料理を出す順に並べるとすると，Mugaritz，Akelarre，ついでMartín BerasateguiとArzakがほぼ同程度という順になるのではないだろうか。なお，ここで「前衛的」とは，前衛的なレストランに行ったことがない人が「今まで経験したことがないものを経験する」という意味で使用している。素材，料理法，その結果として出てくる料理，料理の提供の仕方がこれまでと異なり，顧客が未知との遭遇をするようなレストランである。

　Rambourg（2009）は，フランスの料理界に対する危機感を表明している。それらは，ミシュランの星の数やGault Millau（ゴ・ミヨ）のポイントが神格化してしまい，星やポイントの獲得・維持に目が向いてしまっている現状と英国の「レストラン」誌の「世界のベスト・レストラン50」でフランスの最上位が6位（2005年度）でしかなかったのに（フランスの）シェフ達が「世界のベスト・レストラン50」を低く見て危機意識を持たないことに対してである（pp.301-305）。

　スペインでも，ミシュランの星の獲得やゴ・ミヨのポイントは大きく報じられている。しかしながら，スペインの料理人（cocinero）の関心はむしろ料理の革新と教育による後継者の育成という本質的部分に向かっているように思われる。スペインの高級料理店（alta cocina：アルタ・コシーナ）では，ドレス・コードがない。それは，顧客が形式面に囚われずに，提供された料理に驚きと美を感じ，複雑で微妙な味を十分に堪能するという本質的部分にalta cocinaが価値をおいているためだと思われる。

　スペインのヌエバ・コシーナを初期から率いてきたArzak氏は1942年生まれ，Subijana氏は1948年生まれである。Arzak氏は1966年にレストランを母親から引き継ぎ，現代的料理の探求を進め，店のサービス方法，内装，管理を変更する。1974年にスペインのナショナル・ガストロノミー賞（Premio Nacional de Gastronomía）を受賞するとともにミシュランの一つ星を獲得している。つまり，ヌベル・キュイジーヌに出会う前にすでにArzak氏の新しい料理は国内的にも国際的にも評価されていたのである。一方，Subijana氏は，1975年にAkelarreを開店し，1978年にナショナル・ガストロノミー賞を受賞している。

長年スペインのヌエバ・コシーナを率いてきたArzak氏であるが，1998年から娘のElena Arzak氏（1969年生まれ）と共同でレストランArzakの運営をしている。現在は運営の責任は主にElena（エレーナ）さんが担っているようである。彼女は，スイスでホテル・マネジメントを学んだ後，フランス，英国などの著名レストランやAdrià氏のもとで修行をしている[20]。彼女は2012年に，「世界のベスト・レストラン50」が与える賞の1つである「ベスト女性シェフ賞」を受賞している。

Berasategui氏は1960年生まれであり，前出の2人ベテランシェフに比べると大分年の差がある。彼は，1981年に両親の経営していたBodegón Alejandoro（ボデゴン・アレハンドロ）を引き継ぎ，これを1986年にミシュラン一つ星を得るまでのレストランにしている。その後，自分の名を冠したMartín Berssateguiを1993年に開設し，1996年に二つ星を得ている。

Aduriz氏はさらに若く，1971年生まれである。1993年，1994年にAdrià氏のEl Bulliで修行を行い，その後1996年にBerssategui氏のもとでMartín Berssateguiのシェフを務めている。1998年に自分の店Mugaritzを開設し，2000年に一つ星を取得，2002年にナショナル・ガストロノミー賞を受賞している（注18（LA①），（LA②））。

ここでは詳しく書かないが，4氏はそれぞれ多くの賞を受賞している。スペインの著名シェフに共通してみられるのは料理の専門学校や大学，その他の機会を通じて熱心に料理の教育を行っていることである[21]。また，料理や料理業務についてのコンサルティング業務も行っている。コンサルティング業務については，当然，レストラン事業以外の収入を得るという狙いもあるであろうが，コンサルティング業務を通じて，スペインの料理界のレベルアップを図るという側面もある。また，著作も多い。こうして，スペインの料理界では，ヌエバ・コシーナ運動，教育，相互の交流，著作等を通じてレベルアップが図られている[22]。

しかしながら，全体のレベルが上がったとしても，独自性がなければ顧客は特定のレストランに行こうとは思わないであろう。顧客を引きつけるには，他の店と差別化する独自性が必要なのである。レストラン・ビジネスのベースになっているのは体験ないし経験である[23]。特に高級レストランの場合，感動・

興奮が大きな役割を果たすと思われる。初めて訪れたレストランで出された料理から得られた大きな感動・興奮も二度目の訪問で同じものが出れば，感動が薄れてしまう。リピーターを獲得していくには，料理は変わっていかなくてはならないのである（反面で，料理にはいつものあの味を味わいたいという側面もある）。

4-3 研究開発と店の個性

　ここであげた4つのレストランはいずれも，新たな料理を開発するための研究開発用の厨房を顧客料理用の厨房とは別に持っている。研究開発専任の料理人もいるようである。研究開発を行っているため，提供される料理は変化していく。変化の仕方はレストランによって違う。たとえば，Berasategui氏のデグスタション（degustación: 少量ずつのコース料理。英語ではtasting menu）の場合は，開発年を付けた過去の自信作と新作とを混ぜて提供している。

　研究開発用の厨房でも，Arzak氏は先行していたようである。「世界のベスト・レストラン50」では，Arzakの紹介文でJuan Mari Arzak氏は料理の研究ラボを開設した最初の1人であり，料理に対して科学的・実験的なアプローチを採用した最初のシェフの1人でもあると紹介し，フリーズ・ドライ[24]，脱水乾燥（dehydration），蒸留（distillation）を含む新技法を開発し続けているとしている[25]。

　研究開発用の厨房も人によって違うようである。Arzakでは周りの棚に世界各地から集められた食材・香辛料等が収められている。Arzak氏は言う。「子供は旅行や市場へ行くこと，新しい（食の）素材を発見することを楽しむ。子供のように振る舞うことが我々に驚きをもたらすのだから，子供のように考えることが大事である。私は私の驚きを料理に移し変えようと試みている」（注18（A②））。一方，Akelarreでは周りの棚は書籍や資料が収められており，調理台にはヌエバ・コシーナの定番ともいえる注射器や液体窒素の容器があるという（注18（S③））。Subijana氏の料理も伝統的バスク料理をもとにしているが，現代に合った料理を創作するために適切な機械と器具を選択するとともに生物学，医学，歴史を参照しているという（注18（S②））。

　Elena Arzak氏の次の発言はヌエバ・コシーナの相当部分をよく表現してい

ると思われる。Arzakで提供する料理は「珍しさ（singular），バスク的，進化的，研究ベース（research-based），前衛的である」。Arzakで出す料理には驚きがあるという点で珍しく，バスクの産物を使用し，バスクのフレーバーと結びついたレシピーを使用している点でバスク的であり，他の国々からの食材を用いてこの地域の料理を豊かにしているという点で進化的であり，最新の料理技法を探求・適用している点で研究ベースであり，新しいスタイルを開発しているという点で前衛的である（注20（E①））。

スペインの高級レストランは，フランスの高級レストランより半月ほど長く休業する。ほぼ週2回休業，そのほかにまとまった休みとして1カ月半というのがよくあるパターンである。半月分がフランスより長い。1カ月半の休みは1カ月分と半月分を離してとる。いつ長期の休みを取るかはレストランによって異なっており，パリの高級レストランのほぼ8月に1カ月ほどの休みをとるパターンとは異なっている。レベルアップを図るために休暇を使っているようである[26]。

料理の研究開発が年間を通じて継続的に行われているかどうかは確認できなかったが，研究開発専属の料理人がいるとされている（高城，2012，p.97）ところから，継続的な研究開発が行われているものと考えられる。Mugaritzの場合は，年間で4カ月の休みをとり（レストラン営業は8カ月（週2日は休み）），4カ月の間に集中的に料理の研究開発を行っている（注18（LA①））。6カ月営業，6カ月研究開発だったEl Bulliに準じた方式である。

スペインの高級レストランの場合，シェフが店にいる限り（海外出張や講演その他で不在でなければ），シェフがテーブルを1つひとつ回って挨拶に来る。これは顧客サービスという側面が大きいが，一方で，料理に対する顧客の反応を探り，料理の創作にフィードバックする面もあると考えられる。

顧客に対するサービスの仕方や料理のプレゼンテーションの仕方はシェフの哲学や考え方の違いを反映して店によって異なる。哲学的色彩が強いとされるAduriz氏のMugaritzでは，普通の人が読んだのでは意味不明のことが書かれたカードが最初に渡されたり，こんなもの食べられるのかというものが出されたり，想像もできない料理のプレゼンテーションがされるようである[27]。

Mugaritzに比べれば，ArzakやMartín Berasateguiの料理は通常の人の美的

感覚から「美しい」と感嘆できる料理で，プレゼンテーションの仕方もArzakでは，ねじれた空き缶の上にオードブルが載っていたり，iPadの上に透明の台を載せて料理を盛り，iPadに映し出される背景の上に料理があるという演出をしている程度である。Arzakでは，デグスタションのこことここはメニューには書いてないこんな料理が出せるので，それぞれ違うものを注文したらより多くの味が楽しめますと料理のシェアを勧められた。フランスのレストランでは経験したことのないサジェスチョンである。

また，Martín Berasateguiでは，今日は晴れているので外のテラス席がいいか，室内の席がいいかと尋ねられ，外を選んだら，どこでも好きなところに座ってくださいと言われた。高級レストランで顧客が自由に席を選ぶというのは初めての経験だった。その日の顧客は全員外の席を選んだのだが，驚きなのは，外の席が埋まるだけの予約しかとっておらず，室内の席を全席遊ばせていたことである。施設の効率利用という観点からは考えられない利用方法である。

5 ■Sant Pau

5-1　カタルーニャに高評価レストランが集中していた理由

先に，三つ星レストランがカタルーニャ地方とバスク地方に偏在していることを指摘した。カタルーニャ地方で三つ星レストランが一番多かったときには，El Bulli（2011年閉店），Can Fabes（2011年二つ星，2013年閉店），Sant Pau，El Celler de Can Rocaの4店があった。現在はSant Pau（2006年三つ星取得），El Celler de Can Roca（2010年三つ星取得）の2店となっている。El Celler de Can Rocaは，「世界のベスト・レストラン50」で極めて高い順位を維持し続けている。10位入り以降でみてみると，2009年5位，2010年4位，2011年2位，2012年2位，2013年1位，2014年2位という高さである。Sant Pauは「世界のベスト・レストラン50」にはランクインしていない。

El Celler de Can Rocaは，バルセロナ北東のジローナ（Girona: スペイン語ではヘローナ（Gerona），人口約97,000人）にあり（バルセロナから特急で1時間から1時間半位），レストランはJoan（ジョアン：シェフ），Josep（ジョセップ：ソム

リエ），Jordi（ジョルディ：パティシエ）のロッカ3兄弟が共同して運営している。ロッカ3兄弟の両親は（大衆）レストランを営んでおり，ロッカ3兄弟は両親のレストランの近くにEl Celler de Can Rocaを開店した。ジローナはジローナ県の首都である。ジローナ県には，かつての三つ星店El Bulliがローセス（Roses: 人口約14,000人）の郊外のカーラ・モンホイ（Cara Montjoi）に，Can Fabesがサン・セロニ（Sant Ceroni: 人口約12,000人）にあった。

　バスク地方の考察から推測できるようにカタルーニャ地方に三つ星店が集中していた大きな理由は，良質な海，陸の食材が得られるからである。カタルーニャ地方は中世にはカタルーニャ・アラゴン連合王国として繁栄していた歴史があるし，19世紀から20世紀にかけてはバルセロナとその周辺はスペインで唯一の産業革命成し遂げた地方として繁栄した。バルセロナに多く残るモデルニスモ建築はフランコ独裁前の繁栄の遺産である[28]。豊富で良質食材とこのような歴史的経緯からカタルーニャ地方で美食への関心は高かったものと思われる。

　バスク地方の考察から推測できる第二の理由は，地元を愛する才能に恵まれ，工夫と努力を積み重ねるシェフがたまたま出てきたということである。食材に恵まれ，食への関心が高い地方で育てば，優秀なシェフが出てくる可能性はそうでない地方より高いであろうが，恵まれた才能と強い向上心，粘り強さを持った人はそうそういるわけではない。稀な確率でしか出てこないものである。

5-2　Sant Pauにおける顧客吸引力の創造

　ここでは，Sant Pauを取り上げて，考察を進める。Sant Pauを取り上げる理由は，(1) Sant PauのシェフCamera Ruscalleda（カメラ・ルスカイェーダ）氏が，El Celler de Can RocaやCan Fabesのシェフとは異なり，レストラン経営の家の出身でないこと，また，(2) 他のシェフ達と異なり，料理学校やレストランで修行した経験がないこと，(3) スペインで初めて三つ星を獲得した女性シェフであることから，ほぼ何もないところから顧客吸引力を創造した事例として考察するに値すると考えられるからである。

　Sant Pauは，バルセロナの北東，近郊電車で1時間ほどの町Sant Pol de Mar（サン・ポル・デ・マール：人口約5,000人）にある。海辺の町で駅舎には

ホームへの入場をチェックする人も機械もないほどの小さな町である（バルセロナに戻った際は切符に入場記録がないので特別の改札口から出なくてはならない）。彼女も夫のToni Balam氏もSant Pol de Marで生まれ，育った。

　2人は1975年から彼女の両親が経営する小さなスーパーマーケット形態の食料品店で働きはじめた[29]。その頃の人口は2,000人ほどであった。彼女と夫は，モダンできれいかつおしゃれな店にするために投資を続けたが，やがて成長の限界を感じるようになった。そこで，従来の店の上の階に新たなスペースを設け，質が良く，モダンで設備の整ったキッチンを持つ品のある装飾が施され，くつろげるダイニング・ルームを設けることを計画した。そんな折，店の向かいにある小さなホテル（Hostal Sant Pau：オスタル・サン・パウ）が売りに出された。ホテルは1960年代に建てられ，夏の間だけ営業していた。

　1987年の夏にホテルを購入し，検討の結果，これをレストランに改造し，レストランを開くことにした。これが現在のSant Pauになっており，道路から海岸方面に向けてやや傾斜のある土地に建っているため，道路側から入ると同じ高さでレストランのダイニング・ホールが続いており，その1階分くらい下に庭がある形になる。ダイニング・ホールからは庭が見下ろせ，さらにその先に列車のホーム，さらに先に地中海が見通せる。注目すべきは，彼女がEl BilliやCan Fabesその他の当時のトップレベルのレストランの名をあげ，それらのレストランのような高い質と独自のスタイルを持ったレストランを目指すと述べていることである（Ruscalleda, 2009, p.20。以下参照ページは同書）。改造を経て1988年6月にレストランはオープンする。

　開店した頃のSant Pauが提供した料理は今日提供しているものに比べ，使われる技術と料理の複雑さの面から言って，はるかに単純なものであった。開店後に迎えた冬のシーズンはお客がまったく来ない日が何日もあった（p.32）。それは当然であろう。人口2,000人超の小さな町では，付き合いで来店してくれても，そんなに何回も来るはずがない。それにSant Pauでの食事代を払える人は2,000人よりずっと少ないであろう。海岸に客が訪れる夏の間はともかく，それ以外のシーズンはレストランが埋まるはずがない。彼女自身が述べているように，レストランは基本的に立地の商売（p.33）であり，Sant Pauは立地面での優位性が完全に欠けていたのである。

立地面での不利さを熟知しながら，何故，彼女はレストランをSant Pol de Marで開業したのであろうか。それは，生まれ，育ったこの土地をこよなく愛し，ここから離れることができなかったからであろうし，ここで得られる食材を愛し，それを使って人を喜ばす料理を提供したいという強い願いがあったからであろう[30]。

　彼女は料理の質を高めるための努力を続けた。転機が訪れたのは，1990年の春である。Vanguardia（バンガルディア）新聞の日曜版の特集でSant Pauが取り上げられ，美食ガイドブックのEl Viajero（エル・ビアヘーロ）にSant Pauへのコメントが載ったのである。それ以降バルセロナやSant Pol de Mar近郊，さらには，ほかのスペインの地域からもお客が来るようになった（p.41）。1991年にはミシュランの一つ星を得る。質の高いレストランを目指して1988年に開店してからわずか3年目でSant Pauにとってのビッグ・イベントが起きたのである。本格的な料理人としての訓練なしにレストランを始めたことを考えれば，Ruscalleda氏がその間に行った努力と研究がきわめて大きかっただろうと想像できる。星を得たことで仕事が増え，雑誌，ラジオ，テレビなどのメディアのSant Pauへの関心が高まった。こうしたことは人的側面やワイン・セラーの充実を可能にし，Sant Pauがより質の高いレストランになっていくのに貢献した（p.48）。マスコミに取り上げられたことにより変化が変化を呼ぶポジティブ・フィードバックが回り始め，それがミシュランの星を得たことで急激に加速化されたのである。

　Ruscalleda氏は，外国料理からも感心したところを学び，自分流のスタイルにアレンジしながら料理に取り入れていく努力と工夫を重ねていき，1996年にはミシュランの二つ星を獲得する。二つ星を獲得すると，国内だけではなく，国外のジャーナリストからも取材を受けるようになり，さらに集客力が増すとともに仕事も増えた。これは店の質とサービスの質を一層高めることに貢献した。ここでは詳しくは書かないが，Ruscalleda氏は，三つ星を獲得するまでの間にガストロノミー関係の数々の賞を授与されている。

　2005年の11月にミシュランのプレジデントのJean-Luc Naret（ジャン-リュック・ナレ）氏から直接Ruscalleda氏に電話がかかってきた。彼は彼女に次のように伝えた。「いいニュースです。明日2006年版ガイド発表の記者会見を開き

ますが，あなたが三つ星を獲得したことをお知らせしておきたいと思います。明日になるとプレスが雪崩を打ったように押し寄せますから，その前に家族とご一緒に祝えるように電話しました」。実際，翌日はNaret氏の予言どおりになった。近くからもはるかに離れたところからも雪崩を打ったようにレストランの予約が入り，何カ月も先まで予約が一杯になったのである。こうして，ミシュランの3つ目の星は国内市場だけでなく，国外市場も切り開き，Sant Pauが一段とレベルアップすることに貢献した（pp.171-180）。

Camera Ruscalleda氏の料理は，カタルーニャの地元料理をベースにし，国内外から学んだものを加味しながら，彼女の持つ美的感覚と味覚とでモダンに仕上げたものである。たまにフェイクした（別の素材を使いながら見慣れた食材・料理のように見せる）ものも出るが，デグスタションで出されるのは，基本的に食材を活かしながら，新鮮な驚きを与える少量の見た目が綺麗で美味しい料理である。通常の人が食事に期待するものを高いレベルで提供しているといってよいだろう。そしてまさにこれが，Sant Pauが「世界のベスト・レストラン50」にランクインしていない理由であると思われる。

直接尋ねたところによれば，Sant Pauもレストラン用の厨房とは別に研究開発用の厨房を持っており，そこで新料理の開発を行っている。Sant Pauでは，晴れていれば，庭に降りてコーヒー・紅茶，プチフールが楽しめるサービスを提供している。庭に降りると，そこで初めてダイニング・ホールの下にあるガラス張りの厨房の全貌が見渡せるように設計されており，厨房も案内してくれる。

Sant Pauのキャパシティは最大で35名が座れるものであり，最大35名の顧客に対し30名超のスタッフでサービスを提供している[31]。テーブルには座席分の客が座るわけではないので，実際には35名を下回る客でキャパシティをフルに使用しているということになる。昼夜1回転ずつで週5日営業，週2日の休みのほかに年間約1カ月半の休みがあるから，経営は三つ星店になっても，レストランだけでは楽ではないはずである。

6 ■ El Bulli

6-1　El Bulliの誕生

　世界の料理界に多大な影響を与え，2011年に閉店したEl Bulliについて簡単にみておこう。El Bulliがカタルーニャ地方の辺鄙なカーラ・モンホイにあるのはまったくの偶然である。ドイツ人医師のHans Schilling（ハンス・シリンク）氏と妻のMargareta（マルガレッタ）さんは1950年代にスペインの地中海沿岸を回っていて，人の手の付いていない海岸風景を気に入り，後にEl Bulliが建つことになる土地を1957年に購入した[32]。1961年にミニゴルフコースを設置，1963年にビーチバーを設置後，翌1964年にグリル料理を提供するレストランを開店した。このときに4，5匹いたペットのフレンチブルドッグにちなんでMargaretaさんがレストランをEl Bulliと名付けた（Andrews, 2011, p.55）。

　レストランでは少しずつ提供する料理のレパートリーが広がっていった。美食家だったSchilling氏は，ミシュランの星を得たいという夢を抱き始め，フランスの古典料理に熟達したシェフJean-Louis Neichel（ジャン・ルイ・ネシェル）氏を雇いいれる。1976年にSchilling氏の夢が叶ってレストランは一つ星を獲得する。やがて，Neichel氏が去り，その穴を埋めるためにSchilling氏は1981年にJuli Soler Lobo（フリ・ソレル・ロボ）氏を店のレストラン・ディレクターとして，Jean-Paul Vinay（ジャン・ポール・ヴィネ）氏をス・シェフ（sous-chef）として雇う。Vinay氏はヌベル・キュイジーヌの洗礼を受けた料理人で，すぐにシェフになり，1983年にEl Bulliに2つ目の星をもたらした。

　El Bulliで留意すべき点は，第一に，これまで見てきたレストランはすべてオーナー・シェフの店であったのに対し，El Bulliのシェフは雇われシェフの店であったことである。第二に，初期を除き，フランス料理のレストランとして経営されていたことである。第三に，Ferran Adrià氏が入店する前からすでにミシュランの二つ星レストランであったことである。

6-2　El Bulliにおける顧客吸引力の創造

　Ferran Adrià氏は1962年にバルセロナ近郊で生まれているのでカタルーニャ人である[33]。彼はいくつかのレストランを経て，1982年に兵役に就く。そこで海軍大将付きの料理班に所属し，厨房を任される。その間に出会ったFermí Puig（フェルミ・プイグ）氏に感化され，ヌベル・キュイジーヌの本を読み，影響を受ける。1983年8月の長期休暇中にPuig氏の勧めでEl Bulliで研修（stage）を受けることになる。Soler氏に腕を見込まれたAdrià氏は除隊後，1984年4月から部門シェフとしてEl Bulliに入店する。

　その後，Adrià氏はEl Bulliのヘッド・シェフとなり，フランスの著名シェフ達との出会いを通じて，多くのものを吸収しつつ，独自の道を切り開いていくことになる。特に1990年のPierre Gagnaire（ピエール・ガニュエール）氏とMichel Bras（ミシェル・ブラ）氏との出会いは大きな影響を与えたという。Gagnaire氏の考えられないような組合わせの料理から料理人が行える可能性の大きさを，Bras氏からは自然への尊敬と素材の純粋さの重要性を再認識させられたという（Andrews, 2011, p.124）。以降，独自の道の探求と料理の独創性の探求は加速化していく。

　オーナーのSchillingは，パーキンソン氏病を発症したため，1994年にEl Bulliを手放す決意をし，Soler氏とAdrià氏が買い取り，共同オーナーとなる。Adrià氏の独創性は広く世に認められてきて，1995年にゴ・ミヨで20ポイント中の19ポイントをとる。翌1996年には，Joël Robuchon（ジョエル・ロブション）氏が「Adrià氏はこのプラネット一の料理人である」と評したため，Adrià氏の世界における認知が一段と高まる。そして1997年版のミシュラン・ガイドでEl Bulliは三つ星を取得する。

　El Bulliの集客力が高まったのは，1990年代半ばにさしかかる頃からである。それまでは，二つ星を持っていても，夏のシーズンを過ぎると，集客に苦労していた[34]。ゴ・ミヨ，Robuchon，ミシュラン三つ星でEl Bulliの集客力は爆発したのである。El Bulliが「世界のベスト・レストラン50」で2006年から2009年まで4年連続で1位を獲得したことはすでに述べた。これも集客力に拍車をかけた。こうしてEl Bulliは「世界一予約のとれないレストラン」となった。

その理由は簡単である。需要に対して供給があまりに少ないからである。1年の営業期間6カ月,ディナーのみ営業（1日1回転），約50人がフル・キャパシティである[35]。

El Bulliでは，何よりも創造性が重視されている。1997年には，ケイタリング事業の厨房の片隅に料理の研究開発スペースが設けられた。2000年1月にはバルセロナに研究開発用施設elBulli Taller（エル・ブジ・タジェール）が設けられ，El Bulliの半年の休業期間中に次のシーズンに向けた料理や技法の研究開発が行われるようになった。創造力が発揮された料理を提供する観点から1996年にはチーズワゴンを廃止[36],2001年からア・ラ・カルトを廃止，料理数が多くなった（30皿くらい）ので，同年から昼食時の営業を止め，夜の1営業にしている。

Adrià氏は分子ガストロノミー（molecular gastronomy）[37]の実践者であるとの記述をよく見かけるが，これは正しくない。それは，El Bulliとバルセロナにある研究開発厨房における料理の開発過程を記録したヴェツェル（2012）の動画を見ればよくわかる。そこでは，数式も使われていなければ，化学式も使われていない。新しい試みをしては結果を確かめることの繰り返しである。強調されているのは，記録を取ることである。有望そうなものができると，Adrià氏を呼んで味と食感，見栄え等を確かめてもらう。Adrià氏は料理を見たとき，料理がサーブされるとき，料理を口に含んだときにお客が驚くかを重視している。テストに通るかどうかを決めるのは，Adrià氏の感覚であり，直感である。

Andrews（2011）も次のように述べている（p.175）。「暖かいゼラチン，熱い泡，アイス・パウダーと球体化（spherification）を含むEl Bulliを有名にした料理の革新の多くは科学的アシストや科学との共同作業なしで霊感を受けながらあれこれとやってみることによって生まれてきたのである」。

Andrews（2011）では，Adrià氏は分子ガストロノミーと関係づけられることを望んでおらず，1990年代初めに前衛料理運動がスペインで起きたときに運動に名前がついていなかったので，メディアが「分子ガストロノミー」という響きに飛びついて前衛料理運動と結びつけて使いはじめたのだが，Adrià氏はこれを料理の歴史上最大の嘘であると述べた，としている（p.177）。

7■顧客吸引力のディレンマ

　高級レストランに来店する客は高級レストランにふさわしい料理とサービスを期待して来店するので，顧客の期待に添えるだけの料理とサービスを提供しなくてはならない。そのためには，当然に高い質の食材を使用しなくてはならないし，十分な数のスタッフを揃え，訓練をしておかなくてはいけない。収益性を高めるために行う混み具合に対応した合理的な人員配置，効率的作業を可能にする仕事の設計，大量購買による食材コストの低減，安い食材の使用などの費用を抑える政策は高級レストランではとれない。費用面に効くサービスのリエンジニアリング（SRE）の適用が難しい業態なのである。レストランだけの経営を考えると，残された道は顧客の吸引力を高め，収益を上げていくほかはないのである。

　こういった視点から考えると，本章で取り上げたスペインの高級レストランは，理屈に合わないところに立地している。顧客の吸引を考えるなら，大都会で人口が多く，経済的活動が活発なところに立地した方が有利に決まっている。それにもかかわらず，彼らは（日本的基準から考えれば）人口が少なく，商売が成り立ちにくそうなところにわざわざ立地している。本章では，不利な条件を顧みないで立地した理由が，良質な食材の入手，故郷への愛着であることを示した（故郷への愛着という点での例外はEl Bulliであるが，途中から入店したシェフのAdrià氏はカタルーニャ出身なのでカタルーニャへの愛情はあるであろう）。

　不利な条件を克服し，他の地域からも顧客を引き寄せる手段としてシェフ達が選択したのが，料理の質の向上を図ることによって顧客を引き寄せるという戦略である。スペイン高級レストランの料理の質の向上という点で，フランス料理が与えた影響はきわめて大きい。多くのシェフがヌベル・キュイジーヌの影響を受けているし，フランスの著名レストランや著名シェフから学んでいる。本章で取り上げたレストランの料理が，前衛的な部分を除いて，フランス料理のように洗練され，おしゃれで綺麗な料理になっているのは，こういった事情からだと考えられる。

　シェフ達はフランスから学んだだけでなく，料理と料理技術に独自の研究開

発努力を積み重ねていった。本章で取り上げたレストランはすべて研究開発厨房を備えている。こうして，地元料理をベースにし，これに現代的解釈が施されたユニークな料理や今までになかった料理が誕生してきたのである。食材や料理技法も広く世界に求め，自分の料理となるように適応させている。外国料理といえば，日本料理の影響を外すことができない。懐石料理風に小さなポーションで多くの皿が出てくる料理やわさび，ゆず，醤油，味噌などの使用は当たり前になっている。ここで取り上げたレストランは研究開発厨房を持っており，試行錯誤を繰り返しているので，これらをうまく自分の料理に適応させているように思われる。研究開発活動が時代の変化への適応力を高めていると考えられる

シェフ達は当然のことながらそれぞれ個性が強く，自分の考え，哲学，美意識などに基づいた独自のスタイルを築いている。だからこそ，高く評価され，外国からさえもわざわざ彼らのレストランに多くの顧客が食事をしに来るのである。

優れた料理を創作したとしても，これが知られなければ顧客はやってこない。立地している地域以外からも顧客を引き寄せるためには，メディアに取り上げられなければならない。シェフ達は料理の質を高くしていってメディアに取り上げられるまで頑張った。メディアに取り上げられたり，ミシュランの星を得れば，顧客の吸引力の向上につながる好循環が始まる。ミシュランの星や「世界のベスト・レストラン50」のメディアと顧客の吸引効果はすでに見た。最近では，世界でのランキングという分かりやすさもあり，「世界のベスト・レストラン50」へのメディアや個人の注目度が上昇しているようである[38]。

しかし，ミシュランの星などは諸刃の刃でもある。メディアが頻繁に取り上げ，集客力が増すと，ミシュランの星，ゴ・ミヨのポイント，「世界のベスト・レストラン50」のランキングを落としたくないという心理が働くのは自然な流れであろう。知らず知らずのうちにお客を喜ばすよりも星やポイントなどを落とさないように店を運営していくというように優先順位が逆転してしまうこともあり得る。今までどおりでは駄目で，新しいことをやり続けなければ星などが落ちてしまうという強迫観念に駆られる人もいるだろう。星やポイントを落とすということは自分の人格，やっていることを否定されるように感じてしま

う人も出てくるかもしれない。ゴ・ミヨの評価が2ポイント下がり，ミシュランの星も1つ失うのではないかとの心労から2003年に自殺した三つ星レストランLa Côte-d'Or（ラ・コト・ドル）のシェフBernard Loiseau（ベルナール・ルワゾ）氏の悲劇は有名であるが，相当の圧力がシェフ達にかかっているのは想像に難くない。

　店の改装（資金が必要），新しい料理創造への目に見えぬ圧力をシェフ達は感じているに違いない。特に，新しい料理創造への圧力は強いものと思われる。これが行きすぎれば，美味しい料理を提供してお客に喜んでもらうという本質を見失ってしまいかねない。特にAdrià氏のように，お客を驚かすことを重視していると，迷路に迷い込んでしまう危険性をはらんでいるような気がする。

　ここで取り上げたシェフ達は，自分が力を入れているレストラン（＝旗艦レストラン）の経営で儲けようとは考えておらず，お客に自分が納得できる質の高い料理を提供するところに価値を見いだしているようである。Sant Pauの例で示したように，レストランがフルに稼働しても，大きな利益を上げることは到底不可能に思われる。あのArzakでさえ，70から75の席で40から45人のチームを雇っていかなければならないのだから高級レストランは儲からないとしている[39]。また，「世界のベスト・レストラン50」で2010年から2012年と2014年1位で，ほぼ予約不可能のNomaのシェフRené Redzepi氏も彼の日記のあちこちで資金繰りの苦しさを記している[40]。

　旗艦となるレストランだけでやっていくのは苦しいので，また，三つ星店という性格上費用を節約することあるいはサービス水準を落とすことは難しいので，旗艦レストラン以外での収入を得るためにシェフ達はコンサルティング業務を行ったり，他のレストランを出店したり（フランチャイズを含む），企業と組んで仕事をしたり，テレビ・ラジオに出演したりしている。いずれもシェフ達のブランド力があってのことである。ブランド力を落とさないためには，シェフ達はメディアへの露出を続け，ミシュランやゴ・ミヨなどの評価を落とさないように走り続けなければならない。そうまでして何故シェフ達は旗艦レストランを続けたいのだろうか。その答えとしては，料理をするのが好きだから，お客に質の高い料理を提供し，喜んでもらうのが好きだから位しか思いつかない。しかし，メディアへの露出を続け，他の仕事にも手を出していけば，

旗艦店を維持するために行っている行動が逆に好きな旗艦店での仕事の時間を奪うことになってしまう。彼らは旗艦店以外の仕事でも旗艦店で得られるのと同レベルの興奮，喜びを得ているのであろうか。

■注

1　本章は『早稲田商学』444号に掲載予定の論文『スペイン高級レストランにおける顧客吸引力の創造とディレンマ』に加筆修正をしたものである。

2　小林（2012）では2011年までの訪問者数の推移を紹介したが，それ以降は2012年2.1%，2013年 -0.1%，2014年3.7%の伸び率であり，2014年に初めて4,100万人を超えて，41,126,512人となった（Las Vegas Convention and Visitors Authorityの各年度Las Vegas Year-to-Date Executive Summary）。

3　2009～2013年の5年間の平均でギャンブルを主目的とする訪問者は10.4%にすぎない。これに対しバケーション・プレジャーを主目的とする訪問者は5年平均で45.8%である（Las Vegas Convention and Visitors Authority（2013）p.17のデータに基づいて計算）。

4　アトランティック・シティはギャンブル目的の顧客が殆どであり，近隣都市・州から来る顧客に依存していたため，周辺地域におけるカジノ開設，オンラインカジノの影響を強く受け，競争力を急激に失っていったのである。2014年に入り，1月Atlantic Club，8月Showboat，9月Revel，Trump Plazaが閉鎖された。なお，Trump Plaza，Taj Mahalを所有していたTrump Entertainment Resortsは9月に破産を申請したが，Taj MahalはCarl Icahnの傘下に入って営業を続けられるようである（http://www.bloomberg.com/news/articles/2015-03-12/trump-taj-mahal-joins-icahn-empire-as-bankruptcy-plan-approved）。

5　バルセロナ郊外の町サン・セローニ（Sant Celoni）のスペイン（カタルーニャ）料理の超有名店El Racó de Can Fabes（エル・ラコ・デ・ファベス）は2013年10月に閉店した。これはオーナー・シェフであったSanti Santamaría（サンティ・サンタマリーア）氏の2011年2月の急死後，跡を引き継いだ娘のRegina Santamaría（レヒーナ（カタルーニャ読みではレジーナ）・サンタマリーア）氏とシェフのXavier Pellicer（サビエール・ペリセール）氏がSantiさんほどの吸引力を持たなかったため，スペインの経済事情も相まって店を維持できなくなったためである。

6　ちなみに日本では，2015年版のミシュランで三つ星店は東京だけで12店あり，スペイン全土の8店を上回っている。

7　選出方法はThe World's 50 Best Restaurantのマニフェストを参照してまとめた（http://www.theworlds50best.com/the-academy/manifesto）。

8　個人的には，前衛的なレストランが高く評価される傾向があり，また，米国のレストランの評価が少し甘いような気がするが，前者の傾向の存在や欧米のレストランが多く選ばれる傾向については，ほかにも指摘する人がいる（たとえば，http://www.japantimes.co.jp/life/2014/05/05/lifestyle/matter-choose-worlds-50-best-restaurants/#.VStyCfmsWSo，http://openers.jp/article/23488などを参照）。

9　スペイン語の発音慣習に従って素直に発音し片仮名表示すれば「エル・ブジ」である。かたくなに「エル・ブリ」と発音するのが正しいと主張する者もいる（山本（2002）pp.12-13）が，たとえて言えば，東京弁で発音するか大阪弁で発音するかの違いなので好

きなように呼べばいいであろう。本文では，他のレストラン名は通常のスペイン語発音慣習に従って片仮名を振っておいた。なお片仮名表記で長音記号あるいは促音がある場合はそこにアクセントがあることを示す。

10　マドリードのZalacaín（サラカイーン）がスペインで最初に三つ星を得たレストランであり，1987年から1994年まで三つ星を維持していた。

11　残念なことにサン・セバスチャンでは，多くの他の観光局と異なり継続的に一定の方法で来訪者数統計の発表をしていないようである。前年比を含めた2013年データはSSDT：San Sebastián Donostia Turismo & Convention Bureau（2014）によっている。なお，2012年データはSSDT（2012）から得られる。

12　もっとも，サン・セバスチャンの町自体も観光振興のため，Martín BerasateguiやMugaritzがサン・セバスチャンに存在するかのように紹介している（http://www.sansebastianturismo.com/es/comer/estrellas-michelin）。三つ星店，二つ星店はどれも車に乗らなければ行けない場所にあるので，サン・セバスチャン内にあろうが，外にあろうが大して関係ないとも言える。

13　1970年代初め以前にもnouvelle cuisineという言葉はフランスの料理界で使われている（たとえば1740年代）。その時の伝統的な料理に対し新しい何かを持った料理が出てくると，nouvelleという形容詞が冠されていたようである（Rambourg（2009）pp.144-156など参照）。

14　https://www.arzak.info/arz_web.php?idioma=Es

15　エスコフィエ（2005）に彼の作った料理のレシピーが載っているし，その他近年のフランスの著名シェフ達も著書の中でレシピーを公開している（一例をあげればMartin, 2006）。

16　サン・セバスチャンでは，各種のフィルム，音楽，劇場フェスティバルが開催されている。どのようなフェスティバルが開催されているかは，http://www.sansebastianturismo.com/en/to-do/art-culture/festivalsを参照。

17　http://en.wikipedia.org/wiki/San_Sebasti%C3%A1n, http://motherearthtravel.com/spain/san_sebastian/history.htmなど参照。

18　ここでの記述は，Juan Mari Arzak氏については，A①https://www.arzak.info/arz_web.php?idioma=Es, A②http://www.foodswinesfromspain.com/spanishfoodwine/global/chefs-training/chefs-pastry-chefs-chocolatiers/chefs/4444067.html, A③http://www.mcnbiografias.com/app-bio/do/show?key=arzak-juan-mariaを，Martín Berasategui氏については，B①https://www.starchefs.com/cook/chefs/bio/mart%C3%ADn-berasategui, B②http://www.foodswinesfromspain.com/spanishfoodwine/global/chefs-training/chefs-pastry-chefs-chocolatiers/martin-berasategui.html, B③http://www.lovefood.com/guide/chefs/12013/the-most-famous-chef-youve-never-heard-of, B④http://www.mcnbiografias.com/app-bio/do/show?key=berasategui-olazabal-martinを，Pedro Subijana氏については，S①http://www.cocineando.com/03-Gastronomia/Chefs-REstaurantes/Akelarre-Pedro-Subijana.html, S②http://www.mcnbiografias.com/app-bio/do/show?key=subijana-reza-pedro, S③http://pro.gnavi.co.jp/magazine/article/column_2/c2158/を，Andoni Luis Aduriz氏については，LA①http://www.mugaritz.com/es/andoni-luis-aduriz/co-127614345/, LA②http://www.cocineando.com/03-Gastronomia/Chefs-REstaurantes/Mugaritz-AndoniLuisAduriz.htmlを参照している。

19　https://www.gourmets.net/?route=grupo/grupo&group_id=13

20　彼女は，Le Gavroche, La Maison Troisgros, Le Louis XV, Pierre Gagnaire, El Bulliといった世界のトップクラスのレストランで修行している（E①http://www.foodswinesfromspain.com/spanishfoodwine/global/chefs-training/chefs-pastry-chefs-chocolatiers/

chefs/4444066.html)。
21　分けても，Subijana氏，Aduriz氏が教育に熱心なようである（注18（B②），（LA①）参照）。
22　しかしながら，シェフ間の交流が活発かというとそうでもないらしい。たとえば，Adrià氏は"バスクのヌベル・キュイジーヌ"とカタルーニャの革新的シェフは決して共同作業をしたことも，統一的な運動を展開したこともないと述べているという（Andrews, 2011, p.144）
23　現代の経済における「経験」の重要性を早くから指摘した著書としてPine, Gilmore（1999）がある。
24　Arzak氏の料理はバスク料理をベースにしているが，伝統的魚料理にフリーズ・ドライの手法を使用するのはフレーバーを高めるためだという（注18（A②））。
25　http://www.theworlds50best.com/list/1-50-winners/arzak
26　たとえば，Elena Arzak氏は多くのトップクラスのレストランで修行しているが，そのうちのいくつかは半月の休みを利用して出かけているようである。彼女がArzakで働き始めたのは1996年から（2年後に運営にも参加）であるが，それ以降で期間が重なり，短期のものは半月の休みを利用していると推測できる（注20（E①））。
27　Mugaritzの写真付きの訪問記は数多くアップされているが，たとえば，http://hello21.com/?p=2146はMugaritzの様子がよく伝えられている。Mugaritzは「石ころを出す店だよ」というと一番わかりやすいという記述だとか，「お客へのサプライズを喜んでいる」という記述はMugaritzの姿勢をよく表しているものと思われる。カードに書かれている文面がこの訪問記とは異なっているが，カードを最初に渡される話は高城（2012, pp.24-26）にも出てくる。
28　カタルーニャの歴史について詳しくは田澤（2000），田澤（2013）を参照。
29　以下の記述は基本的にRuscalleda（2009）をもとにしているが，部分的にhttp://www.ruscalleda.com/es/el-restaurante/historiaも参照した。
30　Camera Ruscalleda氏は，お客が料理を喜んでくれて，幸せな顔をしてくれるのが何よりも嬉しいと私に語っていた。料理によって人を喜ばせたいという情熱がレストラン業へと彼女を突き動かしたのであろうが，かなりの投資をし（したがって借金もし），立地面で不利なこの場所で，どうして採算がとれそうだと考えたのかは不明である。開店後の初期の難しい時期をレストランがつぶれずにどうにか乗り切れたのは，従来からのデリカテッセンを引き続き経営しており，そこからの収入で補ったのとデリカテッセンとの間で一部食材，料理の共通化といった範囲の経済を働かせたためである（Ruscalleda, 2009, p.32）。
31　http://www.ruscalleda.com/es/el-restaurante
32　Andrews（2011, p.52）。El Bulliの歴史に関してはAndrews（2011）以外にアドリア他（2009, p.184～p.185）の間「エル・ブリの歴史」を参照している。アドリア他（2009）は特殊な本の作り方をしてあり，いくつかのトピックスを記したやや小ぶりの印刷物が特定のページの間に挟み込んで綴じてある。その印刷物にはページがふられていない。なお，アドリア他（2009）では，El Bulliにおける料理の創作の仕方，発想の展開の仕方が記述されているが，ここではそれらについては触れない。
33　以下の記述はAndrews（2011），アドリア他（2009）「エル・ブリの歴史」，「若き日のフェラン・アドリア」（p.32～p.33）を参照している。
34　El Bulliの休業期間はだんだん長くなっている。1月半ばから3月半ばまでの2カ月だった休業期間を1987年から10月半ばから3月半ばの5カ月にしている。休業期間を10月から

35　需要に関しては，年200万件の予約申し込みがあるとか言われているが，真偽の程はわからない。供給を遙かに上回る需要があったのは確かである（200万人という情報は，アドリア他（2009））。
36　私が経験した限りでは，バスクやカタル－ニャの三つ星レストランもチーズワゴンを使用していない。
37　分子ガストロノミーについて多くの著書のあるHervé This（エルヴェ・ティス）氏は，分子ガストロノミーは料理中の形態変化や食べるときの感覚現象が何故起きるのかを物理的，化学的方法を適用して理解しようとするものである（This, 2006, p.2）と述べている。
38　実際には「世界のベスト・レストラン50」のパネリストが満遍なく食べ回ることは不可能なので，食べに行くレストランがその時々のマスコミ報道や特殊事情に左右されなど，ランキングの信用度が低いなどの批判がある（http://www.grubstreet.com/2013/05/how-worlds-50-best-list-changed-elite-restaurants-business.html）。また，フランスでは「世界のベスト・レストラン50」を低く見て，評価していないようである。たとえば，2013年Robuchon 氏やAlain Ducasse（アラン・デュカス）氏（フランスの高い税金を嫌ってモナコ国民となっている）はセレモニーの開催時にLondonにいたにもかかわらず出席しなかった。しかも，Ducasse氏は"Life Time Achievement Award"を受賞していたにもかかわらず欠席したのである（http://www.gastroenophile.com/2014/05/michelin-vs-worlds-50-best-star-wars-by.html）。なお，サン・セバスチャンのArzak氏は同賞を2011年に受賞している。
39　http://www.expansion.com/especiales/gastroempresarios/arzak.html
40　Redzepi（2013, p.174；p.187；p.189；p.191；p.195）。料理と同様に本の出版形態も通常でなく，*Journal, NOMA Recipes, Snap Shots, Time and Place in Nordic Cuisine*の4冊一組で販売されている。ところで，Nomaのテーブル数は12にすぎないので予約がほぼ不可能なのも当然である。

■ 参考文献

Abend, Lisa, *The Sorcerer's Apprentices - A Season in the Kitchen at Ferran Adrià's' elBulli*, Free Press, 2011.
Andrews, Colman, *Ferran – The Inside Story of El Bulli and the Man Who Reinvented Food*, Gotham Books, 2011.
Kotler, Philip R., John T. Bowen, James Makens, 2014, *Marketing for Hospitality and Tourism*（6th ed.）(Pearson New International Edition), Pearson, 2014.
Las Vegas Convention and Visitors Authority, *Las Vegas Visitor Profile Study 2013*, 2013.
Las Vegas Convention and Visitors Authority, *Las Vegas Year-to-Date Executive Summary*.（各年版）
Lavelock, Christopher, Jochen Wirtz, *Services Marketing – People, Technology, Strategy*（7th ed.）(Global Edition), Pearson, 2011.
Martin, Guy, Sandrine Fillipetti, *La route des étoiles*, Hachette Littératures, 2006.
Michelin, *España & Portugal La Guía Michelin 2015*, 2014.
Morrison, Alastair, M., *Marketing and Managing Tourism Destinations*, Routledge, 2013.
Neirinck, Edmond, Jean-Pierre Poulain, *Histoire de la Cuisine et des Cuisiniers*（3ᵉ édition），

Edition Jacques Lanore, 2000.

Pine, B. Joseph II, James H. Gilmore, *The Experience Economy*, Harvard Business School Press, 1999.

Polaine, Andy, Lavrans Lovlie, Ben Reason, *Service Design From Insight to Implementation*, Rosenfeld Media, 2013.

Rambourg, Patrick, *Histoire de la Cuisine et de la Gastronomie Fran*çais, Tempus, 2009.

Redzepi, René, *Journal*, Phaidon, 2013.

Roca, Joan (translated by Adriana Acevedo), *Roots. Essential Catalan Cuisine According to El Celler de Can Roca*, Librooks, 2004.

Ruscalleda, Carme (translated by Debbie Owen), *CR20 – 20 Years of the Sant Pau*, Mont-Ferrant, 2009.

San Sebastián Donostia Turismo & Convention Bureau, *2012: Donostia / San Sebastián Mantiene Turistas y San Sebastián Turismo Aumenta la Venta de Productos y Servicios*, 2013.

San Sebastián Donostia Turismo & Convention Bureau, *2013: Año de Record Absoluto para Donostia / San Sebastián*, 2014. http://www.sansebastianturismo.info/es/prensa/notas-de-prensa/1635-escapadas-san-valentin-2014

Stickdorn, Marc, Jakob Schneider, *This Is Service Design Thinking*, BIS Publishers, 2011.

This, Hervé (translated by M.B. Devoise), *Molecular Gastronomy – Exploring the Science of Flavor*, Columbia University Press, 2006.

エルヴェ・ティス，ピエール・ガニェール著／伊藤文訳『料理革命』中央公論新社2008。(Hervé, This, Pierre, Gagnaire, *La Cuisine C'est de L'amour, de L'art, de La Technique.*)

エルヴェ・ティス著／須山泰秀・遠田敬子訳『フランス料理の「なぞ」を解く』柴田書店，2008年。(Hervé, This, Pierre, *Révélations Gastronomique.*)

オーギュスト・エスコフィエ 著／大木吉甫訳『エスコフィエ自伝』中央公論新社，2005年。

小林啓孝「ラスベガスのカジノ・リゾートの諸特徴」，『三田商学研究』第47巻第1号，2004年a, pp.165-174。

小林啓孝「ラスベガスのカジノ・リゾートの原型」，『三田商学研究』第47巻第2号，2004年b, pp.101-117。

小林啓孝「マルティプル・アトラクター構造構造の生成と設計」，『企業会計』第64巻第12号，2012年，pp.49-56。

ゲレオン・ヴェツェル『El Bulli エル・ブリの秘密　世界一予約のとれないレストラン』(DVD)。角川書店，2012年。(Wetzel, Gereon, *El Bulli Cooking in Progress.*)

高城剛『人口18万人の街がなぜ美食世界一になれたのか』祥伝社，2002年。

田澤 耕『物語　カタルーニャの歴史』中央公論新社，2000年。

田澤 耕『カタルーニャを知る事典』平凡社，2013年。

フェラン・アドリア，アルベルト・アドリア，ジュリ・ソレル著／清宮真理・小松伸子・斉藤唯・武部好子訳『エル・ブリの一日』ファイドン，2009年。

山本益博『エリ・ブリ　想像もつかない味』光文社，2002年。

渡部哲郎『バスクとバスク人』平凡社，2004年。

第9章

飲食業における原価管理の現状と課題
── SREの効果的な運用をめざして ──

1 ■なぜ飲食業に注目するのか

　近年，サービス産業を対象に原価管理の有用性を議論する研究が蓄積されつつある（青木, 1999, 2000；伊藤, 2012；岡田・荒井, 2009；小田切, 2002；妹尾・福島, 2012；長谷川, 2012；廣本, 1993）。その背景には，これまでサービス産業で原価計算の有用性が否定されてきたこと（青木, 2000；廣本, 1993），またそのことが，サービス産業への原価計算導入を消極的にし（小田切, 2002），当該産業の生産性向上を阻害してきたことがあげられる。結果，わが国の国際的競争力の低下につながっていると認識され始めてきたからである（伊藤, 2012）。

　これを受けて伊藤（2012）は，サービス産業のコスト改善，品質向上を志向するためのアプローチとして，サービス・リエンジニアリング（SRE）を提唱している。SREとは，製造現場の継続的改善に相当し（岡田, 2012），観光産業がその主な議論の対象としてあげられる（庵谷・清水, 2012；岡田, 2012；小林, 2012；長谷川, 2012）[1]。観光では，宿泊，運送，飲食など多くのサービスが提供される。そうした一連のサービスコンテンツを通じて，顧客満足を向上させるためには，個別にサービスを検討していく必要がある[2]。

　というのも，どれか1つのサービスが顧客にとって不満足であれば，その観光が全体として良かったものだったと思えないからである[3]。また，この観光がパック旅行だった場合には，各企業間での収益配分の仕方が顧客満足や採算面に影響を及ぼす（岡田, 2012）。それゆえ，各企業の経営改善につなげるためにも個別にサービスを検討していく必要がある。

すでに宿泊に関しては庵谷・清水（2012），長谷川（2012，2013），運送に関しては小田切（2002）によって，ある程度研究が蓄積しつつある。このことから，本章では，飲食業に焦点を当てる。
　飲食業での原価管理は，観光，宿泊のみならず，あらゆる飲食の場で重要である。にもかかわらず，これまで原価計算・管理会計研究ではほとんど議論されてこなかった。というのも，上述したように，サービス産業における原価計算研究が乏しかったからというだけでなく，サービス産業を対象にした原価計算研究が行われても，飲食業の場合，製造・加工を行っているため，典型的なサービス産業としてはみなされず（小田切，2002），議論の対象外へと追い遣られていたからである。
　ただ，そうした飲食業に焦点を当てるといっても，その形態は宿泊施設内のレストランやそれ以外のレストラン，小料理屋，ファミレス，ファストフード，ラーメン店など様々である。また，飲食業における原価管理研究が進展していない中で個人店の原価管理を検討するのは，後述するように比較対象が限定されていることや，原価管理の追求が品質問題を引き起こしかねないため[4]，困難かつ慎重さが求められる。
　したがって，本章では，一企業で複数の店舗運営を行っている企業，とりわけ，ラーメンチェーン店を対象とし，実態調査の結果を踏まえながら，同店の原価管理の現状と課題を明らかにしたい。とともに，顧客満足，顧客感動を目的とするSREをどのように活用することが望ましいのかを検討する。
　本章の構成は次のとおりである。第2節ではまず，ラーメンチェーン店の原価管理の特徴を知るために，主に一店舗のみを営む個人店との違いから議論する。そして，第3節，第4節では，チェーン店の管理が店舗と本社の両方で行われていることから，それらの現状と課題を確認する。これを受けて第5節では，より望ましい原価管理，品質・顧客満足の向上を目指していくために，それらを志向するSREと関わらせて，その効果的な運用を検討する。第6節は残された課題を示す。
　なお，本調査の対象は，神奈川，東京を中心に15店舗を要し，ラーメン店，つけ麺店を営んでいるラーメン企業である。同社は，ラーメンを通じたサービスの提供を行う企業である[5]。

2■チェーン店での原価管理の特徴

2-1　個人店とチェーン店との相違

　ラーメン店の原価管理といっても，その管理方法は，個人店とチェーン店によって異なる。

　個人店での主な原価管理には，各商品の一人前の平均原価の意識と棚卸管理があげられる。一般的に，仕入れた材料の数量全てが完成品となるわけではない。ラーメンであれば，スープに使われる骨は，髄液を取らないといけないと考える店もあるし，仕入れた野菜でも，ヘタや皮などを剥いて調理が行われる。髄液，ヘタ，皮といった，それらは完成品とはならないため，その分歩留りも小さくなる。同店では，そうした歩留率も考慮して一人前の平均原価を算定し，それをもとにコスト意識を持って経営が行われている。

　とはいえ，一人前の平均原価を意識していただけでは，原価管理は不十分である。というのも，通常，どの商品の注文が出るかが把握できないために，食材を多く仕入れているからである。食材を多く仕入れている場合には，どうしても腐敗が生じざるをえず廃棄が出ることになる。したがって，在庫管理（需要予測と先入先出法）を徹底し，棚卸管理を行う必要がある。

　しかしながら，個人店での原価管理では，そのコストがはたして本当に妥当であるのかは判断が難しい。なぜなら，その判断は同店の過去の実績との比較だけに限定されるからである。一方で，チェーン店での原価管理は，それ以外に，チェーン店内の他店と比較することも行われる。これによって，1店舗では原価管理が十分にできていると思っていたものが，他の同じチェーン店と比べることで，消費原価（食材），光熱費（ガス代の浪費），接客上の改善点などを浮き彫りにすることができる。

　個人店とチェーン店との相違は，前者は1店舗のため，その業務量が適正かどうかを自らの過去との比較で行うことしかできず，かつ棚卸管理に力点が置かれている。これに対し，後者の場合は，自店舗では把握できない原価管理が，他の店舗状況を通じて行えるようになる点にある。

2-2　立地問題

　このようなチェーン店では，店舗が複数存在する。それらの立地に関しては，次の2つに大別される。それは，ロードサイド型とテナント型である（図表9-1）。ロードサイド型とは，大きな道路に面した立地に店を設けるタイプをいう。基本的には，このロードサイド型が好ましい。というのも，それは席数も多く設置でき，家族客を対象とすることで，多くの顧客を見込めるからである。とはいえ，ロードサイド型の場合，天候の変化が激しいと顧客数が減少してしまうという欠点もある[6]。それゆえ，テナント型との併用が行われている。

　このテナント型とは，建物の一部を店舗とするタイプをいう。テナント型では，駅近くに立地することが多いこともあってか，天候にあまり左右されない。また，東日本大震災が起きた時期も，このテナント型ではあまり顧客数が減少しなかったといわれる[7]。このような議論は，青木（1999, p.158）が今後の課題とした飲食業の立地分析の検討にも役立つものと思われる。

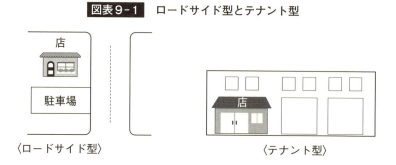

図表9-1　ロードサイド型とテナント型

〈ロードサイド型〉　　〈テナント型〉

3　店舗での品質管理の実態

3-1　原価管理上の問題

　あらゆる場所で原価管理は行うべきだと思われるが，一方で，コストという貨幣的尺度を意識し過ぎては，逆にうまく経営が行かない場合もある。

それは，店舗（現場）管理の場合である。店舗でのコストによる管理には，注意が必要である。というのも，従業員は本社からコストが高いと指摘された場合，コストを減らそうとして，スープへの材料投入量を減らそうとしたり，水を加えてスープの濃度を薄めて対応しようと考えがちだからである。したがって，本社では，店舗に対してコストという貨幣的尺度をベースには細かくいわないようにしている。

　同様に，スープ材料に使う骨の仕入先に対しても，仕入れ値を安くするような要請は行っていない。これは，材料の質を下げられてしまうおそれがあり，結果，材料の投入を増やしてコスト高になりかねないからである[8]。

　だとすれば，店舗管理としては，どのようにコスト維持，コスト低減をすべきなのだろうか。コストを本社がとやかくいわないとすれば，材料やガスを無駄に使い過ぎて，コスト高になっている場合に，どう対処すべきなのか。

3-2　量的管理

　それは，量的管理によってである。量的管理には，スープの濃度を維持するための品質維持管理，材料の投入と完成品との歩留率を向上するための歩留管理が含まれる。店舗の管理は，こうした品質を維持しながら，無駄を探して削減していくことである。

(1)　スープの品質管理

　ラーメンのスープの品質管理は難しい。ただし，それはスープが単に液体だから管理が難しいというわけではない。ラーメンのスープの品質管理が難しいのは，複数の鍋を要し，作業工程によって鍋の濃度が異なり，その濃度の異なるスープを鍋から別の鍋へ移すために[9]，それに応じて，濃度が変化してしまうからである（図表9-2）。

　というのも，対象企業における「ラーメン」という商品の場合，1回1回作り置きができるものではないからである。それゆえ，完成水準を満たす一定の濃度の範囲内になるよう維持していく必要があり，それはコスト面も考慮すると困難である。特に来店者数が増えて混んでくると，量的管理が疎かになるおそれもある。

スープの主な材料は，ゲンコツ，背ガラである。これらの骨の部位の違いにかかわらず，出てくる内容物はほぼ同じであり，味に大きな差はない。特徴は骨の部位によって髄液の出方が異なる点にある。ゲンコツは，ゆっくり出汁が出てくる部位であり，背ガラよりも原価高である。一方，背ガラは，出汁の出が早いが，早く終わり，出る量が少ない。来店数の増加に即応しようと背ガラの投入割合を増やせば，結果的にはゲンコツよりもコストがかかってしまうことになるので，注意が必要である。

また，厄介なのは，同じ材料を投入しても，一定の濃さを保てない場合もあり，その際には，余計に材料を使用しないといけなくなることである。

図表9-2 スープの濃度

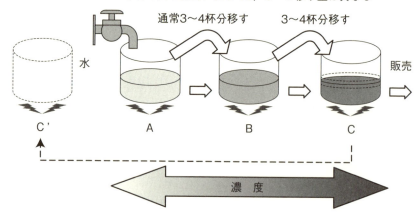

(注) A，B，Cの骨の投入量は基本的には一緒である。Cは常に完成品の水準にある。Cの鍋は，閉店後に処分される。翌日，Cの鍋は，空の状態C'から始まる。なお，完成水準の濃度を水（最初）から作ろうとすると3時間以上かかる。

(2) 濃度管理

スープの品質・原価管理においては，劣化が問題である。**図表9-3**は，各チェーン店でのスープ濃度を示したものである。繁忙時のように，一定の時間帯だけ店舗Iのように，濃度が一定の範囲を下回る場合もないわけではない。

それゆえ，早急に濃度を高めるよう対応される。また，品質は一定だが，基準の範囲内で味に差があると，また水の量によっても，コストが変わってくる。

さらに，前述したように，同じ材料を投入しても，一定の濃さを保てない場合があり，余計に材料を使わなければならなくなったり，顧客が入店していない，あるいは注文待ちによって，スープ濃度が一定範囲を超え，劣化が進むと処分しなければならなくなる。

したがって，店舗では，スープを劣化して処分する前に，いかに顧客に来てもらい，注文してもらえるかが鍵となる。

図表9-3 各チェーン店のスープ濃度の例

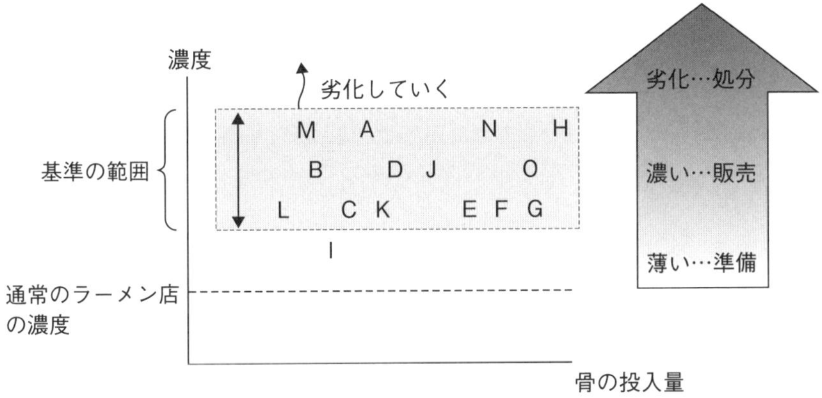

(注) AからOは店舗を示している。調査した企業では，通常のラーメン店に比べて，スープの濃度を高くしており，そのため出汁が出易いように高温を保つ特殊な設備を導入している。それゆえ，同社では損益分岐点が高くなってしまっているという。

(3) **歩留管理**

つけ麺店では，ラーメン店とは対照的に1つの鍋でつけ麺を作っている。このスープでも骨を使って出汁を採る。いうまでもなく，歩留率100％はありえず，理想歩留率は80％程度である。これは，ゲンコツの血を抜くためである。血液は，アンモニア臭を放ち，関東ではこれを嫌う傾向にあるため，基本的には血を全部抜き採るようである。

ここでの歩留管理の難しさとしては，店舗と本社との認識相違があげられる。

たとえば、原価率の高さが問題となった際に本社が店舗に確認に行ったところ、本社側では販売用として使うと捉えていたスープの油分を同店舗では処分していたことがわかった（図表9-4）。

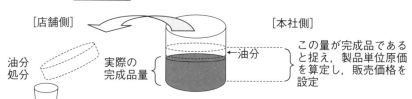

図表9-4 店舗と本社との油分の扱い方の認識相違

（注）完成品総原価を100とし、完成品数量が油分を含めて10杯、油分を含めない場合を8杯と仮定すると、油分を含めた完成品単位原価は@10（100÷10）であり、全体から油分を外した完成品単位原価は@12.5（100÷8）となる。つまり、油分を外した分だけ完成品単位原価は高くなる。店舗ではうまく歩留計算ができていなかったようである。

その場合、油分を含めて製品原価とみなしていた時には、油の量分製品単位原価は低くなる。一方、実際には、油分を処分していたために、その分完成品数量が減ってしまっており、製品単位原価が高くなっていた。本社では、店舗が本来使用すべき油分を使用していない事実が明らかになったことを受け、店舗側に予定よりも製品原価が高くなっていることを伝え、販売価格が一定であれば、その分利益が低下してしまうことを説明するとともに、油分をうまく製品の構成要素（従来通りのレシピで）として使えるように工夫するよう指示を出した。

4 ■本社での原価管理の実態

4-1 本社の役割

サービスは、生産と消費がほぼ同時に起こるため、失敗は取り返しがつかない。その反面で、そのことを意識し過ぎて、材料やガスの使い過ぎによるコス

トの無駄を省かなくては，望ましい経営は行えない。

　本社では，この品質とコストとのバランスを考えながら活動している。すなわち，サービス（ラーメンの品質・濃度）維持と無駄に経営資源を使い過ぎないよう，店舗でバランスがとられているかを確認するのが本社の役割である。各店舗での無駄は，店舗間比較によって明らかになる。

　この確認の方法の1つに，ガス代対売上相関図があげられる（**図表9-5**）。この図は，どこまで売上が伸びるとガス代が緩やかになっていくかを明らかにするために利用される。また，この図は例外管理としても用いられる。相関図での把握により，異常値が出たら対応するのである。なぜ長年管理を行っているのに，異常値が出るかというと，それは顧客数が増減するからである。顧客数が増えれば，余計なガス代を使うことなく，また劣化でスープを処分せずに済むため，単位原価は下がるが，顧客数が減れば単位原価は上がってしまう。

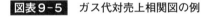

図表9-5　ガス代対売上相関図の例

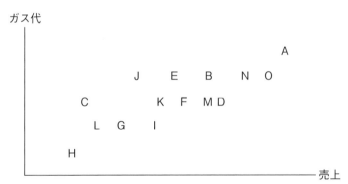

（注）　AからOは店舗を示している。

　また，従業員の店舗異動によってもコスト高となっている要因が見える場合がある（**図表9-6**）。これを特定した場合には，従業員教育が必要になる。この点に関しては，個人店舗では，なかなかどの従業員がコストを多く発生させている要因なのかを把握し難いことから，チェーン店での原価管理の特徴といえよう。

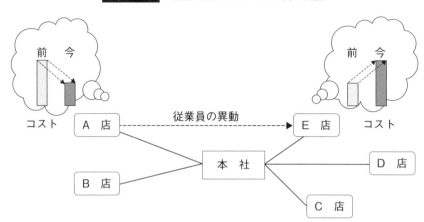

図表9-6 店舗異動によるコスト高の発見

4-2　その他の主な管理指標

　本社では，上記のガス代対売上相関図のほかに，ガス代管理（来客1名当たりのガス代），生産性（総労働時間，人時売上高，平均客単価，1時間当たりの平均接客人数），標準人件費，売上対比，参考情報（新人の有無），店舗別1日当たりのガス使用量が主な管理指標として使用されている。これに加えて，月間売上高，月間来店数，人時売上高推移表，FLコスト（フードとレイバー（食べ物と人件費））も用いられている。なお，人時売上高とは，1時間当たり従業員1名当たりの売上高を意味する。

5　SREの効果的運用

5-1　調査企業へのACbS戦略等式の適用

　以上のように，店舗管理上の課題では，スープの濃度管理の徹底と同時に無駄なコストの低減を目指すこと，そして本社管理上の課題は，各店舗がそれらのバランスを取りながら行えるようにサポートしていくことであった。それらの課題解決のためには，来店した顧客満足の向上とともに，その顧客の来店頻度を向上させ，そして新たな顧客の来店数を増やしていくことが必要である。

その方法として，期待されるアプローチがSREである。

第1章で強調したように，SREは単なる顧客満足ではなく，サービスによって顧客を感動へと導くこと（Affecting Customers by Service：ACbS）を最終目標とする。そして，この顧客を感動へと導く源泉となる商品としてのサービスの構成要素は全ての産業で共通しており，およそ以下のように等式化される。なお，Qは，クオリティ（Quality），Hはホスピタリティ（Hospitality），Aはアメニティ（Amenity）をそれぞれ表している。

$$Q \times H + A = ACbS$$

顧客を感動へと導くためには，これらを効果的に組み合わせることが必要となる。そこで，上記の等式を調査企業にあてはめるなら，Q×H＋Aは，それぞれ次のように表現できよう。

すなわち，Qはラーメンそのものの品質であり，くわえて，Qが事前期待に相当する部分を指すのであれば，カウンター・テーブルにある調味料，お手拭き，ティッシュ，さらには子供用の椅子もQに含められるであろう[10]。

Hは接客を通じて実現される。ラーメンがいくら美味しいと顧客が感じても，接客が無愛想であったり，配膳が粗雑であったりすれば，顧客の食欲や満足感は減退する。さらには，また，同業他社が天候によって休業するのが当たり前であるような場合には，「雪などの悪天候でも営業している」というような施策を実施しているなら，それはHにつながるサービスコンテンツということができよう。

他方，割引券等を配布する場合や，トッピングの無料サービスなどはAに相当する。これらの中には店舗側の判断で実施できるものや，本社でなければ提供できないものある。

5-2　サービスに触れるトリガーを提供する

調査対象企業では，顧客へのサービスは，各店舗と本社が異なる活動を通じて顧客へのサービスの実施と顧客満足さらには顧客感動の実現を目指している。というのも，店舗が責任をもつべきHは，すでに一定水準を満たしており，かつ競争相手もほぼ同水準を達していると考えられる。加えて，店舗側で顧客が

要求する魅力的なサービス属性に応えうるHを作り込むのは困難である[11]。むしろ，本社が取り組む活動こそが，このレベルのHに影響し，競争優位を左右すると考えられる。

Hは接客を指すと上述したが，これにはたんに店舗内の接客のように顧客満足に直接影響を与えるものだけでなく，顧客に入店してもらう際の気遣いも含まれる。

後者は，店舗内の品質には影響はしないものの，顧客がその店に足を運ぶ障害を除去し，顧客の店舗内で受けたサービスの満足向上，さらには感動へとつなげる働きをする。そのことから，顧客がサービスに遭遇するその瞬間を確実にマネジメントするために不可欠な物的面のインフラの整備がまさに重要となる。

本社の役割は，このインフラを整えて，顧客が自社のサービスに接する機会（チャンス）をマネジメントすることだといえる。それは，来店してもらいやすくするための環境や手段を，顧客からすれば，サービスに触れるトリガーを提供するということである。すなわち，各店舗がどんなにHに優れたサービスを提供できるレベルにあったとしても，そもそも顧客に来店してもらえなければ，それらは無駄な投資になってしまう。だからこそ，来客を促すインフラの整備が重要であり，これはまさに本社でなければ果たせない役割であるということもできよう。

この本社側が検討すべきインフラは，具体的には空調（エアコン，風除室），駐車場等のスペースの配置などが含まれる。たとえば駐車場では，ロードサイド型だけでなく，テナント型でもある程度の台数を置けるよう設置している店舗もある。駐車場に空きができ，既存の駐車場から変更すべきかどうか（駐車場の入りやすさが，顧客がサービスに触れるトリガーとなる）を決定することは，店舗で行える権限を超えており，こうしたチェーン店では，店舗と本社の活動を分けて実践しやすくすることが必要となるのである。

5-3　ホスピタリティを意識した事前的原価管理

SREは，できる限りコストをかけずに，サービタリティの向上を目指すアプローチである。このSREを意識して，筆者が2014年8月18日に調査対象企業を

訪問した際には，本社主導のリニューアル工事が行われていた。リニューアル工事にかかるコストは，主にオープンまでにかかるコストであり，事前的原価管理の対象となる[12]。

　この工事は，設備が老朽化したことが主な理由であるが，原価の低減も大きな目的であったと考えられる。実際，調査対象企業では，売上実績と従業員担当可能面積との関係から，席数やレイアウトの調整が行われた。すなわち，席数を従来（約50席）よりも5分の2近く減らして30席強とし，従業員を4～5人体制から3～4人体制に変更して人件費抑制を図ろうとしたのである。ただし，原価の低減がサービタリティの低下につながっては何にもならない。代わりに，サービタリティの向上の結果が原価の低減につながるような工夫が必要になる。

　この点，調査対象企業の場合には，座席レイアウトを従業員から一直線に見渡せる180度配置から，90度配置に変えることで，顧客の表情にまで意識が行き届きやすいようにし，この結果として人員の削減が可能となったのである。また，顧客が気づかない面では極力コストを抑える努力も行われた。ガス台や鍋類など，まだ利用可能な設備は再利用するとともに，照明すべてのLEDへの切り替えなども行った。他方で，車椅子用のスロープの設置や，座席を少なくしたことで生じた空間には，店内喫煙室の設置や新たな研究場所として活用するなど，さらなる顧客満足が期待できる取り組みも同時に行ったのである。

　このように見てくると，つまるところ，調査対象企業の場合，Hは「顧客がラーメンを食べる」際あるいは食べて帰るまでの時間に関わるものと捉えられる。このHが成長の鍵を握っていることは間違いない。もっともそれは，Qやインフラが十分に備わっていてはじめて一定の効果を発揮するものであり，この点をおろそかにすれば，長期的には収益構造にマイナスの影響を及ぼし，成長の足を引っ張ることにもなりかねないであろう。

6　残された課題

　本章では，飲食業とくにラーメンチェーン店の実態調査をもとに同社の原価管理の現状と課題について検討してきた。その結果，顧客の入店状況，またそ

れに伴うスープ材料である骨の投入割合の変更およびガスの使い方，スープの劣化，そして店舗従業員のコストに対する姿勢や経営資源の捉え方が，コストに大きな差異を生じさせていることが明らかとなった。

とはいえ，チェーン店の場合，店舗によってサービスはもとより，味や品質に差があっては顧客感動からは程遠い状況となる。これをコントロールし，同レベルのサービスや味を確保することが本社の役割である。このため，各店舗の味が定められた基準の範囲なのかを確認するマネジャーが配置されている。

加えて，顧客がサービスに遭遇するその瞬間を確実にマネジメントするために不可欠な物的面のインフラの整備もまた本社の重要な役割といえる。とくに，飲食産業にあってはそれこそが，ACbS戦略の鍵を握る可能性を指摘した。

しかしながら，飲食業における原価管理は，その形態によってそのあり方，チェーン店の原価管理の特徴からもうかがい知れる。とすれば，さまざまな形態の飲食業を対象とした原価管理の研究蓄積が必要である。これは今後の課題としたい。

■注

1 長谷川（2013）によれば，ホスピタリティ産業またはツーリズム産業ともいわれる。これらは，宿泊，飲食，交通関連のモノやサービスを提供するホテル，レストラン，航空・船舶・鉄道などに関連する事業の総称である。
2 長谷川（2012）によれば，サービス産業への管理会計情報を検討する際には，提供する商品，ビジネス・モデル，産業の商慣行が異なることを前提にしつつ，それに適した管理会計情報を提供する方が，サービスを提供する企業が実践するにあたっては有用であるという。
3 サービスの品質問題は，サービスの販売担当者（営業：たとえば旅行代理店）とサービスの実行者（たとえばホテル，運送業者，飲食店，レジャー施設）が異なることによって引き起こされることが少なくない。その原因の1つには，サービスの販売担当者と実行者との情報共有不足があげられる。これが無駄なコストを発生させてしまっていることに注意が必要である。
4 それは経営を行う者と原価管理を行う者が（経営者と従業員のように）異なる場合に，特に注意が必要である。
5 訪問調査は，2012年9月6日，2013年9月20日，9月24日，12月6日，2014年2月17日，8月18日に実施した。いずれも本社の経営管理部の責任者に対応していただいた。
6 訪問調査結果によれば，ラーメン店では，晴れ，曇り，雨といった天候で来店数が増減するというよりは，むしろどの天候であっても，その天候が継続している方が（たとえば，雨がずっと続いている方が），来店数が増えるようである。

7 こうした震災の時でも営業していることや，後述するように「雪でも営業している」ということを顧客が認識していくことが，その後の来店にとって大きな影響を及ぼすと思われる。「いつも営業しているから」と顧客の購買行動を促すからである。また，顧客が食事をとる際の意思決定の1つとして脳裏に浮かぶからである。そうした企業の取り組みが，サービス業にとっては顧客満足，顧客感動につながるのであろう。
8 店舗によって，材料の仕入先は異なる（全部で4社）。それゆえ，仕入先によって，材料費が多くかかるところもないとはいえない。ただし，各店舗における仕入先の変更はしない。
9 現場は量的管理を行っており，鍋の数で調整している。店舗にもよるが，たとえば平日3つ，土日4つといった鍋を使用しているところもある。
10 それだけでなく，Qには何か壊れていないかを確認することも含まれる。空調設備や電気器具，家具，手洗所などの故障の放置は，顧客に迷惑がかかってしまうことが一番の問題であるが，それだけでなく，傷が浅いうちならコストがあまりかからないものが，放置しておくことでコストが増大に膨れ上がる危険性もある。
11 「食べる」というだけであれば，味の好みを外せば，どこのラーメン店でもそれほど差があるとはいえないという。
12 それゆえ，サービス産業でも原価企画の検討が重要なのである。そのことは加藤（2014）でも指摘されている。

■ 参考文献

青木章通「サービス業の管理会計の基本的な枠組み」，『三田商学研究』第42巻第4号，1999年，pp.133-159。
青木章通「サービス業における経常的な管理会計の検討」，『三田商学研究』第43巻第2号，2000年，pp.89-108。
伊藤嘉博「サービス・リエンジニアリングの革新性とその実践的アプローチの検討」，『企業会計』第64巻第12号，2012年，pp.28-38。
庵谷治男・清水孝「サービスの提供と業績管理システム」，『企業会計』第64巻第12号，2012年，pp.39-48。
岡田幸彦「サービスコンテンツの収益配分問題と管理会計」，『企業会計』第64巻第12号，2012年，pp.57-64。
岡田幸彦・荒井耕「わが国サービス原価管理論の展望」，『原価計算研究』第33巻第1号，2009年，pp.54-63。
小田切純子『サービス産業原価計算論』税務経理協会，2002年。
加藤典生「原価企画における心理学研究の重要性」，『商学論纂』第55巻第4号，2014年，pp.21-40。
小林啓孝「マルティプル・アトラクター構造の生成と設計」，『企業会計』第64巻第12号，2012年，pp.49-56。
妹尾剛好・福島一矩「日本企業における原価企画の探索的研究：製造業と比較したサービス業の実態」『原価計算研究』第36巻第1号，2012年，pp.45-57。
長谷川惠一「サービス・リエンジニアリングの手法としての『宿泊施設のための統一会計報告様式』」，『企業会計』第64巻第12号，2012年，pp.82-88。

長谷川惠一「『宿泊施設の統一会計報告様式』にもとづいた管理会計情報の利用可能性」,『早稲田商学』第434号,2013年,pp.231-245。
廣本敏郎「サービス業における収益性分析とABC」,岡本清編『ソフト・サービスの管理会計』中央経済社,1993年,pp.159-179。

第10章

非営利組織における
サービス・リエンジニアリング
── SREサポートシステムとしての行政評価 ──[1]

1■行政サービスの質の低下をもたらしたもの

　高品質なサービスの提供が求められるのは，なにも営利組織たる企業に限ったことではない。サービスの提供を求められる組織であれば，非営利組織といえども，顧客の期待に応えうる質のサービスを提供しなければならない。

　非営利組織，とりわけ，わが国地方自治体における財政状況の悪化は，行政サービスの質の低下を招いている。2007年の夕張市における財政破綻は記憶に新しいが，破綻にともない，公共施設の廃止や公立病院の閉鎖に加え，住民生活のインフラを為す多くの行政サービスが削減されることとなった。しかし，このような事態は夕張市に限ったことではない。多くの自治体では財政的な締め付けが厳しさを増すとともに，時代の変化にともなう社会の多様化や複雑化によって，住民が行政サービスに期待する水準もより一層高まりをみせている。このような状況下にあっても，自治体の執行機関である行政組織はその使命を全うすべく，住民満足の向上へ向けて，質の高い行政サービスを提供し続ける必要がある。

　とはいえ，ことはそう容易ではない。財政的な制約のなかで行政コストの削減を実現し，それと同時に行政サービスの質の改善も図ることは，極めて困難なものである。事実，多くの実務家は，「コストを下げるためには，サービスの質を落とさざるを得ない」であるとか，「サービスの質を向上させようとすれば，コストを掛けなければならない」というように，コストの削減とサービスの質はトレードオフの関係にあり，両者を同時に実現することは難しいもの

であると理解しているようである。

とはいえ，わが国の財政状況に鑑みれば，もはや悠長なことをいっていられる状況ではない。コスト削減および行政サービスの質の改善のいずれもが，わが国行政組織が取り組まなければならない課題であることは火を見るより明らかである。しかし，これまでのところ，この両者を同時に実現するための具体的かつ操作性にすぐれた方法論については，十分な議論がなされてこなかった。この点，コストとサービスの質の統合的なマネジメントを志向する新たなアプローチがサービス・リエンジニアリング（以下，SRE）である。SREの実施対象は必ずしも企業に限定されるものではなく，質の高い行政サービスの実現が望まれる今日においては，行政組織においても同様にその成果が期待されているのである。

本章では，非営利組織，とりわけ行政組織におけるSREの実現をサポートするためのツールとして，多くの組織に導入されている行政評価と呼ばれる評価システムに着目し，これを有効に活用するための方法について検討する。

2 行政評価の現状と課題

2-1 SREのトリガーとしての行政評価

SREは，システムや組織を抜本的に改革するのではなく，既存の概念や手法をリフォームすることによって，コストを抑制しつつ，サービスの質の改善も同時に志向する点にその特徴がある（伊藤，2012）。したがって，SREの実現のために新たな手法ないしはシステムを導入するのではなく，可能な限り，行政組織がすでに導入している仕組みや経営資源を利用することが，その第一歩となる。

そこで注目すべきは，すでに多くの行政組織へと導入が進んでいる行政評価[2]といわれる仕組みである。行政評価は，各自治体によって運用方法に多少の違いはみられるものの[3]，行政経営の効率化，住民満足の向上ならびに透明性の高い行政経営の実現などを目的として実施される評価システムである。近年の実態調査によれば，約8割の自治体ですでに導入されていることが明らか

にされているものの，これを有効に活用している組織は必ずしも多くはない。

　本章では，行政評価の仕組みや利用方法が，行政組織におけるSREの成果（コスト削減と行政サービスの質の改善の同時実現）に与える影響の分析を通じて，SREを実現するうえで，行政評価をどのように活用する必要があるのかについて検討する。加えて，行政組織がSREを実現するためのインフラとして行政評価を機能させるためには，既存の行政評価の仕組みや利用方法にどのようなリフォームを施す必要があるのかについても提言する。

2-2　行政評価の利用とその成果に関する研究

　前述のように，多くの組織において行政評価の導入は進んでいるものの，それを有効に利用している組織は決して多くはない。SREの実現をサポートするインフラとして行政評価を機能させるためには，まずは行政評価を積極的に利用する組織体制を構築する必要がある。それでは，行政評価を積極的に利用しようとする組織は，どのような特徴を有しているのだろうか。

　この点，松尾（2009）は，業績管理システム（performance management systems）を導入する組織にみられる特徴について，Cavalluzzo and Ittner（2004）のフレームワークに基づいた分析を行っている。分析の結果，行政評価を利用している組織の特徴として，責任の共有化が図られていること，ならびに予算権限が分権化されていることなどが明らかにされている。すなわち，自身の責任の範囲内でのみ行動するような組織ではなく，他者の業務を積極的に支援しようとすることを妨げない組織である場合，および，自らが責任を有する業務に関連する予算を編成する権限が各部局ないしは事業に与えられている組織である場合に行政評価を積極的に活用する傾向が高いということが示されている。

　次に，行政評価は，どのように利用されることによって，どのような成果がもたらされるのだろうか。この点，行政評価が利用される目的は組織によって様々ではあるが，とりわけ，組織のマネジメント・コントロールのためにそれが利用される場合，大きく2つの利用方法が想定される。

　すなわち，Simons（1995）はマネジメント・コントロールのための情報の利用方法として，組織のパフォーマンスをモニタリングすることを目的とする診断型コントロールのための利用（以下，診断型利用）と，当該情報に基づいて

上司・部下間の積極的なコミュニケーションを生み出すことを目的とするインタラクティブ・コントロールのための利用（以下，インタラクティブ利用）があるとしている。この枠組みに従い，堀北ほか（2010）は，行政評価情報の利用方法の違い（診断型利用かインタラクティブ利用か）と，行政評価によりもたらされる成果に着目した実態調査を実施している。そこでは，日本の行政組織における行政評価情報が，Simons（1995）のいう業績のモニタリングを行う診断型利用のみならず，首長やマネジャーが現場へ頻繁な関与を行うインタラクティブ利用のためにも用いられていることが明らかにされている。これに加えて，行政評価情報の利用によりもたらされる成果として，住民ニーズへの対応の改善や，コスト削減などの財務的成果がある可能性も示されている。なお，実際に行政評価情報の利用が，これらの成果をもたらしていることは，目時・妹尾（2012）においても実証的に確認されている。

以上のように，責任の共有化の程度，予算権限の分権化の程度，行政評価の利用方法といった要因によって，SREによりもたらされる成果が影響を受ける可能性が推察される。これにくわえて，近年では，業績目標水準の程度が組織のパフォーマンスに影響を与える可能性も指摘されており（吉田，2012；目時，2012など），業績目標水準として厳しい目標値を設定するのか，比較的達成が容易な目標値を設定するのかといった業績目標水準の設定によっても，SREの成果が影響を受けることが推察される。

行政組織においてSREを実施する場合，組織をどのように設計し，行政評価をどのように利用すれば，SREの効果を高めうるのかを明らかにすることができれば，行政組織におけるSREを実現するためのサポートシステムとして，行政評価を有効に活用することが可能となろう。そこで以降では，上述の４つの要因がSREの成果に与える影響について分析を行う。なお，SREの成果をどのように捉えるかについては，いまだ十分な議論が尽くされていない点ではあるが，本章では，コストの削減および行政サービスの質の改善の同時実現をSREの成果ととらえることとする。

以上の議論より，以下では**図表10-1**に示す分析フレームワークに基づき，上述の４つの要因がSREの成果（コストの削減および行政サービスの質の改善の同時実現）へ与える影響について分析を行う。

図表10-1 本研究の分析フレームワーク

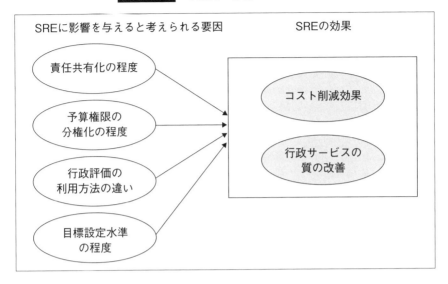

3 分析

3-1 利用するデータ

 本章では，2012年2月～3月に「業績管理システムとしての行政評価の利用と効果に関する質問票調査」と題して，全都道府県，政令指定都市，中核市，特例市，その他の市，特別区（東京23区）の計857団体の行政評価担当部署に対して実施した郵送質問票調査のデータを利用する。本調査の有効回答は534団体（回収率62.3％）であり，このうち，行政評価を実施していると回答した団体は455団体（85.2％）であった。

 なお，自治体区分別の回答率についてカイ二乗検定を実施し，回答団体の団体区分の分布について，全国の団体区分の分布と適合していることを確認している。また，分析にあたっては，分析に必要な質問項目に欠損のある回答を除く，366団体のデータを用いている。

3-2 分析方法

　先行研究より導き出されたSREに影響を与えると考えられる諸要因を説明変数，SREの成果であるコストの削減と行政サービスの質の改善を被説明変数とする重回帰分析を行う。

　また，SREはコストの削減と行政サービスの質の改善の同時実現を目論むアプローチであるため，SREの成果の両者に統計的に有意な正の影響を与える要因を明らかにする。そのうえで，当該要因に焦点をあて，SREとの関連のもとでの考察を行う。

3-3 変数の測定

　まず，説明変数として，責任共有の程度，予算権限の分権化の程度，行政評価の利用方法（診断型利用とインタラクティブ利用）の違い，業績目標水準の程度の4つを設定した。責任共有の程度とは，前述のとおり，組織目標に向けた価値観を組織横断的に共有することで（松尾，2009, p.293），自身の責任の範囲内でのみではなく，他者の業務を積極的に支援しようとする程度のことを意味している。したがって，そこでは松尾（2009）を参考に作成した「部局や階層を越えた多様な協力関係の存在」という単一の質問項目を用いて測定した。

　続いて，予算権限の分権化の程度についても，同じく松尾（2009）を参考に，「予算額の設定・提案する権限が各部局へ委譲されている程度」という単一の質問項目を用いて測定した。また，行政評価の利用方法の違いについては，Simons（1995）に従って診断型利用とインタラクティブ利用に分類し，診断型利用については6つ，インタラクティブ利用については5つの質問項目の平均値を用いて測定した[4]。以上の質問項目については，「1　全くそうではない」から「5　全くそのとおり」の5点尺度で測定している。

　最後に，業績目標水準の程度については，「努力を要せずとも達成可能な水準」から「極めて達成の難しい挑戦的な水準」という4つの段階を想定し，その水準に応じて，挑戦的ではない目標水準を「0」，挑戦的目標水準を「1」とするダミー変数とした[5]。なお，分析にあたっては，規模の影響を排除するために，「組織規模」をコントロール変数として加えている。組織規模につい

ては，調査直近の2011年における行政組織職員数を用いて，これを自然対数変換したものを用いている。

次に，被説明変数としては，SREの成果に関する確立された尺度がないため，SREの基本的な成果と考えられる「コストの削減」と「行政サービスの質の改善」に関する単一の質問項目を用いて測定した。

3-4 分析結果

図表10-2に各説明変数に関する記述統計を，図表10-3にSREの成果を被説明変数とする重回帰分析の結果を示した。

上記重回帰分析の結果，SREの成果であるコストの削減と行政サービスの質の改善の両者に対して統計的に有意な正の影響を示したのは，①「責任共有」と，行政評価の利用方法の違いのうち，④「インタラクティブ利用」の2変数であった。このことは，コストの削減と行政サービスの質の改善の同時実現というSREの成果を得るためには，組織横断的に価値観を共有し，自身の業務のみならず他の部局の業務に対しても積極的に関与しうる組織体制を構築するとともに，行政評価をインタラクティブ・コントロール，すなわち，上司部下間のコミュニケーションのために利用することが必要となり得ることが推察される。

図表10-2 各説明変数の記述統計と相関係数

		Cronbach's α	平均値	標準偏差	①	②	③	④	⑤	⑥
①	責任共有	—	3.42	.806	1					
②	予算権限の分権化	—	3.38	1.274	.157**	1				
③	診断型利用	0.895	3.26	.790	.281**	.219**	1			
④	インタラクティブ利用	0.854	2.83	.717	.242**	.264**	.818**	1		
⑤	目標水準の程度	—	.37	.482	.157**	.057	.218**	.174**	1	
⑥	組織規模	—	6.91	1.084	.120*	.035*	.250**	.175**	.150**	1

※Pearsonの相関係数，**：$p<0.01$　*：$p<0.05$

図表10-3　重回帰分析の結果

		コストの削減			行政サービスの質の改善		
		B	β	t値	B	β	t値
①	責任共有	.113**	.115	2.300	.151**	.144	3.309
②	予算権限の分権化	−.024	−.038	−.776	−.002	−.004	−.086
③	診断型利用	.051	.051	.595	.286**	.267	3.597
④	インタラクティブ利用	.395**	.358	4.273	.379**	.322	4.411
⑤	目標水準の程度	−.168	−.102	−2.081	−.087	−.049	−1.154
⑥	組織規模	.027	.037	.738	.040	.051	1.180
定数項		1.850**	—	6.268	.704**	—	2.563
F値			13.823**			37.344**	
調整済みR^2			.174			.374	
N			366			366	

※Bは非標準化偏回帰係数，βは標準化偏回帰係数を示している。
※**：$p<0.01$　*：$p<0.05$
※③診断型利用と④インタラクティブな利用の間に高い相関が見られた（相関係数0.818）。そこで多重共線性の問題が発生していないか検討した結果，VIFはすべての変数で3.5以下となっており，問題はないと判断した。
※コストの削減と行政サービスの質の改善の両者について統計的に有意な正の影響を示した変数に，網掛けを施している（定数項を除く）。

4 ■ 行政組織におけるSREの実現に向けて

　以上の分析結果より，行政組織におけるSREの実現のためには，組織横断的に価値観の共有を図ることで，他の部局の業務にも積極的に関与しうるような組織体制を構築するとともに，行政評価に関わる情報を，管理職間の議論や組織間における対話といったインタラクティブ・コントロールのために利用することが必要条件となる可能性が示された。以下，当該分析結果について考察をくわえる。

　コストの削減を図ると同時に，サービスの質の改善を図るという命題は，企

業においても行政組織においても，極めて困難な課題であると理解されてきた。しかしながら，この両者を同時に実現することは不可能なことではないということを，上記分析結果は示している。

その一方で，行政評価の利用の現状はどうかといえば，上記2つの条件を満たす形で設計・運営がなされている組織は，実はそれほど多くはない。業績管理システムとしての視点から行政評価の実態調査を行った目時（2012）によれば，組織横断的に価値観の共有が図られ，他の部局にも積極的に関与しうる組織を構築している度合は，5点満点中，平均値3.42を示しており，一方，行政評価の利用方法をインタラクティブ・コントロールのために利用している組織は，5点満点中，平均値2.83を示していた。

前述のとおり，Simons（1995）の枠組みに従えば，行政評価の利用方法としては，パフォーマンスのモニタリングのためにそれを利用する診断型利用と，管理職間の議論や組織間における対話のためにそれを利用するインタラクティブ利用の2つがある。SREの成果を高めるためには，目標が達成できたか否かという業績のモニタリングのためだけに利用するだけでなく，業務のなかで上司部下間，組織間で対話を行う際に行政評価を利用するインタラクティブ利用のために，より積極的に利用していくことが求められる。事実，現状においては，行政評価に多額のコストと手間を投じていながら，それを住民に対する行政経営の結果報告の手段としてしか見ていない自治体は少なくない。行政評価情報のなかには，各事業のパフォーマンスを示す業績指標やKPI，当該指標の経年変化，長期目標に対する達成状況など，非常に有益な情報が数多く含まれている。このような情報を単なるアカウンタビリティの手段としてのみで利用するだけではなく，行政評価をよりさまざまな場面で活用しようとすることが，行政組織においてSREを実現するための第一歩となろう。

上記の分析結果が示すように，SREの実現に向けてとりわけ重要となるのは，行政評価をインタラクティブ利用のために用いるようなリフォームを施すことということになる。この点，Simons（1995）は，システムをインタラクティブに利用するために必要となる4つの条件を提示している（p.97）。

① システムから得られる情報は，トップの経営陣が取り組む，重要かつ繰り返し生ずる問題に関するものであること

② 組織のあらゆるレベルの現場マネジャーが当該システムからのデータに頻繁かつ規則的に注意を払うこと
③ 得られたデータは，上司，部下，同僚間のフェイストゥーフェイスのミーティングで解釈され，議論されること
④ システムが継続的なチャレンジと議論のための触媒（きっかけ）となること

　これらの条件は，行政評価においても同様にあてはまると考えられる。なかでも，②のあらゆる階層のマネジャーが行政評価のデータに注意をむけること，③の行政評価のデータについてフェイストゥーフェイスのミーティングで議論することが，行政評価のリフォームを行ううえで重要となる。というのも，行政評価のデータを注視することで行政運営における新たな課題の発見がなされ，当該課題についてフェイストゥーフェイスで議論を行うことを通じて，新たなアイディアの創造がなされるからである。
　前述のとおり，コストの削減とサービスの質の改善の同時追求というSREの命題は，容易にその解が見つかるものではない。したがって，行政評価をインタラクティブに利用することを通じて，いかに革新的なアイディアを創造することができるかが，行政組織におけるSREを実現させるためのカギとなるのである。

5 ■行政組織におけるSREを実現するための必要・十分条件

　以上，本章では，非営利組織，とりわけ行政組織においてSREを実現するためには，どのような組織を構築する必要があるのか，さらには，SREの効果を高めるためには，多くの行政組織がすでに導入している行政評価に，どのようなリフォームを施す必要があるのかについて検討してきた。
　しかしながら，SREが目指すところは，単にコストの削減と行政サービスの質の改善の同時実現を図ることのみではない。実は，SREが究極的に目指すところは，最小のコストで顧客を感動に導くサービスを作り込み，もってパ

フォーマンスの劇的な改善を実現することを可能にすることにある。そうであれば，顧客（住民）に対して感動をもたらすほどの行政サービスを作り込む事ができなければ，行政組織におけるSREの真の目的を実現することはできない。

本章では，SREの成果を実現するために，既存の行政評価へどのようなリフォームを施す必要があるのかについて検討してきたが，これは，行政組織におけるSREを実現するための必要条件に過ぎない。SREの真の目的を実現するためには，本章で検討した必要条件に加え，これを可能にするための十分条件を探究することが求められる。この点，目標コストの範囲内で，より良い行政サービスの作り込みを行おうとするアプローチも，いくつかの組織で見られるようになっているが（目時，2010），必ずしも十分な知識の蓄積がなされているわけではない。

行政組織におけるSREの真の目的を実現するためにも，行政組織におけるSREの事例に関する詳細な分析と，さらなる研究の蓄積が求められよう。また，本章では，非営利組織のうち行政組織に焦点を当てて議論してきた。今後は，行政組織のみならず，医療組織やNPOのような非営利組織におけるSREについても検討していく必要があろう。

■注

1　本章は『企業会計』第64巻第12号に掲載された拙稿「行政組織におけるサービス・リエンジニアリング」に加筆・修正を加えたものである。
2　行政評価の詳細については，島田（1999）や上山（2002）などを参照されたい。
3　行政評価の導入状況については，松尾（2009），堀北ほか（2010），目時（2012）などにおいて詳細が示されている。
4　質問項目の作成にあたっては，Simons（1995）のフレームワークを実証したWidener（2007）を参考にした。診断型利用については，「重要な問題への集中」，「目標に対する進捗管理」，「成果指標のモニター」，「目標と実績値の比較」，「主要な成果指標の審査・点検」，「組織に共通の視点の提供」の6つの質問項目を，インタラクティブ利用については，「対面による積極的な議論」，「現場への権限移譲の促進」，「現場への積極的介入」，「会議における議論の促進」，「データに基づく議論の促進」の5つの質問項目を用いた。
5　業績目標水準の程度については，「1　努力を要せずとも達成可能な水準」，「2　標準的な努力で達成可能な水準」，「3　達成可能だが相当な努力を要する水準」，「4　極めて達成の難しい水準」の4つのレベルで回答を求めており，1および2の水準を「0」，3および4の水準を「1」として，ダミー変数を設定している。なお，目標値の設定を行っていない組織や行政評価を行っていない組織は分析から除外している。

■参考文献

Cavalluzzo, K. S. and C. D. Ittner, Implementing Performance Measurement Innovations: Evidence from Government, *Accounting, Organizations and Society*, 29 (3-4), 2004, pp. 243-267.

Simons, R., *Levers of Control: How Managers Use Innovative Control Systems to Drive Strategic Renewal*, MA : Harvard Business School Press, 1995.

Widener, S. K., An Empirical Analysis of the Levers of Control Framework, *Accounting, Organizations and Society*, 32 (7-8), 2007, pp. 757-788.

伊藤嘉博「サービス・リエンジニアリングの革新性とその実践的アプローチの検討」,『企業会計』第64巻第12号,2012,pp.28-38。

上山信一『日本の行政評価―総括と展望―』第一法規,2012年。

島田晴雄・三菱総合研究所政策研究部『行政評価―スマート・ローカル・ガバメント―』東洋経済新報社,1999年。

松尾貴巳『自治体の業績管理システム』中央経済社,2009年。

堀北秀一・妹尾剛好・横田絵理「地方政府のマネジメント・コントロールにおける情報活用:日本での実態調査からの示唆」,『三田商学研究』第53巻第4号,2010年,pp.35-53。

目時壮浩「公共サービスにおける目標原価管理―大分県庁におけるフィールドリサーチをもとに―」,『原価計算研究』第34巻第1号,2010年,pp.66-77。

目時壮浩「業績管理システムとしての行政評価―Ferreira and Otley (2009) に基づく実態調査―」,『武蔵大学論集』第60巻第2号,2013年,pp.45-72。

目時壮浩・妹尾剛好「公会計・行政評価情報の行政経営への活用に向けた課題―混合研究法に基づく考察―」,『原価計算研究』第36巻第2号,2012年,pp.115-129。

吉田栄介『原価企画能力のダイナミズム』中央経済社,2012年。

第11章

ホスピタリティ産業における非正規の基幹化マネジメント

1 ■ サービス・リエンジニアリングの担い手としての非正規

　宿泊・飲食サービスに代表されるホスピタリティ産業の「おもてなし」は，東京オリンピックの招致を成功裏に導く重要なキーワードとなったようだ。ゲストは多くの場合，他者との触れ合い，すなわち接客サービスを通じて「おもてなし」を体験する。顧客を大切に思う心のこもった従業員の言葉や態度が「おもてなし」のレベルを決める。したがって高品質の「おもてなし」を低コストで提供することは，ホスピタリティ産業の競争優位の基盤をなす。換言すれば，従業員を介してサービスを提供する産業では，サービス・リエンジニアリング（SRE）の問題は，人材マネジメントの問題でもある。

　ホスピタリティ産業では，これまで高品質と低コストの両立という難しい課題に，「非正規雇用の労働者」（以下，非正規という）の「基幹化」を通じて取り組んできた。基幹化の1つの側面が，非正規の数や活用比率を増やすという意味で「量的基幹化」である。具体的には，正社員を単位時間当たりコストの低い非正規に置き換え，人員構成の非正規比率を高めることである。また解雇権濫用法理の適用を受けず，雇用関係の終了が容易な非正規を雇用ポートフォリオに組み込むことで，人件費を削減し雇用の数量的・財務的柔軟性を高めることができる。実際，図表11-1に示すように，宿泊・飲食サービスに占める非正規の割合は7割に迫り，他の産業に比べて突出して多い。

　もう1つの基幹化の側面は，非正規の仕事内容や責任の重さを正社員のそれ

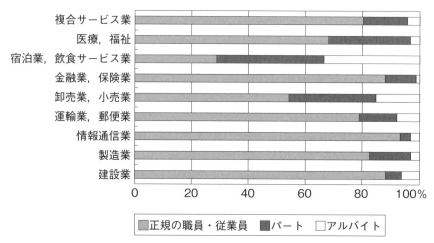

図表11-1　正規雇用・非正規雇用の労働者の割合（産業別）

■正規の職員・従業員　■パート　□アルバイト

出所：総務省「H24就業構造基本調査」をもとに，「雇用者」の「総数」から「会社などの役員」を除いたものを100％とし，それぞれの雇用形態別に割合を算出。

に近づける「質的基幹化」である。実際，労働集約産業のホスピタリティ産業では，非正規の活用を図るために，非正規を対象とした人事等級制度や教育訓練システムを整備し，査定付き昇給・昇格を行う企業も多い。また，一定の資格（ランク）に到達すれば，非正規から正社員へ雇用契約を変更する「正社員への転換制度」を設ける企業も増えている。

　非正規の内部労働市場への組み込みが可能となるのは，日本企業が，もともと新卒一括採用で未経験者を雇用し，手厚い人材育成を施しながら段階的に昇進させていく内部労働市場を発展させてきたからである。こういった非正規の質的基幹化のマネジメントは，階層を超えてキャリアを伸ばすことが難しい欧米企業ではみられない（今野，2012）。顧客をもてなす従業員がたとえ非正規であっても，正社員と変わらぬ接客サービスレベルを維持していることが，日本のホスピタリティ産業の強みであると思われる。「おもてなし」は非正規の基幹化マネジメントによって支えられているのである。

　一方，こうした非正規の基幹化の進展は，正社員と非正規の役割分担を曖昧なものとし，長年にわたって，処遇の公正性の確保という難しい課題を経営者に突きつけてきた。すなわち正社員と非正規の均衡・均等処遇の問題である。

本章の目的は，ホスピタリティ産業における非正規の基幹化マネジメントのあり方を検討することである。なお，本章のフレームワークに即した研究は，すでに小売業パート従業員を対象にした平野（2015）において，一部実証分析を施してる。本章では，そこで得られた知見も取り入れながら，分析対象を宿泊・飲食サービス業に変えて，SREの進展に資する非正規の基幹化マネジメントのあり方を検討したい。

なお，本章で用いるデータは，WEB調査会社のマクロミル社に委託して2013年11月に行った質問票調査である。調査は，国内の正社員・非正規を対象にして，同社のモニター会員あてに，WEB上のアンケートに回答する形で案内を行い，特定の条件に合致する場合のみに，全質問項目に回答する形式であった。サンプル属性の極端な偏りを防止するため，雇用区分（正社員，非正規）について，各カテゴリ毎に一定以上のサンプル数を確保することを目的にして，先に雇用区分についての回答でスクリーニングを行っている。収集した回答は3,402（正社員1,702，非正規1,700）である。

本章では，このうち，宿泊・飲食サービス業に勤める正社員42人と非正規130人を分析対象とする。サンプル属性は以下のとおりである（（数値）は標準偏差）。

平均年齢（歳）：正社員39.6（8.8）／非正規35.1（9.2）
非正規の雇用形態（人）：契約社員11，パート68，アルバイト46，その他5
性別（人）：正社員男38・女4／非正規男22・女108
現在の所属企業における勤続年数（年）：正社員7.7（6.3）／非正規3.3（3.1）
他社含めた通算勤続年数（年）：正社員18.5（9.1）／非正規11.3（6.8）

以下では，本調査と呼ぶ。

2 ホスピタリティ産業の雇用の課題

2-1 深刻化する人手不足問題

宿泊・飲食サービスに代表されるホスピタリティ産業は，景気回復に伴う国

内旅行需要やビジネス出張の回復，外国人観光客の増加などを受けて人手不足感が強い（大和，2014）。図表11-2は，直近（2015年6月調査）の雇用人員判断DIを主だった業種別にみたものである。製造業で▲5％の不足である一方，宿泊・飲食サービスは実に▲43％である。実際，人手不足が高じて営業時間や出店の見直しを余儀なくされたり，いわゆる「ワンオペ」（すべての作業を1人で行うオペレーション体制）など過少人員による店舗運営が，長時間労働・過重労働を助長し，従業員のモチベーションや定着率を悪化させているケースもある。

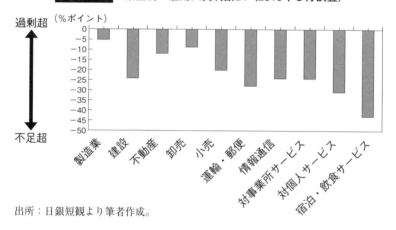

図表11-2 業種別の雇用人員判断DI（2015年6月調査）

出所：日銀短観より筆者作成。

慢性的な人手不足に悩むホスピタリティ産業では，主要な働き手である若年層の労働力人口が減少する構造的変化のなか，もはやその場しのぎの時給アップでは対処しきれないだろう。雇用の安定とともに仕事のやりがいを高め，非正規の定着率を抜本的に改善する正社員への転換制度が重要な施策となると思われる。

しかも，宿泊・飲食サービスは「正社員として働ける会社がなかったから」非正規の働き方を選んだとする，いわゆる「不本意非正規」の割合が高い業種である。図表11-3に示すとおり，宿泊・飲食サービスでは，とりわけ若年層においてその傾向が強く，正社員への転換に対する非正規のニーズは強いと思われる。

図表11-3 年齢別・産業別の不本意非正規割合

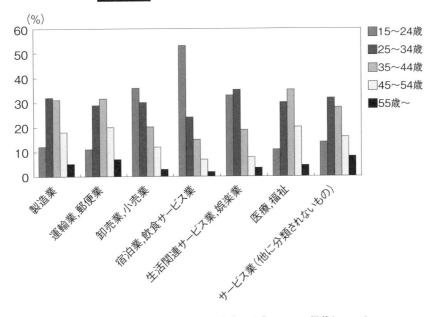

(注) 1) 不本意非正規割合が5％を越える産業・職業について掲載している。
   2) 年齢別の不本意非正規は，個々の職種・業種に占める不本意非正規割合（不本意非正規雇用労働者数／職種・業種内の全非正規雇用労働者数）を産出した。
      総務省統計局「H24年度就業構造基本調査」の調査票情報を厚生労働省政策担当参事官室にて独自集計。
出所：平成26年度版労働経済白書，207頁。

2-2 労働契約法の改正がもたらす「意図せざる結果」

　非正規の正社員への転換は，労働契約法（以下，労契法）の改正への対応の先取りの意味合いもある。2013年，非正規の雇用の安定と正社員との格差是正を目的として，非正規の無期雇用契約への転換制度が立法化された。今後は，同一の使用者との間で，有期雇用契約が通算で5年を超えて反復更新された場合，企業は非正規の申込みにより無期雇用契約（つまり期間の定めのない正社員）に転換しなければならない（労契法18条）。そこで非正規を正社員に円滑に登用する正社員への転換制度が求められることになる。

　労契法改正の国の政策意図は「有期労働契約の濫用的な利用を抑制し，労働

者の雇用の安定を図ること」である。しかし有期雇用の無期雇用への転換は，賃金アップや雇用保障の取り組みなど，企業に新たなコストをもたらす。それを嫌う企業が，正社員への転換に慎重になり，かえって非正規の雇用が不安定になるおそれがある。つまり「意図せざる結果」を生む可能性がある。意図せざる結果とは，ある行為主体（個人，集団，組織）が目的を有した行動をとった際に，その目的から逸脱した結果が生じることである（Merton, 1936）。

　平野（2015）は，労契法改正が2つの意図せざる結果をもたらす可能性を論じている。まず「意図をする行為主体」＝「国」と，「結果を出す行為主体」＝「企業」という関係で考えてみよう。このとき非正規の雇用安定と公正処遇という労契法改正の意図は正しくても，企業は正社員への転換に付随するコストを回避しようとするかもしれない。

　次に「意図をする行為主体」＝「企業（組織）」と「結果を出す行為主体」＝「従業員」の関係で捉えてみよう。労契法改正へ対応すべく人事制度を改定する企業（組織）は非正規のモチベーション向上という意図も持っているはずである。しかし組織の意図どおり「結果を出す行為主体」である非正規のモチベーションが高まるとは限らない。これには2つの理由が考えられる。1つは，正社員への転換制度の導入が，これまで休眠状態だった非正規の正社員との比較意識を覚醒させることにある。もう1つは，転換制度を導入したとしても，実際には転換することが難しい場合，かえって非正規の欲求不満が募るからである。

　議論をまとめると**図表11-4**のようになる。まず労契法改正の政策意図は非正規の雇用の安定である。このとき結果を出す行為主体，つまり企業（組織）は，新たな制度のコスト回避の選択として非正規の5年以内の雇い止めを増やすかもしれない（山口，2013）。これが第一の意図せざる結果である。一方，企業（組織）は意図をする行為主体でもある。このとき結果を出す行為主体は非正規である。企業（組織）は非正規のモチベーション向上という積極的な意図をもっている。しかし，正社員への転換制度が，かえって非正規のモチベーションを下げるかもしれない。これが第二の意図せざる結果である。

図表11-4　労契法改正がもたらす2つの「意図せざる結果」

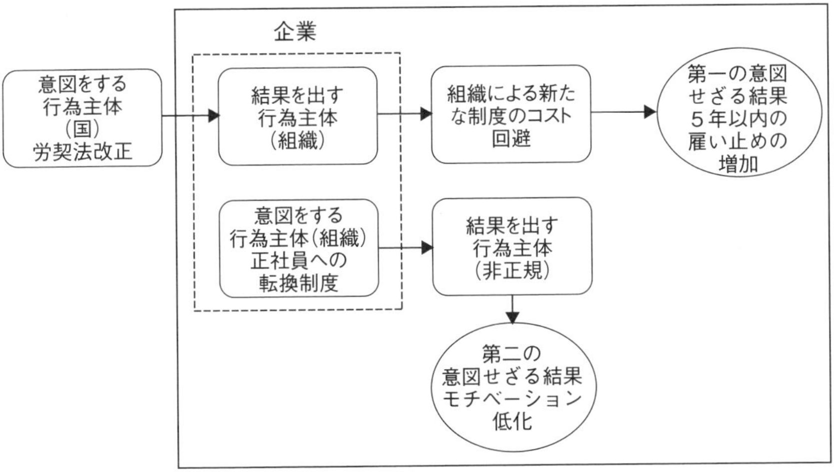

出所：平野（2015）。

2-3　分配的公正感とモチベーション

　そもそも非正規は働き方や処遇に不満を持っているのだろうか。意外にも，正社員に比べて非正規の職務満足やモチベーションは低くないという調査結果は数多くある（蔡，2010）。宿泊・飲食サービスもその例外ではない。**図表11-5**は本調査をもとに整理した宿泊・飲食サービス業に従事する正社員と非正規と組織行動に関する変数の平均値である[1]。モチベーションや職務満足など両者にはほとんど差がない。統計的に有意に差があるのは分配的公正感のみであり，しかもそのスコアは非正規の方が高い。

　非正規が正社員と比べて高い分配的公正感を示すのはなぜか。「分配的公正」（distributive justice）に関わる研究の端緒はAdams（1965）の「衡平理論」（equity theory）である。衡平理論では，個人のおかれている状況と，比較の対象となる他者の状況とを比べたうえで，組織に対して自分が果たしているインプットと，得られたアウトカムとが釣り合っていると働き手が判断した場合，公正と感じると仮定される。逆に，他者と比べて自分の報酬が努力や成果に見合わない（過少報酬）と思えば不満を持つ。一方，他者と比べて過多報酬だと

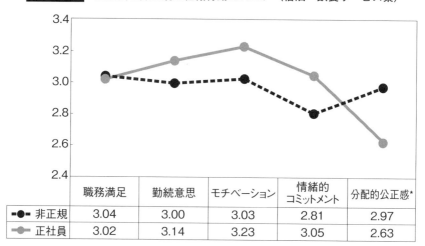

図表11-5 正社員と非正規の組織行動のスコア（宿泊・飲食サービス業）

	職務満足	勤続意思	モチベーション	情緒的 コミットメント	分配的公正感*
非正規	3.04	3.00	3.03	2.81	2.97
正社員	3.02	3.14	3.23	3.05	2.63

平均の差の t 検定：†;p <.10，*;p <.05，**;p <.01，***;p <.001

感じれば罪の意識を感じる。

　インプットとは職務に対する努力や知識，経験などはもちろん，年齢や雇用形態や社会的地位などの客観的条件でもよい。自らが組織に持ち込む価値あるものすべてをインプットと表現することができる。一方，アウトカムとは賃金や昇進，能力開発機会，雇用保障，地位，名誉など自分が企業から受け取る価値あるものすべてが該当する。ここで重要なことは，インプットやアウトカムは客観的要素の総和なのではなく，当事者たちによって知覚される主観的要素の総和であるということである。インプットとアウトカムの不均衡な状態は**式1**と**式2**の不等式によって示される。衡平な関係の成立は**式3**によって示される。

$$\frac{Op}{Ip} < \frac{Oa}{Ia} \quad （式1） \longrightarrow \quad 過小報酬　不満$$

$$\frac{Op}{Ip} > \frac{Oa}{Ia} \quad （式2） \longrightarrow \quad 過多報酬　罪の意識$$

$$\frac{Op}{Ip} = \frac{Oa}{Ia} \quad （式3） \longrightarrow \quad 衡平状態　満足$$

（注）　O＝アウトカム　I＝インプット　p＝自分の　a＝他者の

分配的公正感はモチベーションの重要な規定因であるが，平野（2015）は，小売業パートを対象としたサーベィ・リサーチにより，企業が正社員への転換制度を導入すると，むしろパートの分配的公正感が下がることを実証している。というのは分配的公正の理論では，組織に対して自分が果たしているインプット（努力，時間，技能など）と，得られたアウトカム（賃金，昇進，教育機会など）とが，比較する他者と釣り合っていると判断した場合に公正と感じると仮定される。重要なのは，分配的公正は組織内の誰と自分を比較しているのかという比較対象の選択に関わっているということである（Folger and Cropanzano, 1998）。

　社会的比較理論によれば，人は自分の意見や能力を正しく評価したいという動機があり，そのために自分と意見や能力が類似した者と比較する傾向がある（Festinger, 1954; Ambrose, Harland and Kulik, 1991）。たとえば，正社員は正社員同士，非正規は非正規同士の比較に大きな関心を持っている。つまり非正規はその比較対象を同じ非正規カテゴリーの他者としている。したがって雇用が安定し相対的に良い労働条件で働いている正社員に比べて，非正規のモチベーションは決して低くないのである。しかし，正社員への転換制度の導入が，正社員との比較という意識を非正規に覚醒させ，不公正感を惹起する可能性がある。

3　分析フレームワークと変数

3-1　分析フレームワーク

　労契法改正に対応すべく，正社員への転換制度に関心を持つ宿泊・飲食サービス業の経営者は多いと思われる。普通に考えれば，正社員への転換制度は非正規にキャリア目標を与え，モチベーションを引き出すインセンティブとして機能するはずである。しかも，職務の難度や働き方，組織との関係の持ち方の違いに基づいて，質的基幹化した非正規を正社員に転換するという論理は，衡平原理に即した人事制度改定である。また非正規の質的基幹化に応じて，企業（組織）との関わり方に複数の選択肢（非正規・正社員）があることも，衡平原理からみて望ましいと考えられる。

しかし，先に議論したとおり，分配公正感は組織内の誰と自分を比較しているのかという比較対象の選択に影響を受ける。人は自身の属性と近い人や，接触頻度の高い人を比較対象にしやすい。そうであれば非正規は，正社員ではなく，同じ非正規のなかの誰かと比較している可能性が高い。正社員への転換制度が導入されることで，それまで同じ雇用区分に閉じていた非正規の比較対象が正社員に変化し，休眠状態にあった正社員との処遇格差への不満が覚醒するという「意図せざる結果」が生まれる可能性がある。

一方，企業の人事制度ポリシーは，余合（2014）によれば，「衡平分配ポリシー」，「平等分配ポリシー」，「必要性分配ポリシー」の3つがある。衡平分配ポリシーとは，「何らかの貢献度の指標に基づいて」賃金や昇進昇格を決める企業の人事制度設計の方針である。賃金や賞与の決定における貢献度の指標は，システム論的に捉えると，インプット（職務遂行能力），スループット（職務価値），アウトプット（成果）があるが，そのいずれであっても構わない。

平等分配ポリシーとは，「あらゆる差を考慮せず，皆に等しく処遇を行う」ような平等主義的な処遇制度の設計方針である。学歴，年齢，性別，勤続年数や年齢などデモグラフィックな要素のほか，能力，努力，成果といった人事評価で用いられる要素についても不問とする。こうした平等性は社会調和を重視した場合に有効となり，伝統的な日本企業の「遅い昇進」（今田・平田，1995）などは，このポリシーを部分的に取り入れている。

必要性分配ポリシーとは，「手当」を基準とした処遇体系である。たとえば扶養家族が多い（つまり家計支出が多い）人が高い賃金をもらい，そうでない人が低い賃金を受け取る。年齢給や年功給も，年齢に応じて家族を支える支出が増えるので，それに応じて賃金を増やしていく必要性分配ポリシーの賃金システムと捉えることができる。

もとよりこの3つの原理は理念的なものであり，現実の人事制度は程度の差こそあれ，これら原理が組み合わさったものになる。しかし，公正に関わるポリシーの選択は人事制度の設計原理を規定する。インセンティブの体系の決定要因としてきわめて重要である。しかし，3つの原理のうちどのポリシーが非正規の分配的公正感を高めるかは，必ずしも明確ではない。

ここで戦略的人的資源管理（Strategic Human Resource Management：SHRM）

の知見を援用して、この問題を考えてみると、従業員の人事制度の公正性の知覚には、人事制度を構成するさまざまな人事施策の束が特定のポリシーのもとに一貫していることが重要である。

SHRMの代表的な分類は、(a)高業績を生み出す人事施策は普遍的であるとする「ベストプラクティス・アプローチ」、(b)戦略のタイプに応じて有効な人事施策は異なるとする「コンティンジェンシー・アプローチ」、(c)人事施策間の一貫性を重視する「コンフィギュレーショナル・アプローチ」の3つであり、各アプローチに即した業績と人事管理のあり方の関係の実証研究がこれまで多く行われてきた（たとえば、Huselid, 1995）。

SHRMの知見に基づけば、評価システムや賃金システムなど人事管理のサブシステム間の一貫性が要求される。したがって、衡平原理に基づく正社員への転換制度を導入するのであれば、評価や賃金制度も衡平分配ポリシーのもとに設計することが、人事施策間の一貫性を高めるという観点から望ましいと考えられる。以上の議論から、正社員への転換制度と人事制度の衡平分配ポリシーは、非正規の分配的公正感に対して正の交互作用効果を持つ、という仮説を立てることができる。分析フレームワークは**図表11-6**のようになる。

図表11-6　分析フレームワーク

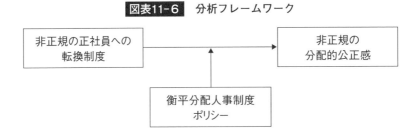

3-2　変　　数

(1) **独立変数**

「非正規の正社員への転換制度」の有無（有＝1，無＝0）を尋ねている。

(2) **従属変数**

非正規の「分配的公正感」を測定するに際して、正義や公正といった概念は

複数の原則を持ち,多分に多義的であることに注意を払っておく必要がある。公正の多義性に関して,Deutsch（1975）は,公正な分配の原理として11の価値をあげている[2]。特にDeutschが重視したのは,先に人事制度ポリシーで議論した衡平原理（equity principle），平等原理（equality principle），必要性原理（need principle）である。

本章では,田中（1996）やColquitt（2001）を参考に,各分配原理の内容を整理した余合（2014）における9つの質問を準備し,尺度はリッカートスケール5件法で尋ねた。分析には9項目の単純加算平均を用いる（α =.90）。

＜衡平原理＞
・私の仕事の成果と処遇はつり合いがとれている
・私の給与や待遇は,同業他社と比較して納得できる水準にある
・私の給与や待遇は,仕事の努力に見合ったものである

＜平等原理＞
・私の給与は,同僚と比べて遜色ない水準である
・給与や処遇に関して,同僚間にそれほど大きな差はない
・私の現在の処遇は,平等なものである

＜必要性原理＞
・私の処遇は,私の年齢や地位にふさわしいものである
・私は,生活をする上で十分な給与を貰っている。
・私の給与や待遇は,個人の事情に十分配慮したものになっている

(3) モデレータ変数

余合（2014）は,本章のデータセットの全サンプルを対象として,評価や賃金の人事制度の設計ポリシーの探索的因子分析を行い「衡平分配人事制度ポリシー」と「平等・必要性分配ポリシー」の2因子構造を見い出した。本章もこの2つの変数を設定する。

「衡平分配人事制度ポリシー」は,昇給や賞与の決定原理において貢献度に対する指標をインプット（職務遂行能力），スループット（職務），アウトプット（業績）を総合する指標である。

具体的な質問項目は,①仕事を遂行していく上で本人に期待される役割の価

値に基づいて昇給や賞与が定められている，②能力・スキル（職務遂行能力）に基づいて昇給や賞与が定められている，③担当する仕事（職務）に基づいて昇給や賞与が定められている，④当期の業績に基づいて昇給や賞与が定められている，⑤会社への貢献度により従業員間で給与や賞与に差をつけている，⑥それまで積み上げてきた業績に基づいて昇給や賞与が定められている，⑦同一年次入社の従業員間で給与や昇進スピードに差が大きい。以上7項目の加算平均であり（$a=0.92$），尺度はリッカート5件法である。

一方の平等・必要性原理ポリシーは，①年齢に基づいて昇給や賞与が定められている，②勤続年数に基づいて昇給や賞与が定められている，③従業員の家庭事情や経済的状況等を配慮して昇給や賞与が定められている，④従業員同士の昇給や賞与にはほとんど差はなく，皆が同等の処遇を受けている。以上4項目の加算平均であり（$a=0.75$），尺度はリッカート5件法である。

(4) **統制変数**

女性ダミー，年齢，現在の所属組織での勤続年数である。

分析には，「転換制度×衡平分配ポリシー」と「転換制度×平等・必要性分配ポリシー」の2つの交互作用項を投入する。なお交互作用項の新変数をつくる際に，多重共線性を回避するため各変数の中心化処理を施してある。

4 ■分析結果

分析フレームワークに即して階層的重回帰分析を行った結果が**図表11-7**である。モデル2において，「衡平分配人事制度ポリシー」が強まると非正規の「分配的公正感」は高まる（1％水準で有意）。一方で「正社員への転換制度」が導入されるとむしろ「分配的公正感」が低化する（1％水準で有意）。

モデル3において，10％水準ながら「衡平分配人事制度ポリシー」と「正社員への転換制度」の正の交互作用効果が確認される。つまり，当社は「衡平分配人事制度ポリシー」であると非正規が知覚していれば，「正社員への転換制度」は所期の期待通り非正規の「分配的公正感」を高める。

図表11-7 分配的公正感の規定因の階層的重回帰分析結果
（宿泊・飲食サービス業）

従属変数：非正規の分配的公正感

独立変数	モデル1 β	モデル2 β	モデル3 β
女性ダミー	.271 **	.260 **	.247 **
年齢	−.091	−.077	−.063
現所属企業での勤続年数	.060	.021	.028
衡平分配人事制度ポリシー		.281 **	.170
平等・必要性分配人事制度ポリシー		.022	.008
正社員への転換制度		−.263 **	−.214 *
転換制度×衡平分配ポリシー			.199 †
転換制度×平等・必要性分配ポリシー			.092
R2	.077	.200	.245
⊿R2		.123	.045
F値	3.490 *	5.123 ***	4.901 ***
変化F値		6.314 **	3.588 *

†;p <.10,　*;p <.05,　**;p<.01,　***;p<.001

図表11-8は,「正社員への転換制度」と「衡平分配人事制度ポリシー」の交互作用効果を可視化したものである[3]。「衡平分配人事制度ポリシー」が低い職場に勤務する非正規グループでは「正社員への転換制度」が導入されると

図表11-8 分配的公正感に対する転換制度と衡平分配人事制度ポリシーの交互作用効果（宿泊・飲食サービス業）

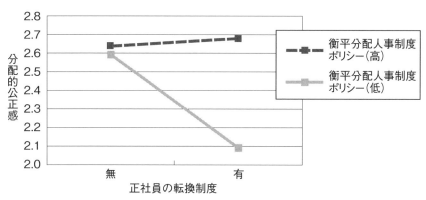

分配的公正感は大幅に悪化する。その反面,「衡平分配人事制度ポリシー」が高いグループでは「正社員への転換制度」は分配的公正感をわずかながら高める。

5 ホスピタリティ産業の非正規の質的基幹化マネジメントのメリット

5-1 本章の結論と実践的含意

本章の結論と実践的含意を要約して述べれば,次のようになる。

(1) 宿泊・飲食サービス業に代表されるホスピタリティ産業において,正社員に比べてコスト面で安価な非正規の質的基幹化は,サービスの高品質化とコスト削減を両立させる効果的な手段となる。

(2) したがって非正規の定着率を改善し,モチベーションを高めていく非正規の質的基幹化マネジメントが,SREの課題となる。

(3) 質的基幹化した非正規を正社員に登用することは,非正規の定着率の抜本的改善につながることが期待される。また非正規の正社員への転換制度の整備は労契法改正への対応としても重要である。

(4) しかし非正規の正社員への転換制度の導入は,それ単独で導入しても非正規の定着率やモチベーション向上につながらないだろう。正社員転換制度を導入することで,かえって非正規の分配的公正感を損なう可能性がある。というのは,正社員への転換制度が,それまで非正規内に閉じていた非正規の比較対象が正社員に拡張し,処遇の不公正感を惹起するからである。

(5) したがって,正社員への転換制度を導入するのであれば,非正規の賃金や昇格の決定に際して,能力,職務,業績など組織への貢献度を測定する指標のもとに査定し,賃金や昇進を決める人事管理を施し,衡平分配ポリシーに基づく人事施策の一貫性を確保することが求められる。

5-2 本章のSREに対する意味合い

ホスピタリティ産業ではサービスの担い手は現場の人材であり,その多くは

非正規である。非正規個々の熟練やモチベーションの程度によって，コンテンツやサービスの質が大きく異なるようでは，たちまち当該企業は顧客からの信頼を失墜するだろう。とはいえ，マニュアルのもとにオペレーションを標準化しサービスの均質化を測るだけでは，顧客を感動へと導くことはできない。

　日々現場で顧客と接する非正規はサービス価値創造の「資源」である。一方で，労働集約的であるホスピタリティ産業では，非正規は「コスト」の側面も強く，経営者には人件費の削減の誘因が常に働いている。コスト削減手段は概して人員の削減に頼る傾向があり，それは即サービスの低化につながりかねない（伊藤，2013）。ホスピタリティ産業において，高品質サービスをライバルよりも低いコストで提供するための重要な経営課題は，顧客接点現場で働く非正規の質的基幹化であり，その延長線上にある正社員への登用である。

　なぜ非正規の質的基幹化がSREにつながるのか。それぞれの組織で日々顧客と接している人（非正規）には，多くの潜在的なノウハウの蓄積があるはずであり，それらをうまく引き出して体系化できれば，第1章で指摘したように，効率的なシステムの設計が図れるし，当然ながらコストも安価となるからである。

　その素晴らしい実例は，わが国の製造業の生産現場のオペレーションにある。これまで労働経済学ないし人的資源管理論では，日本企業の現場の強みは，主として生産現場のブルーカラーの「知的熟練」のテーマのもとに論じられてきた。知的熟練とは法政大学名誉教授の小池和男氏が見出した日本の生産系ブルーカラーが保有する技能の特徴のことである。具体的には「普段と違った作業」（unusual operation），つまり「変化と異常を処理するノウハウ」のことである。たとえ工程管理がゆきとどいた生産工場であっても職場の作業は決して普段の作業で尽きはしない。頻繁に変化と異常が起こっている。異常事態にあって「その場のその人」（the man on the spot）が，生産ラインを長く止めることなく治具や工具を変え，その微修正を行い，うまく対応できるかどうかで効率は大きく変わる。日本の生産現場では，問題処理の専門家であるエンジニアではなく，現場の作業者が異常を処理することが多い。結果として，ブルーカラー技能職の多くが知的熟練を備える中厚的なスキル分布となる（Koike, 1994）。

しかも，一部の知的熟練に長けた上位ブルーカラーは，新モデルの設計構想に意見を言う。新モデルを生産する生産ラインの設計，構築に技術者とともにチームを組んで参加する（小池，2012）。さらに，そのラインの作業をどのように個々の職務に編成するか，分けた職務の遂行方法を職場の仲間に教える。こうした働きの有無はうたがいなく競争力を高める（小池，2015）。

　知的熟練論はホスピタリティ産業の現場人材にも応用可能な理論である。顧客接点現場の一人ひとりの従業員が，顧客の多様なニーズに臨機応変に心をこめて対応することがサービスの水準を決める。知的熟練とは「変化と異常を処理するノウハウ」であるが，ホスピタリティ産業では，それを「多様な顧客のニーズに応えるサービスを提供するノウハウ」と言い換えることができるだろう。

　知的熟練の形成に向けてインセンティブを提供するのが長期安定雇用，職能資格制度，定期昇給，査定である（Koike, 1994）。職能資格制度とは，会社が認めた職務遂行能力のレベルに応じて資格等級を設定し，資格に社員を格付けして昇進や賃金決定をしていくシステムである。職能資格制度をベースにして定期昇給における査定の仕方を衡平分配ポリシーのもとに体系化することにより，ブルーカラーは知的熟練の形成に強く動機づけられる。また給与と資格を切り離すことで，より柔軟な職務配置と広範なローテーションが可能となる。

　ホスピタリティ産業における非正規の質的基幹化のマネジメントに対する本章の発見も，知的熟練論と整合的な結果であるといえるだろう。衡平分配ポリシーに基づく一貫した人材マネジメントが，SREを進展させる要諦である。しかも，「海外日本企業の知的熟練の国際移転研究」（たとえば，小池，2008）に倣えば，ホスピタリティ産業の非正規の質的基幹化マネジメントは海外においても強みを発揮する可能性を秘めている。

■注

1　変数は以下の質問項目（リッカート5件法）である。モチベーションと情緒的コミットメントはそれぞれ3つの質問の加算平均値である。分配的公正感については本文中で解説する。
　　職務満足：　　　　　　今の仕事に満足している。
　　勤続意思：　　　　　　この会社で，今後も長く働き続けたい。

モチベーション： 今の仕事内容にとてもやりがいを感じている。
日々，仕事をする喜びを心から感じている。
今の仕事に誇りを持って取りくんでいる。
情緒的コミットメント：私は，この会社の社員であることを誇りに思っている。
私は，この会社に愛着を持っている。
私は，この会社に対し，忠誠心を感じている。

2　①各自の貢献によるもの，②平等であるもの，③各自の要求によるもの，④各自の潜在的価値によるもの，⑤各々の努力によるもの，⑥他者が自分たちのために行うために何を選ぶかによるもの，⑦競争の機会を等しく与えることに従うもの，⑧市場の供給と需要によるもの，⑨共通の利益によるもの，⑩互換性の原理によって，⑪最低線以下に落ちないようにするもの，以上の11である。

3　具体的には，交互作用項を構成する「衡平分配人事制度ポリシー」が「平均値＋1標準偏差」および「平均値−1標準偏差」を示す2つのグループを想定した。そして2つのグループそれぞれについて，正社員への転換制度が「平均値−1標準偏差」および「平均値＋1標準偏差」，つまり導入の有無の場合の非正規の分配的公正感を推定した（cf. Aiken and West, 1991）。

■参考文献

Adams, J. S., "Inequity in Social Exchange," In Berkowitz, L (ed.) *Advances in Experimental Social Psychology*, Vol.2, Academic Press, 1965, pp.267-299.

Aiken, L.S. and West, S.G., *Multiple Regression: Testing and Interpreting Interaction*, SAGE Publication, 1991.

Ambrose, M.L., Harland, L.K.,and Kulik, C.T., "Influence of Social Comparison on Perceptions of Organizational Fairness," *Journal of Applied Psychology*, Vol.76, No.2, 1991, pp.239-246.

Colquitt, J.A., "On the Dimensionality of Organizational Justice: A Construct Validation of A Measure." *Journal of Applied Psychology*, Vol.86. No.3. 2001, pp.386-400.

Deutsch, M., "Equity, Equality, and Need: What Determines which Value will be Used for Distributive Justice?" *Journal of Social Issues*, Vol.31, No.3, 1975, pp.137-150.

Festinger, L., "A Theory of Social Comparison Processes," *Human Relations*, Vol.7, 1954, pp.117-140.

Folger, R. and Cropanzano, R. ,*Organizational Justice and Human Resource Management*, Sage Publications, 1998.

Huselid, M.A,, "The Impact of Human Resource Management Practices on Turnover, Productivity, and Corporate Financial Performance," *Academy of Management Journal*, Vol.38, No.3, 1995, pp.635-672.

Koike, K., "Learning and Incentive Systems in Japanese Industry," in Aoki, M. & Dore, R. (eds.) *The Japanese Firm : Sources of Competitive Strength*, Oxford University Press, 1994, pp.41-65.

Leventhal, G.S., "What Should be Done with Equity Theory? New Approaches to the Study of Fairness in Social Relationship." In K.J Gergen, M.S.Greenberg & R.H. Willis (eds.) *Social Exchange: Advances in Theory and Research*, Plenum Press, 1980, pp.27-

55.
Merton, R.K., "The Unanticipated Consequences of Purposive Social Action," *American Sociological Review*, Vol.1, No6, 1936, pp.894-904.
今田幸子・平田周一『ホワイトカラーの昇進構造』日本労働研究機構，1995年。
伊藤嘉博「ホスピタリティ産業におけるサービス・リエンジニアリング―その不可避性とアプローチに関する検討―」,『早稲田商学』第438号，2013年，pp.159-196。
今野浩一郎『正社員消滅時代の人事改革』日本経済新聞出版社，2012年。
小池和男『海外日本企業の人材形成』東洋経済新報社，2008年。
小池和男『高品質日本の起源―発言する職場はこうして生まれた―』日本経済新聞出版社，2012年。
小池和男「経済教室／職場の中堅層，おおきな役割」日本経済新聞，2015年8月6日朝刊。
厚生労働省編『労働経済白書<平成26年版>―人材力の最大限発揮に向けて―』2015年。
総務省「平成24年就業構造基本調査」2012年。
田中堅一郎「産業・組織心理学における社会的公正に関する研究の動向」,『産業・組織心理学研究』第10巻第1号，1996年，pp.59-73。
蔡　芢錫「雇用形態の多様化と働く動機―雇用形態の多様化研究の統合の試み―」,『国民経済雑誌』第202巻第1号，2010年，pp.23-40。
日本銀行「全国企業短期経済観測調査（短観）（2015年6月調査全容）」2015年。
平野光俊「労働契約法改正の「意図せざる結果の行方」―小売業パート従業員の分配的公正感を手がかりとして―」,『日本労働研究雑誌』655号，2015年，pp.47-58。
山口一男「経済教室／雇用改革の副作用　配慮を」日本経済新聞，2013年7月24日朝刊。
大和香織「深刻化する人手不足問題」,『みずほリサーチ』2014年11月号，pp.6-7。
余合　淳「公正感の規定因に関する人事管理研究―組織公正理論を手掛かりとした実践的検討―」神戸大学博士論文，未公刊，2014年。

第12章

サービス・リエンジニアリングの支援ツールの検討
―― サービスABCDの意義とその活用事例 ――

1 ■ SREとサービスABCD

　サービス・リエンジニアリング（SRE）は，決して特別な手続を要するものではないが，少なくとも(1)問題の発見（バリュードライバーの識別），(2)問題の大きさの把握，(3)改善のための代替案の探索（サービス・コンテンツの作り込み），(4)サービス・インフラストラクチャーの整備といったステップは必須である。事実，これまでの各章で先進事例としてとりあげた組織はいずれも，これらの各ステップにおいて際立った努力の痕跡を見出すことができる。

　とはいえ，これらをたんに模倣するだけでは，成功はおぼつかない。もとより，それぞれの組織が直面している状況は異なるのであるから，上記のステップを自社なりにきちんと踏襲していくことはもちろんだが，他方で，それぞれの業態に特徴的な成功要因をきちんと抽出して，躊躇することなく挑戦的な取り組みを継続していくことが求められよう。努力なくして好業績は生まれないし，失敗を恐れて戦略的な試みに後すざりしていては改善はままならない。

　とはいえ，これが真理であるとしても，資本力に乏しい中小の組織にあっては，改善や改革にはやはり二の足を踏むといったところが現れそうである。

　そのようなケースでは，サービスABCDの活用が望まれる。なぜならば，このツールを活用すれば，顧客のニーズに的確に応えることのできるサービス・コンテンツあるいはサービス・ミックスをシステマティックに，かつ低コストで作りこむことができるからである。

　このツールのベースであるABCD（attribute-based cost deployment）は，品

質機能展開（quality function deployment: QFD）[1]の枠組みをもとに考案されたもので，もともとはマーケティング・ミックスの検討を意図するものであった（伊藤，1998）。しかし，同様なアプローチはサービスに関連する品質とコストの同時的作り込みにも有効と考えられることから，その後これにソフトウエアの品質の源流管理への応用も念頭に入れて新しいモデルが提案された（伊藤，1999, 2001）。なお，本章で検討するそれは，従来の枠組みをベースにしながらも，SREに適した支援ツールとして再構築されたものである。

　本章では，上記のサービスABCDの構造と特徴について解説したのち，その適用事例として仮説のビジネスホテルのケースを検討することで，この支援ツールの意義を明らかにすることにする。

2 ■ サービスABCDの構造と特徴

2-1　サービスABCDワークシートの作成プロセス

　サービスABCDは，マトリックス形式のワークシート上で，顧客がサービスにもとめる商品属性と商品としてのサービスの構成要素との対応関係（因果連鎖）を評価し，後者の具体的な中身であるサービス・コンテンツに経営資源を効果的に配分しようとするものである。**図表12-1**は，サービスABCDの基本コンセプトと構造を図式化したものである。

　サービスABCDでは，まず，顧客がサービスに求める顕在的・潜在的商品属性を前述の当たり前要素・一元的要素・魅力的要素の各属性に鑑みて識別し，ワークシートの各行に記述する。そして必要とあれば，これを2次，3次の属性へと展開する。そのうえで，識別されたすべての属性に対して，その相対的な重要度を5ポイントスケール[2]で評価する。この際，顧客の立場に立って考えることが重要であることはいうまでもないが，当たり前要素についてはそのサービスの原点ないし本質に立ち返って別途吟味する必要がある。

　つづいて，今度は商品としてのサービスの構成要素をクオリティ，ホスピタリティそしてアメニティに分けて特定し，さらにこれを実現する個別具体的なコンテンツ（その総和がサービス・ミックスとなる）をマトリックス上の列に展

図表12-1　サービスABCDの基本構造

アメニティ属性	属性の重要度顧客から見た p_i	サービス・コンテンツ要素 (クオリティ, ホスピタリティ, アメニティ実現アクティビティ) $(j=1, 2 \cdots k)$			現状レベル L_{mi} (a)	競合者のレベル (b)	企画レベル L_{ei} (c)	絶対ウェイト W_{ai} (d)	配分ウェイト W_i (e)
例)当たり前サービス要素関連属性	4	○ 2/6 (1)	◎ 3/6	△ 1/6	1	3	3	12 (2)	6 (3)
⋮		⋮	⋮	⋮	⋮	⋮	⋮	⋮	⋮
一元的・魅力的サービス関連属性 $(i=1, 2\cdots, n)$		⋮ （対応関係の評価）	⋮	⋮	⋮	⋮	⋮	⋮	⋮
		⋮	⋮	⋮	⋮	⋮	⋮	⋮	⋮
属性ウェイト W_j		W_1	$W_2,\ldots,$	W_k	—	—	—	200	100%
予算額 B_j		$B_1,$	$B_2,\ldots,$	B_k					

(注)(1) R_{ij}(iとjとの相関), (2) $W_{ai} = (L_{ei}/L_{mi}) \times P_i$, (3) $W_i = W_{ai}/\sum_{i=1}^{n} W_{ai} \times 100 = \sum_{J=1}^{k} R_{ij}$

開していく。ワークシートの列には，他に以下に示すような内容に関して，その評価結果を示す欄が設けられている。

(a) ワークシートの行に展開された顧客が求めるサービスの商品属性のそれぞれに対する自社のサービスによる充足度（**図表12-1**の数値例では，1）

(b) 同属性のそれぞれに対する競合他社のサービスによる充足度（**図表12-1**の数値例では，3）

(c) 同属性のそれぞれに対して，上記(a)および(b)を参考に決定した今後達成すべき戦略上の希求レベル（**図表12-1**の数値例では，コンペティターと同レベルの3）

なお，これらはいずれも5ポイントスケールで評価・記述する。

(d) 絶対的ウェイト。これは顧客が求めるサービスの商品属性のそれぞれに対して，その相対的な重要度と(c)の(b)に対するレベルアップ率の積である（**図表12-1**の数値例(2)参照。4×3÷1＝12）。

(e) 相対ウェイト。これは上記(d)列の値をすべて集計し，その合計数値に対

する各絶対ウェイトの値を百分率に換算し直したものである（**図表12-1**の数値例(3)参照）。

　ここで，再び商品としてのサービスの構成要素となる各種の媒体について展開した列に注目してもらいたい。つぎなるステップは，これらの各媒体と顧客が求めるサービスの商品属性との相関を，その強弱に応じて，◎強い相関，○相関あり，△相関は認められるが弱い，というように評価して，行と列が交差する各セル上に記入していくことである。そして，◎は3点，○は2点，△は1点などとして数値化したうえで，この比をもって前述の相対ウェイトの値を各セルに比例配分する（**図表12-1**の数値例(1)参照）。そして，記号が付されたすべてのセルに対して同様な計算を行った後に，列ごとに数値を合計することによって，サービス媒体にコストを割り付けるための属性（配分）ウェイトが確定する。

2-2　改善予算の算定

　上記のプロセスで，各サービス・コンテンツに割りつけられるコスト（収益改善のための投資資金）はどのように決定されるのであろうか。もとより，それはサービスの維持・向上さらにはホスピタリティの創出に個々の企業がどれだけの資金を割くことができるかによって決まるといえるが，第1章で紹介したように，サービスの失敗コスト（COPS）をもとに見積もってみるのも一考である。COPSを正確に把握するのは困難だが，主要な顧客に対し，一定期間に自社および他社の提供するサービスをそれぞれどのくらいの頻度で利用するか，さらには1回当たり平均いくら支出しているかを尋ねることができさえすれば，推定することは可能である[3]。

　すなわち，新しいサービス・コンテンツを作り込むことで収益構造が改善するなら，現在のサービスが顧客の求める商品属性を十分充たしていないために失っている損失を取り戻すことができる。そうであれば，その損失と同額のコストをこの改善のために費やすことができるはずだという考え方が上記の推定を行う基礎にある。あくまでもこれは仮定の話だが，そのように意識することで，仮にサービス・コンテンツの作り込みに失敗すればCOPSを十分に減らす

ことはできず，投資資金を回収できなくなってしまうから，それだけ入念な検討が行われるよう組織構成員を動機づけることができる。

このことからも知れるように，SREはコストの低減を第一義的に志向するものではない。いうまでもなく，サービスコストの大半は人件費である。それゆえ，コスト削減は直ちにサービスの低下に繋がるおそれがある。そのため，SREでは，サービス・コンテンツを見直すことで収益の拡大をはかることに主眼がおかれる。そうすれば，COPSは低減し，投資資金は回収可能となる。そして，このプロセスが収斂していけば，結果において投資資金も減額することが可能となるはずである。

3 サービスABCDの適用事例

3-1 ビジネスホテルのケース

実際に，あるビジネスホテルをモデルにサービスABCDをどのように活用していくかを検討してみることにしよう。

もっとも，以下の事例はベースとなるモデル企業が存在するものの，あくまでも仮説例である。また，提示される活動や施策はやや総花的で戦略的には議論の余地があるかもしれない。しかしながら，ここでの眼目はサービス・コンテンツないしサービス・ミックスの良否を評価することではなく，あくまでもサービスABCDの活用方法を検討することにその力点があることを，あらためて強調しておきたい。

さて，仮説例のビジネスホテルA社はある地方都市の駅周辺に位置し，同地域には規模はそれぞれ異なるが，数軒の同種ホテルが隣接している。ホテルの建物自体は15年前に建てられ，3年前に外壁の一部と内装のリニューアルを済ませている。他方，コンペティターのビジネスホテルは1社を除き，どれもA社よりも新しい。そのため，価格および付帯設備等にはほとんど差は見られないものの，A社の外観は他のホテルと比べるとやや見劣りする点は否めない。それでも，地方の食材を生かした手作りの朝食が評判を呼び，それなりにリピート客は存在した。

大手のビジネスホテルチェーンに属する1社を除き，この地域のホテルの価格はそう大きくは変わらない。どのホテルも，旅行社ならびに旅行サイトとの契約を有し，他者の動向等をにらみつつ，きめ細かくイールドマネジメント（yield management）[4]を実施しているためと思われる。

　また，客層も共通しており，大手の製造業の工場が近接するため，これまではどのホテルでもビジネスマンが中心であったが，同地から約20kmほど離れた江戸時代の古い宿場町が近年人気をよび，徐々にではあるが家族連れや女性の利用客も増えつつある。というのも，同宿場町周辺には温泉街はあるのだが，老舗が多く価格帯も総じて高い。このため，近隣に宿泊して日帰りでこの地を訪れたいとのニーズが多いからである。

　このように，需要そのものは上向きつつあるのだが，どのホテルも集客の決定打に欠けるため，顧客を奪い合っている状況にある。A社がサービスABCDの適用を考えたのは，こうした状況から抜け出したいとの思いがあったからである。A社にはフロント，ハウスキーピング（一部外注）のほか，主に朝食を供するためのレストランを賄う料飲部門があり，15名の従業員が働いている。冬の閑散期を迎えたある時，社長の呼びかけでほぼすべての従業員が集められ，今後の事業計画の立案をスローガンに，まずは現状と今後の改善のための具体的な施策に関して共通認識をはかるべく，数日をかけて検討が行われることとなった。その際，これまで回収されたままほとんど放置されてきた顧客アンケートのほか，個々の従業員の経験（顧客として他のホテルに宿泊した時のことも含む）が検討の際に参考とされた。

　次に，検討の過程で比較の対象となるコンペティターには，近隣地域でもっとも規模が大きく価格的にもA社をかなり上回っている大手ホテルチェーンのブランチであるB社とすることを決めた。これについては，A社と同規模の他のホテルにすべきとの意見も多数あったが，革新を狙うならベンチマークの相手は一番でなければならないとして社長が押し切った。

　図表12-2は，今回の一連の検討の結果をまとめたサービスABCDのワークシートである。その構造自体は先の**図表12-1**とほぼ同様だが，A社のケースでは従業員の努力だけでは解決できず，インフラストラクチャーの改善に委ねざるをえない属性も識別されたため，ワークシートの列の一角にはインフラ関

連の項目が加わっている。ただし，今回の検討ではインフラの部分への予算措置は別途講ずることとし，予算配分の対象とはしないこととした。

また，**図表12-2**の各列の上部に振られたイニシャルはそれぞれのサービスコンテンツの関連部門ないし担当者を表している。すなわち，HKはハウスキーピング，Fはフロント，FBは料飲（レストラン），HQは社長を表している。

これは，担当者を明確にすることで行動の責任を明確にするとともに，目標の達成に向けて従業員のモチベーションを高めたいとの狙いから，社長が強く希望したものである。

3-2　サービスABCD適用時の留意事項

さて，**図表12-2**に記された個々の具体的な検討事項については，紙幅の関係からここではくわしくは触れないが，サービスABCDの構造を理解していれば，その内容は理解できるであろう。そのため，ここでは検討の過程で話題となった事項のいくつかを補足的に説明するにとどめる。

すなわち，今回の検討の結果，A社が戦略的な施策として打ち出したのは，アーリーチェックインとレイトチェックアウト（通常より1時間以内は無料延長）である。いうまでもなく，チェックアウトが遅れると，部屋の清掃が遅延し，結果としてチェックインが遅れる。そのため，両者は相矛盾する関係にあり，その実施は困難となるが，A社ではこれを実現するため，顧客に通常のチェックアウトタイム（11時）よりも早めにチェックアウトした場合は，次回の利用時に料金を1,000円安くするという施策を同時にとることで，レイトチェックアウトが集中するのを避けることができると判断した。また，次回の割引を提示することで，リピートを促す効果も期待できるというのも選択の理由であった。

さらに，コンペティターB社を真似て，コーヒー・紅茶の無料サービスを，付属のレストランにおいて朝食時間後の午前11時から午後12時までまた午後4時から8時まで，セルフサービス形式で実施することとした。なお，この間顧客は簡単なケーキ類を別料金でオーダーできるように準備することを決めた。これにより，これまで午後5時以降はバーとして営業していたものの，あまり集客を望めなかった時間帯でも上記のサービスを継続し，この時間にはコーヒーサービスのほか，アルコールを含む他の飲み物も有料で別オーダーできる

図表12-2 某ビジネスホテル

		顧客から見た属性の重要度	クオリティ			ホスピタリティ						
	担当		HK	F	F	F	F	F	FB	F	F	F
			細部まで行き届いたハウスキーピング	丁寧かつ分かりやすく説明・案内する	アメニティに不足がないかを確認し、必要なら補充する	質問・クレームには5分以内に回答する	アーリー・チェックイン	レイト・チェックアウト	レストランのオープン時間を早める	ビジネス客と家族連れの部屋は極力遠ざける	女性専用フロアを設置する	評価の高い飲食店情報を進んで伝えるとともに、感想を聞く
当たり前属性	清潔・居心地のいい部屋ですごしたい	4	◎ 3.6									
	静かな環境で過ごしたい	4								◎ 6		
	万一に備えて安全を確保したい	5			◎ 6							
	部屋のにおいは感じたくない	3	◎ 7									
一元的属性	外出するより部屋でゆっくり過ごしたい	4					◎ 2	◎ 2				
	地元の隠れた情報を知りたい	4				○ 2.4						◎ 3.6
	手軽に食料・飲料を調達したい	5										
	細かい要望に迅速に応えてくれる	5			○ 4	◎ 6						
	仕事をしたい	4					○ 2	△ 1	◎ 3			
魅力的属性	一刻も早く部屋で休みたい	5					◎ 5					
	早い時間に朝食をとりたい	5							◎ 10			
	面倒な手続は極力省きたい	4		○ 2.4								
	女性ひとりでも安心して泊まりたい	5				○ 2		○ 2			◎ 3	
	属性ウェイト	−	10.6	8.4	6	8.4	9.0	5.0	10	9.0	3	3.6
	予算額	−	42.4	33.6	24	33.6	36	20	40	36	12	14.4

のサービスABCDワークシート

F	F	HK	HQ	FB	HK	F	HQ	HQ	HQ	HQ	現状レベル	競合ホテルのレベル	企画レベル（目標値）	絶対ウェイト	配分ウェイト
予約時にチェックインシートを作成しておき、顧客はサインだけにする	雑誌等を無料で貸し出し	複数タイプの枕を揃えておき、要望があれば交換する	リピート時割引（条件付き）	コーヒー無料サービス	女性が好むアメニティグッズを取り揃える	雑誌等を無料で貸し出す	ハイスピード無線LAN	自販機の充実	空気清浄器の設置	防音壁の設置					
		○ 2.4							○	○	4	5	5	5	6%
										◎	3	4	4	5.3	6%
											5	5	5	5	6%
									◎		2	4	4	6	7%
	○ 1.3		○ 1.3			○ 1.3				△	3	4	5	6.7	8%
							◎				3	3	4	5.3	6%
				◎ 8				○			3	4	4	6.7	8%
											3	4	5	8.3	10%
							◎			△	3	4	4	5.3	6%
					○ 3.3	△ 1.7		○		△	3	3	5	8.3	10%
											3	4	5	8.3	10%
◎ 3.6											3	3	4	5.3	6%
					◎ 3						3	4	5	8.4	10%
3.6	1.3	2.4	1.2	8	6.3	3.0	−	−	−	−	絶対ウェイト計			84	100%
14.4	5.2	9.6	4.8	32	25.2	12	−	−	−	−	合計			400万円	

（列見出しグループ: 列3–7「アメニティ」、列8–11「インフラ対応」）

ようにしたことで，午後はクローズしていたレストランとバーの活性化も望めるとの判断が働いたこともその背景にある。

　加えて，ホテル最上階の5階を女性専用フロアーとし，ビジネス客は原則2, 3階に割りあてるとともに，家族づれは4階フロアーをメインに使うことを決めた。ただし，ツインルームは各階に散らばっているため，将来的にはインフラの対応が必要となることも確認された。

　いずれにしても，今回の検討の結果を受けて改革を実施するとなると当然ながら，従業員の負担は大きくなる。そのため，昇給やボーナスの増額のほか結果が良好に推移すれば増員を早期に検討することも決まった。

　ところで，改善に必要な資金額（予算）の算定はどのように導かれたのであろうか。A社では，今回実施予定の改善により今後3年間で1.3倍の顧客増が見込めると試算した。さらに，この改善を実施しない場合に予想される同期間の顧客の減少分も損失として見積もり，これらの合計額をベースに上記の予算額をはじき出した。とくに後半の損失部分については，従業員の危機意識が予想以上に高かったため，予算額は社長の予想をかなり上回ることとなったが，結果的にはそのまま承認された。

　サービスABCDでは，この予算額を配分ウェイトをもとに各サービス・コンテンツに配分するが，それがそのままコンテンツ実施の予算となるわけではない。サービスABCDの構造から，配分ウェイトそのものはワークシート上の行と列の相関もさることながら，顧客が求めるサービス属性をどこまで重要と考えるか，そしてそれらの属性の改善目標値をどのように設定するかによって決まる。

　他方で，各サービス・コンテンツの実施に伴うコストは，他の要因によっても大きく影響を受ける。とくに，人件費がコストの大半を占めるホテル産業では，サービスの良否とコストの増減の間に明確な相関を読み取るのは困難である。したがって，A社の場合にも，サービスABCDによって予算額を各サービス・コンテンツに配分したものの，改善策の実施にあたっては，上記の点を考慮した調整を行う必要があった。

4 ■ サービスABCDの顕在的・潜在的機能

　サービスABCDは，顧客とサービスの提供者双方からみた商品属性の適合を図るべく意図された手法である。先の仮説例を通じて検討したように，このツールを用いると，顧客がサービスに要求する商品属性を充足するために不可欠と考えられるサービス・コンテンツにはより多くのコストないし経営資源が割り当てられ，また顧客の求める属性にマッチするようにこれを戦略的に作り込むことができる。

　たとえば，サービスABCDではすべての商品属性ごとに自社の現状レベルとライバル企業の比較を行う。その結果から，他社がいまだ実践していない魅力的なサービス・コンテンツの開発をも支援する。そして，そのことを通じて，まさに当該手法はSREを具現化するアプローチを提供するのである。

　さらに，サービスABCDの枠組みは，あるサービス・コンテンツを作り込むために，なにゆえに集中的に経営資源が投入されなければならないかを合理的に説明する。実は，これこそがサービスABCDの最大の利点といえるかもしれない。なぜなら，サービスABCDはサービス・コンテンツの設計に関わる組織的コンフリクトを回避させるとともに，組織構成員間の合意形成を促し，収益構造の改善に向けて彼らが一丸となって取り組む環境作りをも支援すると考えられるからである。

　それだけではない。サービスABCDはその作成プロセスを通じて，サービス・コンテンツのより効果的なマネジメントのあり方について組織構成員が自主的に思考する機会をも提供する。そのためには，より多くの組織構成員がこの検討プロセスに参加することが望まれる。

　以上，本章ではSREを支援する実践的アプローチとして，サービスABCDに言及してきた。当該手法は未だアイデアの域をでるものではない。また，すべてのサービス産業にそれが適用可能かどうかも今後の検証が必要である。しかしながら，同種の枠組みを他の目的に援用したアプローチがそれぞれ一定の成果をあげている[5]ことを想起するならば，サービスABCDは必ずやその期待に応えてくれるものと確信している。

■注

1　QFDは，顧客の要求項目の把握からスタートして，これを製品の品質に作り込むまでの一連の活動を指すが，その中心となるのは，顧客の要求項目と品質を実現する技術的なファクターの対応を検討する品質展開である。なお，詳しくは赤尾（1992）を参照されたい。
2　必ず5ポイントスケールで評価しなくてはならないということはない。相対的な評価が可能なスケールであれば，どのようなものでも問題はないであろう。
3　この場合，顧客がある期間内に同一のサービスを利用する回数と1回当たりの支出額の積から，自社のサービスの利用回数と1回当たりの支出額の積を控除した金額がCOPSとなる。もちろん，顧客が自社サービスを選択しない理由は，地理的要因などサービスの良否以外に起因する場合も考えられるが，それらも含めて改善策を考慮することが戦略的には必要と思われる。
4　イールドマネジメントは，ホテル業界だけに適用されるものではなく，航空業界などキャパシティ（供給数量）に上限があり，在庫を持ち越すことができない商品を売り切るための販売手法のことである。なお，イールド（yield）とは，キャパシティ当りの収益を意味する。具体的には，まず正規料金を支払ってくれる顧客のために一定個数の商品を確保した上で，残りの部分については価格を順次下げていき，すべて売り切ることによってイールドを最大化しようというアプローチということができる。
5　ABCDをベースとした品質コストマトリックスおよび環境予算マトリックスは，すでに数社の日本企業で活用されており，その導入効果が確認されている。詳しくは，伊藤（2001, 2005），Ito, et.al（2006）を参照されたい。

■参考文献

Ito,Y, H.Yagi and A.Omori, "The Green-Budget Matrix Model" pp.355-372, *Sustainability Accounting and Reporting*, Springer, 2006, pp.355-372.
赤尾洋二『品質展開入門・品質機能展開活用マニュアル』日科技連出版社，1990年。
伊藤嘉博「顧客志向のマーケティング戦略を支援する管理会計ツール―商品属性にもとづくコスト展開―」，田中隆雄編著『マーケティングの管理会計―市場・製品・顧客に関する会計測度―』中央経済社，1998年。
伊藤嘉博『品質コストマネジメント―品質管理と原価管理の融合―』中央経済社，1999年。
伊藤嘉博『環境を重視する品質コストマネジメント』中央経済社，2001年。
伊藤嘉博『品質コストマネジメントシステムの構築と戦略的運用』日科技連出版，2005年。

付　録

わが国宿泊業における管理会計情報の利用実態
――単純集計に基づく考察[1]

1　はじめに

　宿泊業が多様なサービスを提供するにあたっては，それぞれのサービスごと，あるいは，そのサービスを受ける顧客ごとに収益性を判断するにあたり，収益と費用の対応を考慮した管理会計情報が必要になる。マネジメントの観点からは，宿泊業についてどのような管理会計情報が必要であるかについて議論することで，観光産業における管理会計情報を検討するための手がかりが得られると考えられる。

　国土交通省観光庁観光産業政策検討会が2013年にまとめた「世界最高・最先端の観光産業を目指して―観光産業政策検討会提言―」（国土交通省観光庁, 2013）では，旅行業や宿泊業など観光の直接の担い手である観光産業のあり方やその強化策を議論する必要があると指摘し，6つのテーマを掲げている。そのうちの1つは，宿泊産業におけるマネジメント・生産性等の改善・向上（国土交通省観光庁, 2013）であり，次のように述べている。

> 　我が国の宿泊産業においては，マネジメントや生産性に関する意識が十分でないまま旅館等を経営しているケースが未だに数多く存在する。一方で意欲的な旅館経営者による先進事例も各地で出てきており，前近代的な経営から脱却し，的確な財務・労務の管理等による科学的な企業運営を普及させていくための取組みが必要である。
>
> 　また，意欲ある旅館やホテルについては，海外も視野に入れた事業の拡大や世界の一流ホテルに負けない経営方法を確立する等さらに積極的に取り組むべきである。
>
> （国土交通省観光庁, 2013, p.8）

本考察の内容は，わが国の宿泊業のうち，ホテルおよび旅館[2]が管理会計情報を利用している実態[3]を把握するために，筆者らが実施した実態調査[4]で得られたデータに依拠している。ここでは，単純集計に基づいて，わが国の宿泊業が業績評価をするにあたり管理会計情報を利用している実態について概観し，主要な論点について予備的考察をすることを目的とするものである。

2 実態調査の方法および回答施設の概要

宿泊業のマネジメントの現状を知るために，筆者らは，観光庁国際観光ホテル整備法登録済み（2012年12月27日時点）の2,665施設（ホテル1,015件，旅館1,650件）を調査対象とした質問票調査を行った（伊藤・小林・長谷川・目時，2014）。調査対象を選定するにあたり，インバウンドを前提とし，国が定めた一定の基準を満たしている宿泊施設を対象として調査することが妥当と考えた。また，宿泊施設は立地によって経営が大きく影響を受けると考えられるため，企業単位ではなく，ホテルおよび旅館の1軒（プロパティ）ごとに質問票を送付した。回答期間は，2013年3月8日〜2013年3月22日とし，返信用封筒を同封するとともに，回収期限到来前に催促状を送付したところ，質問票に対する回答率は，ホテルが270件（26.6%），旅館が402件（24.4%）であった。

回答施設の概要を表す指標として，客室数，客室稼働率，客単価および売上高営業利益率を選択し，これらすべてに記入のあった回答について，それぞれの件数，平均

図表A-1　質問票調査回答施設の概要

	n	平均値	標準偏差	最小値	最大値	中央値
ホテル						
客室数（室）	267	187.03	166.21	15	1006	133
客室稼働率（%）	171	67.82	16.33	16.00	97.00	70.00
客単価（円）	99	7485.21	4447.31	2690	32744	5975
売上高営業利益率（%）	69	5.12	10.10	−35.36	41.00	3.53
旅館						
客室数（室）	399	58.70	47.37	10	399	45
客室稼働率（%）	208	57.00	15.55	20.00	98.00	57.20
客単価（円）	183	15419.71	7169.18	5000	58500	13860
売上高営業利益率（%）	130	1.83	8.03	−40.67	25.44	2.20

出所：伊藤・小林・長谷川・目時（2014，p.74）

値，標準偏差，最小値，最大値および中央値を示すと**図表A-1**のとおりである（伊藤・小林・長谷川・目時，2014）。

3 宿泊業における業績評価の概要

(1) 業績評価の実施について

業績評価を実施しているか否かについて質問したところ，**図表A-1**の対象となった回答者についてみると，**図表A-2**に示すような結果を得た。ホテルは190件（71.2％），旅館は187件（46.9％）が実施していると回答しており，業績評価の実施割合については，ホテルのほうが旅館と比較して格段に高い（伊藤・小林・長谷川・目時 2014）。

さらに，ホテルおよび旅館それぞれについて，中央値を基準に規模の大小を分類し，規模別の実施率についても集計した。大規模のホテルは102件（77.3％）が，小規模のホテルは88件（65.2％）が業績評価を実施していると回答し，大規模の旅館は105件（55.3％）が，小規模の旅館は82件（39.2％）が業績評価を実施していると回答した（伊藤・小林・長谷川・目時，2014）。

この結果によると，ホテルおよび旅館ともに，規模の大きいグループのほうが業績評価の実施割合が高いという結果が得られた。

しかしながら，旅館については，規模の大きいグループであっても，業績評価を実施していない割合が85件（44.7％）である。この結果は，国土交通省観光庁観光産業政策検討会の「前近代的な経営から脱却し，的確な財務・労務の管理等による科学的な企業運営を普及させていくための取組みが必要」（2013，p.8）という指摘とも符合している。

(2) 主要な業績評価指標の重要度

宿泊業の業績評価において，筆者らが事業運営において主要な指標であると考えた，総売上高，部門別売上高，

図表A-2 業績評価の実施割合

			実施の有無		合計
			はい	いいえ	
ホテル	合計		190 (71.2%)	77 (28.8%)	267
	規模別	小	88 (65.2%)	47 (34.8%)	135
		大	102 (77.3%)	30 (22.7%)	132
旅館	合計		187 (46.9%)	212 (53.1%)	399
	規模別	小	82 (39.2%)	127 (60.8%)	209
		大	105 (55.3%)	85 (44.7%)	190

出所：伊藤・小林・長谷川・目時（2014, p.74）

客室稼働率，定員稼働率，営業利益額および部門別営業利益額について，重要度の認識を質問した。これらの指標の重要度について，「大変重要である」を5点，「どちらともいえない」を3点，「まったく重要ではない」を1点とするリッカート・スケールで測定して得た回答をホテルと旅館の別に示すと，それぞれ**図表A-3**および**図表A-4**のとおりである。

　総売上高については，ホテル（平均4.96）および旅館（平均4.70）ともに重要視している割合が高い結果となったが，部門別売上高については，ホテル（平均4.35）と旅館（平均3.92）との間では認識が異なり，ホテルのほうが重要であると考えている割合が高いといえる。また，部門別営業利益額については，ホテル（平均4.30）が重要視しているのに対し，旅館（平均3.77）ではあまり重要視していないと考えられる。

図表A-3　主要な業績評価指標の重要度（ホテル）

	回答数	平均値	標準偏差	回答結果									
				1		2		3		4		5	
				n	%	n	%	n	%	n	%	n	%
総売上高	270	4.96	0.56	0	0.0	2	0.7	8	3.0	62	23.0	198	73.3
部門別売上高	266	4.35	0.81	1	0.4	5	1.9	35	13.2	84	31.6	141	53.0
客室稼働率	270	4.41	0.74	1	0.4	1	0.4	31	11.5	89	33.0	148	54.8
定員稼働率	266	3.76	0.96	6	2.3	15	5.6	80	30.1	101	38.0	64	24.1
営業利益額	270	4.80	0.44	0	0.0	0	0.0	5	1.9	44	16.3	221	81.9
部門別営業利益額	268	4.30	0.87	1	0.4	7	2.6	45	16.8	73	27.2	142	53.0

図表A-4　主要な業績評価指標の重要度（旅館）

	回答数	平均値	標準偏差	回答結果									
				1		2		3		4		5	
				n	%	n	%	n	%	n	%	n	%
総売上高	395	4.70	0.62	2	0.5	2	0.5	17	4.3	71	18.0	303	76.7
部門別売上高	383	3.92	1.00	9	2.3	14	3.7	110	28.7	114	29.8	136	35.5
客室稼働率	392	4.13	0.91	6	1.5	11	2.8	72	18.4	141	36.0	162	41.3
定員稼働率	384	3.56	1.05	17	4.4	32	8.3	133	34.6	122	31.8	80	20.8
営業利益額	392	4.70	0.58	0	0.0	2	0.5	19	4.8	72	18.4	299	76.3
部門別営業利益額	382	3.77	0.99	8	2.1	19	5.0	134	35.1	111	29.1	110	28.8

この背景には，ホテルが宿泊部門と料飲部門それぞれで提供するサービスについて個別の料金体系を設定しているのに対して，旅館が宿泊と夕食および朝食についての一括の料金を設定していることから，ホテルが宿泊と料飲とを区分した部門別の損益計算を導入している割合が高いことに対して，旅館が宿泊部門と料飲部門とを区分しないで損益計算を行っていることがある。

管理会計の基本的な考え方である責任会計の議論に基づけば，損益計算のコスト・ベネフィットを考慮しつつ，できる限り部門を小さく設定したほうがマネジメント上の問題点の原因を特定しやすい。ホテルと旅館とのビジネスモデルの違いも大きく影響しているであろうが，旅館においても部門別の損益計算を導入することを検討する必要がある[5]。

(3) その他の業績評価指標の重要度

総売上高，部門別売上高，客室稼働率，定員稼働率，営業利益額および部門別営業利益額以外に，事業運営上重視していると思われる指標の例22項目を挙げ，これらについても重要と認識しているかどうかを複数回答によって質問したところ，ホテルから262件の回答が，旅館からは372件の回答があり，**図表A-5**のとおりの結果となった。

売上高の前年比については，ホテルが84.7％（222件）および旅館が87.1％（324件）と，ともに重視する割合が非常に高い。また，その他の財務指標についても，総費用（ホテル：147件，56.1％；旅館：194件，52.2％），総費用の前年比（ホテル：144件，55.0％；旅館：166件，44.6％）および営業利益の前年比（ホテル：164件，62.6％；旅館：223件，59.9％）とおおむね過半の宿泊業が重視しており，とりわけ営業利益の前年比はホテルおよび旅館ともに6割程度が重視している。

これに対して，ホテルと旅館とを比較した場合，一方が重視していると回答した割合が多い指標について，もう一方が重視していると回答した割合との間に大きな差があるものもある。客室単価については，70.2％（184件）のホテルが重視しており，また，客室稼働率の前年比についても67.9％（178件）のホテルが重視している。これは，ホテルが宿泊料金を宿泊者数ではなく客室ごとに設定していることが多いことから，客室単価と客室稼働率に注目していることが背景にある。なお，この設問では，「客室単価」として表記し，平均客室単価（average daily rate: ADR）と販売可能1室当たり売上高（revenue per available room: RevPAR）とを区別して質問していない[6]。そのため，「客室単価」をRevPARと理解して回答している件数も含まれていると考

図表A-5　主要な業績評価指標以外で事業運営上重視している指標（複数回答）

	ホテル		旅　館	
	n	%	n	%
有効回答数	262	100.0	372	100.0
売上高の前年比	222	84.7	324	87.1
部門別売上高の構成比	82	31.3	103	27.7
入込み客数	96	36.6	261	70.2
入込み客数の前年比	122	46.6	244	65.6
客室稼働率の前年対比	178	67.9	140	37.6
定員稼働率の前年対比	63	24.0	77	20.7
総費用	147	56.1	194	52.2
部門別費用	109	41.6	99	26.6
総費用の前年比	144	55.0	166	44.6
部門別経費の前年比	96	36.6	106	28.5
各経費項目の構成比	71	27.1	102	27.4
営業利益の前年比	164	62.6	223	59.9
部門別営業利益の構成比	56	21.4	46	12.4
営業利益率	148	56.5	203	54.6
部門別営業利益率	89	34.0	47	12.6
営業利益率の前年対比	101	38.5	133	35.8
部門別営業利益率の前年対比	70	26.7	49	13.2
宿泊客1人あたり館内消費額	39	14.9	166	44.6
客室単価	184	70.2	157	42.2
宿泊客1人あたり館内消費額の前年比	20	7.6	113	30.4
宿泊客1人あたり館内消費額の部門別構成比	6	2.3	46	12.4
客室単価の前年比	136	51.9	121	32.5
その他	10	3.8	5	1.3

えられる。RevPARはADRと客室稼働率との乗算であるから，RevPARを重視しているホテルの場合は，ADRだけではなく客室稼働率についても考慮していることになる。一方，旅館の回答の割合では，客室単価を重視している旅館が42.2%（157件），客室稼働率の前年比を重視している旅館が37.6%（140件）という結果になっており，ホテルの回答との間に大きな差がある。

　旅館の回答では入込み客数が70.2%（261件），および入込み客数の前年比が65.5%

(241件)と，これらの指標を重視している割合が高いが，ホテルの回答でこれらの指標を重視していると回答している割合とは差がある。入込客数は，当該地域を訪れた観光客の統計であり，これには日帰り客の人数と宿泊客の人数が区分せずに混在しているので，マクロ的な傾向は把握できても各プロパティの経営成績に直接関連する数値であるとはいえない。マーケティングの観点からもターゲット顧客を考える資料としては利用しづらいデータである。旅館経営におけるデータ活用のあり方について，改めて検討する必要がある。

(4) 業績目標の設定について

予算またはマネジメント上の目標値の設定・利用状況について，①プロパティのレベルで予算を編成して実績値と比較している，②部門別のレベルで予算を編成して実績値と比較している，③重要な項目のみ予算を設定して実績値と比較している，④予算を設定せず重要指標について目標値を設定して実績値と比較している，⑤予算を設定せず重要指標について目標値を設定しているが実績値と比較していない，⑥予算や目標値を設定していない，という6つの選択肢から各プロパティの状況に最も近いものを回答する質問をしたところ，ホテルから266件の回答が，旅館からは383件の回答があり，それぞれ図表A-6のとおりとなった。

図表A-6　予算・目標値の設定・利用状況

	ホテル		旅　館	
	n	%	n	%
有効回答数	266	100.0	383	100.0
貴館全体レベルの損益計算書様式の予算を設定し，実績値と比較している	89	33.5	130	33.9
宿泊・料飲・宴会など，部門別の損益計算書様式の予算を設定し，実績値と比較している	152	57.1	153	39.9
売上高，利益，費用などのうち，重要な項目のみに予算を設定し，実績値と比較している	14	5.3	46	12.0
予算を設定せず，稼働率や客室単価など重要な指標の目標値のみを設定し，実績値と比較している	7	2.6	31	8.1
予算を設定せず，重要な指標の目標値のみを設定しているが，実績値とは比較していない	4	1.5	11	2.9
予算や目標値を設定していない	0	0.0	12	3.1

プロパティのレベルで損益計算書様式の予算を編成し実績値と比較していると回答した割合は，ホテルが33.5%（89件）であるのに対して旅館が33.9%（130件）であり，その間に大きな差はないが，部門別に損益計算書様式の予算を編成し実績値と比較していると回答した割合は，ホテルが57.1%（152件）であるのに対し，旅館は39.9%（130件）と差がある。部門別の予算を設定し実績値と比較していると回答した割合が，ホテルと旅館との間に差があることは，主要な業績評価指標の重要度について考察した理由と同様に，宿泊のみが中心のホテルと宿泊に夕食・朝食を伴う旅館とでは，提供するサービスの組合せおよびその料金体系が異なるために，部門別の損益計算を導入している割合についてホテルのほうが多いからであると考えられる。

　プロパティもしくは部門別で予算を編成していると考えられるホテルは90%程度であると考えられ，また，プロパティもしくは部門別で予算を編成していると考えられる旅館は70%を超えると考えられる。しかしながら，損益計算書様式の予算を編成していないプロパティが，ホテルでは10%程度，旅館では25%を超えると考えられる。ここでは，プロパティの規模について考慮していないが，管理会計の観点からは，小規模であっても会計的な整合性を検討する必要性から，業務予算である損益計算書様式の予算を編成することが望ましい[7]。

4　宿泊業における部門別管理会計情報

(1)　部門別の売上高の把握

　本節では，筆者らが実施した実態調査の単純集計の結果に基づき，わが国宿泊業における部門別管理会計情報の状況について検討する。

　売上高を部門別に配分しているか否かについて質問したところ，**図表A-7**のような回答を得た。

　ホテルは有効回答数270件のうち214件（79.3%）とほぼ8割近くが売上高を部門別に配分している。これに対し，旅館では，有効回答数402件のうち，119件（29.6%）と3割近くが配分しているが，283件（70.4%）と7割以上が売上高を部門別に配分していない。

　また，配分していると答えた回答者に部門間の売上

図表A-7　売上高の部門別配分の実施状況

	ホテル		旅　館	
	n	%	n	%
有効回答数	270	100.0	402	100.0
配分している	214	79.3	119	29.6
配分していない	56	20.7	283	70.4

の配分方法について質問したところ，**図表A-8**のような回答を得た。

　ホテルでは，有効回答数212件のうち，食事をしたか否か，施設を利用したか否かといったサービスの利用の有無によって売上高を配分しているという回答が103件（48.6％）であり，客単価をベースにして配分しているという回答が77件（36.3％），部門ごとのコストをベースにして配分しているという回答が40件（18.9％）であった。

　一方，旅館では，有効回答数118件のうち，客単価をベースにして配分しているという回答が65件（55.1％），部門ごとのコストをベースにして配分しているという回答が36件（30.5％），サービスの利用の有無によって配分しているという回答が32件（27.1％）であった。

図表A-8　部門間の売上高の配分方法

	ホテル		旅館	
	n	%	n	%
有効回答数	212	100	118	100
客単価をベースにして配分	77	36.3	65	55.1
部門ごとのコストをベースにして配分	40	18.9	36	30.5
サービスの利用の有無	103	48.6	32	27.1
その他	11	5.2	2	1.7

　この回答状況の違いについては，ホテルと旅館とにおける料金設定の方法に起因している。ホテルでは，1泊の料金または朝食付の1泊の料金で価格設定を行っていることが多い。これに対し，旅館では，1泊夕食および朝食付の料金で価格設定を行っていることが多い。この点を確認するために，宿泊客に提示する料金体系について，該当するものすべてについて質問したところ，**図表A-9**のような回答を得た（複数回答）。

図表A-9　主な料金体系

	ホテル		旅館	
	n	%	n	%
有効回答数	270	100.0	402	100.0
1泊朝食付	245	90.7	270	67.2
1泊夕食・朝食付	178	65.9	392	97.5
1泊（素泊り）	217	80.4	200	49.8

　ホテルでは，有効回答数270件のうち，1泊朝食付が245件（90.7％），1泊素泊まりが217件（80.4％）で，1泊夕食および朝食付が178件（65.9％）となっている。

旅館では、有効回答数402件のうち、1泊夕食および朝食付が392件（97.5％）、1泊朝食付が270件（67.2％）、1泊素泊まりが200件（49.8％）となっている。

このようなホテルの料金体系と旅館の料金体系との違いにより、ホテルがサービスの利用の有無に基づいて売上高を配分しやすいのに対し、旅館は1泊2食付で料金を設定する傾向にあることから、部門別に売上高を配分することは困難であると思われる。

ところで、ホテルの1泊もしくは1泊朝食付き、または、旅館の1泊2食付きという「標準的な宿泊」サービス以外に料金を取って提供しているサービスについて質問したところ、**図表A-10**のような回答を得た（複数回答）。

図表A-10　標準的な宿泊以外に提供するサービス

	ホテル		旅館	
	n	%	n	%
有効回答数	254	100.0	377	100.0
入浴	53	20.9	210	55.7
食事	211	83.1	247	65.5
プール、ジムなど	77	30.3	88	23.3
宿泊を伴わない部屋の利用	120	47.2	114	30.2
宿泊を伴わない部屋の利用＋食事の提供（宴会など）	141	55.5	279	74.0
宿泊を伴わない部屋の利用＋飲物・菓子の提供（会議・研修など）	128	50.4	155	41.1
夜遅くからの夕食なしの宿泊	95	37.4	156	41.4

ホテルにおいては、このようなサービスを提供するにあたって、**図表A-8**の結果を踏まえると、サービスの利用の有無によって料金体系を設定することが容易にできる。

一方、旅館においても、有効回答数377件のうち、宴会を想定した「宿泊を伴わない部屋の利用時に食事を提供する」サービスを279件（74.0％）が提供し、宿泊を伴わないが、食事を提供している旅館（247件；65.5％）や入浴をさせる旅館（210件；55.7％）が過半数ある。

宿泊を伴わないサービスを提供する旅館が多いことから、何らかの形で料金設定を行っていることは想像に難くない。この結果を踏まえると、旅館においても、サービ

スの利用の有無によって料金を設定することは不可能ではないということが指摘できる。

(2) 部門別損益計算

　旅館の管理会計情報について，宿泊と食事との一括の料金体系であるから，収益を部門別に配分することは困難であるという旅館経営者は多い。しかしながら，**図表A-10**のように個別サービスを提供している旅館であれば，そのときに提示している料金を参照しながら，売上高を部門別に配分することは可能である。また，費用については，業務を部門ごとに把握することで，発生している部門を特定することは可能である。

　具体的にいえば，旅館の接客係の人件費について，客室におけるサービスと夕食や朝食を提供するなどのサービスとを担当することから，客室部門と料飲部門とでこれを配分することが困難であるという経営者も多い。しかしながら，製造業の原価計算における特殊原価調査のように，分析することは不可能ではない。たとえば，接客係の総労働時間のうち，客室におけるサービスにかけた時間と食事の提供などにかけた時間とを大まかに把握し，これらの時間に基づいて人件費を部門別に配分することは可能である。

　収益および費用について，部門別に配分することができれば，旅館においても部門別の収益性を測定し，これを意思決定や業績評価に活かすことができる。ところが，実態調査の結果によると，旅館においては部門別の利益を計算しているところはあまり多くはない。宿泊部門・料飲部門・宴会部門などの部門別の利益を計算しているかどうかという質問について，**図表A-11**のような回答を得た。

図表A-11　部門別利益を計算・活用している状況

	ホテル		旅館	
	n	%	n	%
有効回答数	261	100.0	387	100.0
計算していない	58	22.2	258	66.4
計算しているがとくに重要視していない	43	16.5	55	14.2
計算した結果をマネジメントに活かしている	163	62.5	78	20.2

　ホテルについては，有効回答数261件のうち，計算した結果をマネジメントに活か

しているという回答が163件（62.5％）である。ところが，計算しているが重要視していないという回答が43件（16.5％），計算していないという回答が58件（22.2％）であった。

　ホテルにおいては，部門別利益を計算しても重要視していない，または，部門別利益を計算していない，というプロパティが4割近くあるという結果になった。この結果は，ホテルの規模や提供するサービスの内容がフル・サービスであるのか，いわゆるビジネス・ホテルのような宿泊に特化したリミテド・サービスであるのかといった要因が影響していると考えられる。

　今回の調査対象のホテルは，国際観光ホテル整備法に基づく登録ホテルの施設基準をクリアしているホテルである。この施設基準では，食堂について，「1．食事を提供することができる適当な厨房が付属しており，適当な数のいす及びテーブルが備え付けられていること」および「2．付近に入口から男女の区別がある共同用トイレがあること」の2つの要件を満たす食堂が必要であること，ならびに，（注）として「食堂は，客席部分の面積が［0.2㎡×収容人員］以上必要。厨房，配膳室，待合場所，食堂内の畳敷きの部分等の面積はこれに含まれない」ことを明示している。この基準を満たしているホテルであっても，夕食および朝食を提供することはできるが，基本的には宿泊に特化して提供するサービスを絞り込み，リミテド・サービスに近いホテルが含まれている可能性がある。

　今回の調査データでは，ホテルの各プロパティに対して提供するサービスがフル・サービスであるかリミテド・サービスであるのかについての設問を行っていないので，今後この点については追加的な検証が必要である。

　一方の旅館については，有効回答数387件のうち，計算した結果をマネジメントに活かしているという回答が78件（20.2％）あった。計算しているがとくに重要視していないという回答が55件（14.2％），計算していないという回答が387件（66.4％）であった。旅館においても，部門別利益を計算しこれをマネジメントに活かしている施設が2割はあることが確認できた。

　わが国の宿泊業における管理会計情報については，ホテルおよび旅館の双方において，部門別の収益性を把握しこれを活用することに関して，まだ課題が多いと思われる。これらの状況を踏まえ，宿泊業の管理会計情報の利用について改善することが望まれる。

5 結論と今後の課題

(1) わが国宿泊業の管理会計情報の利用実態

本考察では，筆者らが実施した実態調査で得られたデータの単純集計に基づいて，わが国の宿泊業が業績評価をするにあたり管理会計情報を利用している実態について考察した。本考察のデータによって，わが国の宿泊業が業績評価をするにあたり管理会計情報を利用している実態について，また，部門別の収益性に関する管理会計情報を利用している実態について，おおよその傾向を把握することができた。

宿泊業の特徴として，グループ経営を行っている大手ホテル・旅館を除き，中小規模の企業が多い。そのため，マネジメント，とりわけ管理会計についての重要性を認識していない宿泊業があり，その割合は旅館のほうが多いことが筆者らの実態調査からもうかがえる。

このことは，国土交通省観光庁観光産業政策検討会の「世界最高・最先端の観光産業を目指して―観光産業政策検討会提言―」における次の指摘とも軌を一にしている。

> 現状の旅館業においては，財務・労務等の重要性を十分認識できていない，あるいは具体的に対応するための実務上のスキルが備わっていない，といった問題点を抱えている事業者が数多く存在する。本来企業経営の問題であり，自助努力が基本ではあるものの，周辺地域の雇用や観光の浮沈にも影響するものであり，改善の意欲を持つ事業者に対しては科学的な経営に移行していくための一定の支援を行っていく必要がある。
>
> このため，具体的には，産学官が連携して経営効率化等の先進事例の蓄積・分析を行い，財務指標等のモデル化や旅館経営のベンチマーク作りに取り組むとともに，中小旅館でも導入可能な簡便な管理会計システムを構築すべきである。　　　　　　　　　　　　　（国土交通省観光庁，2013, p.8, 傍点引用者）

(2) 今後の研究の方向性

本調査は，単純集計に基づいた考察であることからおのずと限界があり，これを克服するためには，引き続き検証しなければならない事項がある。

まず，単純集計のみではなく，統計的により精緻な分析を行い，これによって，より堅固な論理を展開する必要がある。また，先進的なマネジメントを行っている宿泊

施設に対する現地調査などを通じて，宿泊業のマネジメントに活かせる管理会計情報のあり方を検討し，その体系を提示することが必要になる。

　このことによって，旅館経営に管理会計の観点から方策を示すことができれば，国土交通省観光庁観光産業政策検討会がまとめた「世界最高・最先端の観光産業を目指して―観光産業政策検討会提言―」（国土交通省観光庁, 2013）が指摘する宿泊業におけるマネジメントの改善に関する方向性とも整合する。

■注

1　本考察は長谷川（2015a）および長谷川（2015b）の内容を加除修正したものである。
2　旅館業法では，ホテル営業，旅館営業，簡易宿所営業および下宿営業を「旅館業」として定義しているが，簡易宿所営業および下宿営業については，以後考察の対象としない。
3　わが国の宿泊業を対象とした実態調査の先行研究としては，清水・庵谷（2010）のみをあげることができるが，この研究は，調査対象をホテルのみに限定し，わが国の特徴的な宿泊施設である旅館についての調査は行っていない。
　　清水・庵谷（2010）は，社団法人日本ホテル協会（当時，現一般社団法人日本ホテル協会）の会員ホテル227棟を対象として71棟（31.3％）から回答を得た質問票に基づき，業績管理，予算管理，コスト・マネジメント，投資評価などにわたり，「管理会計技法の活用の実態を明らかにするとともに，会計システムによって，ホテルの管理会計情報の依存度や有用性が異なるか否かを調査」（p.7）し，わが国のホテル業における管理会計の実態について検討している。
4　当該質問票調査は，伊藤嘉博教授（早稲田大学商学学術院），小林啓孝教授（早稲田大学商学学術院）および目時壮浩准教授（武蔵大学経済学部）とともに筆者が行った。その研究成果の一部は，伊藤・小林・長谷川・目時（2014）で報告している。
5　旅館のマネジメント実務においては，宿泊部門と料飲部門との損益計算を区分することを「泊食分離」という表現で推奨する考え方もある。
6　これは，筆者らの実態調査がホテルと旅館との間でマネジメントの比較をすることも意図していたために，ホテルおよび旅館に同じ質問票を配付したことによる。
7　本来であれば，資金計画の整合性も検討する必要があるため，資金予算の一環として貸借対照表様式の予算およびキャッシュ・フロー計算書様式の予算も合わせて編成することが望ましい。

■参考文献

伊藤嘉博・小林啓孝・長谷川惠一・目時壮浩「宿泊業における管理会計の実態調査―ホテルおよび旅館における業績評価に注目して―」，『原価計算研究』第38巻第1号，2014年，pp.70-82。
国土交通省観光庁「世界最高・最先端の観光産業を目指して（観光産業政策検討会提言）」国土交通省観光庁，2013年。

清水孝・庵谷治男「わが国宿泊業における管理会計の実態」,『早稲田商學』第424号,2010年,pp.1-30。

長谷川惠一「わが国宿泊業の業績評価における管理会計情報の利用実態」,『観光科学研究』（首都大学東京大学院都市環境科学研究科観光科学域）,第8号,2015年a,pp.25-31。

長谷川惠一「わが国の宿泊業における部門別管理会計情報利用の状況―質問票調査による実態調査―」,『余暇ツーリズム学会誌』第2号,2015年b,pp.1-8。

索　引

【欧文・数字】

ABCD ……………………………… 219
ACbS ……………………………… 13
ADR ……………………………… 131, 235
Adrià ……………………………… 161, 150
Aduriz ……………………………… 150
Akelarre ……………………………… 146
Arzak ……………………………… 146, 149, 153
assurance ……………………………… 47
Berasategui ……………………………… 146, 149, 152
Bocuse ……………………………… 146
BtoBサービス取引 ……………………………… 43
COPS ……………………… 12, 102, 106, 222, 223
El Bulli ……………………………… 142, 160, 161
El Celler de Can Roca ……………………………… 142, 155
Elena ……………………………… 152
empathy ……………………………… 47
E-SERVQUAL ……………………………… 48
E-S-QUAL ……………………………… 48
expectation-disconfirmation ……………………………… 41
eサービス品質 ……………………………… 44
GOP ……………………………… 127
Heterogeneity ……………………………… 39
HOST Study ……………………………… 130
IHIP ……………………………… 39
Inseparability ……………………………… 39
Intangibility ……………………………… 39
KPI ……………………………… 4, 11
LCC ……………………………… 117
Mugaritz ……………………………… 149, 154
Noma ……………………………… 142, 165
Perishability ……………………………… 39
reliability ……………………………… 47
responsiveness ……………………………… 47
RevPAR ……………………………… 235
Robuchon ……………………………… 161
Ruscalleda ……………………………… 156, 158
Sant Pau ……………………………… 156, 157, 159
Service Transaction Analysis ……………………………… 49
SERVQUAL ……………………………… 47, 51, 63
SRE ……………………………… 141, 163
STA ……………………………… 52
Subijana ……………………………… 146, 149, 153
tangibles ……………………………… 47
USALI ……………………………… 124, 126
USALIの部門別損益計算書 ……………………………… 126, 127
USALIの利用状況 ……………………………… 128
VE ……………………………… 16, 59, 60

【あ行】

当たり前属性 ……………………………… 15
当たり前品質 ……………………………… 6, 7
アトラクター ……………………………… 139
アメニティ ……………………… 8, 9, 14, 15, 220
アメーバ経営 ……………………………… 84
一元的属性 ……………………………… 15
一元的品質 ……………………………… 7
意図せざる結果 ……………………………… 204
意図をする行為主体 ……………………………… 204
イールドマネジメント ……………………………… 224
入込み客数 ……………………………… 236
インタラクティブ・コントロール ……… 190
インタンジブルズ ……………………………… 5
営業状況等統計調査 ……………………………… 137
エンタテイメント型 ……………………………… 111
エンタテイメント型の
　ホスピタリティ ……………………………… 114
遅い昇進 ……………………………… 208
おもてなし ……………… 101, 103, 104, 107, 111,
　112, 115, 116

【か行】

加賀屋 108, 110, 111, 114, 116, 136
ガス代対売上相関図 179
仮説検証とサービス進化 24
価値工学 16
活動基準原価計算 61
関係性（relationship） 43
関係性の品質（relationship quality） 43
観光産業政策検討会提言 231, 243
感性VE 59
感性コストマネジメント 60
管理手法 47
旗艦レストラン 165
期待―不確認モデル 41, 49
客室稼働率 131, 234, 234
客室単価 235, 236
客単価水準 23
ギャップ分析 49
共感性 47
行政 187
行政サービス 187
業績管理 77
業績管理システム 189
業績目標水準 190
競争劣位 29
業務フロー 51
クオリティ 8, 13, 15, 220
苦情 49
口コミ 45
クレドカード 108, 109
継続性 42, 43
結果を出す行為主体 204
原価企画 25
研究開発 153
効果性のサイエンス 22
更新積立金差引後EBITDA 127
衡平原理 210
衡平分配人事制度ポリシー 210
衡平分配ポリシー 208
衡平理論 205
効率性のサイエンス 23
顧客価値 49
顧客吸引力 140
顧客の活動 27
顧客満足 40, 44
顧客満足度指数 48
顧客要求連関図 67
国土交通省観光庁宿泊業経営検討会 134
個人店での原価管理 173
コスト 21
コストカット 106, 117
コストダウン 106
コスト・モデル 23
雇用ポートフォリオ 199
コンサルティング業務 152, 165
コンセプト・メーキングVE 73
コンフィギュレーショナル・アプローチ 209

【さ行】

再購買意図 42
再購買の可能性 49
在庫管理 173
再利用意図 49
サービスABCD 219, 220, 224, 228, 229
サービスVE 67
サービス・エンジニアリング 4
サービス経営学 21
サービス原価企画 30
サービス・コンセプト 50
サービス・コンテンツ 3, 10, 13, 18, 116, 219, 222, 223, 228, 229
サービス・ショップ 80, 92
サービス組織の活動 27
サービス提供 45
サービス提供システム 30

サービス提供プロセス	47, 77
サービス・デザイン	49, 52
サービス・デリバリー・システム	46
サービス・トランザクション・アナリシス	49
サービス取引	37
サービスのオペレーションズ・マネジメント	37
サービスの原価情報	122
サービスの失敗コスト	10, 102, 222
サービスの単位当たりの原価	123
サービスの知覚品質	54
サービスの提供プロセスの設計	55
サービスの評価因子	62
サービスの品質	40
サービスの品質問題	184
サービスのプロセスをマッピング	50
サービスのリエンジニアリング・アプローチ	53
サービス品質	40, 53
サービス品質ギャップ分析	49
サービス・ブループリント	49, 50, 52
サービス・プレミアム	3
サービス・プロセス	53
サービス・プロダクト	37
サービス・マーケティング	37
サービス・ミックス	10, 18, 116, 223
サービス・リエンジニアリング	2, 139
サービス・リエンジニアリング・アプローチ	39
サービタリティ	8, 10, 11, 13, 14, 15, 16
ザ・リッツカールトン	107
サン・セバスチャン	144, 148
事前期待	41, 42, 48
事前の原価管理	183
質的基幹化	200
失敗コスト	12
社会的比較理論	207
収益モデル	23

従業員満足	108
住民満足の向上	187
宿泊業における管理会計情報	122, 123
宿泊業における部門別管理会計情報	238
宿泊業の業績評価指標	233
宿泊業の業績評価の実施割合	233
宿泊業の業績目標の設定	237
宿泊業の統一会計報告様式	124
宿泊業の部門別損益計算	241
商品企画	7
消滅性	39
触知性	47
職能資格制度	215
職務満足	205
人時売上高	180
診断型コントロール	189
信頼性	47
生産と消費が不可分	55
生産と消費の不可分性	39
正社員への転換制度	200
世界のベスト・レストラン50	141, 142, 155
責任の共有化	189
全国主要ホテル経営実態調	137
専門的サービス	80, 91
戦略的人的資源管理	208
相互依存性	42, 43
創造性	162
相対的収益性	27

【た行】

チェーン店での原価管理	173
知覚品質	6, 40, 48, 49, 51, 53
知的熟練	214
定員稼働率	234
帝国ホテル	112
テキストマイニング	71
テナント型	174

統合のアート 24

【な行】

ヌエバ・コシーナ 145, 150, 151
ヌベル・キュイジーヌ 145, 149, 161, 163
濃度管理 176

【は行】

泊食分離 244
バラつき性 39
バリュードライバー 219
バリュードライバー分析 10, 11
反応性 47
販売可能1室当たり売上高 235
非営利組織 187
非正規雇用の労働者 199
非正規の基幹化マネジメント 200
必要性原理 210
必要性分配ポリシー 208
人手不足問題 201
非付加価値的活動 18, 116
平等原理 210
平等分配ポリシー 208
ヒーリング型のホスピタリティ 111, 113, 114
品質 21
品質機能展開 219
品質コスト分析 1
付加価値的活動 18, 116
歩留管理 177
不本意非正規 202
ブランド 140
分子ガストロノミー 162
分子モデル 31, 68
分配的公正 205
分配的公正感 209
平均客室単価 235
平均客室料金 131

ベンチマーキング情報 129
防御効果 29
ポシティブ・フィードバック 158
保障性 47
ホスピタリティ 7, 9, 13, 15, 102, 103, 104, 105, 106, 110, 112, 116, 117, 220
ホスピタリティ産業 101, 115
ホテル営業施設数 136
ホテルの売上高構成比 133
ホテルの収益性 124, 125

【ま行】

マーケティング・ミックス 32
マス・サービス 80, 94
マネジメント・コントロール・システム 79
三つ星レストラン 141, 148
魅力的属性 15
魅力的品質 7
無形性 39
無形要素 32
メディア 164, 165
目標原価 23
目標収益 23
モチベーション 205

【や行】

有形要素 32
ユニフォーム・システム 136
予算権限 189
予測 78, 83
予測一体方式 89, 96
予測型経営 83
予測分離方式 89, 96

【ら行】

リエンジニアリング 3
立地問題 174
量的管理 175, 185

量的基幹化 199	旅館経営管理マニュアル 134, 138
旅館 129, 134, 135	ロイヤルティ 49
旅館営業施設数 136	労働契約法 203
旅館管理会計システム 134, 138	ロードサイド型 174
旅館業法 244	ローリング予測 850

■執筆者紹介

伊藤　嘉博（いとう　よしひろ）　担当／第1章，第6章，第12章
　（編著者紹介を参照）

岡田　幸彦（おかだ　ゆきひこ）　担当／第2章担当
筑波大学システム情報系准教授　博士(商学)―橋大学

　最終学歴は一橋大学大学院商学研究科博士後期課程。一橋大学大学院商学研究科講師，筑波大学大学院システム情報工学研究科講師・同准教授を経て，2011年より現職。統計数理研究所客員准教授。筑波大学サービス工学ビッグデータCoEコーディネーター。
　主要論文は「サービス原価企画への役割期待」『會計』第177巻第1号（日本会計研究学会学会賞），「医療法人における責任センター別損益業績管理による財務業績改善に関する検証」（共著）『会計プログレス』第15号，「新興企業における実態に即したビジネスプランと黒字化との関係の実証研究」（共著）『組織科学』第49巻第2号など。

南　知惠子（みなみ　ちえこ）　担当／第3章
神戸大学大学院経営学研究科教授　博士(商学)神戸大学

　最終学歴は神戸大学大学院経営学研究科博士後期課程。横浜市立大学商学部専任講師，助教授，神戸大学大学院経営学研究科助教授を経て，2004年より現職。日本商業学会副会長，日本消費者行動研究学会会長，日本マーケティング学会理事，サービス学会代議員，オペレーションズマネジメント＆ストラテジー学会理事などを歴任。
　主要著書は『サービス・イノベーション―価値共創と新技術導入―』（共著，有斐閣），『顧客リレーションシップ戦略』（有斐閣），『生産財マーケティング』（共著，有斐閣），『リレーションシップ・マーケティング』（千倉書房），『ギフト・マーケティング』（千倉書房，日本商業学会，学会賞奨励賞受賞）など。

山本　浩二（やまもと　こうじ）　担当／第4章
大阪府立大学現代システム科学域マネジメント学類(大学院経済学研究科)教授

　最終学歴は神戸大学大学院経営学研究科博士後期課程。香川大学商業短期大学部専任講師・同助教授，大阪府立大学経済学部助教授・同教授。元経済学部長。2012年より大学改組に伴い現職。日本原価計算研究学会元副会長，公認会計士試験委員など歴任。日本学術会議連携会員。
　主要著書は『原価計算の知識（第2版）』（共著，日経文庫），『成功する管理会計システム』（共著，中央経済社），『原価計算の導入と発展』（編著，森山書店），『ファジィ管理会計システム論』（大阪府立大学経済研究叢書）など。

清水　孝（しみず　たかし）　担当／第5章
早稲田大学大学院会計研究科教授　博士（商学）早稲田大学

　最終学歴は早稲田大学大学院商学研究科博士後期課程。朝日大学経営学部専任講師，早稲田大学商学部専任講師・助教授・教授を経て2005年より現職。2002年8月より1年間，カリフォルニア大学バークレー校客員研究員。公認会計士試験委員，IMA（米国管理会計人協会）日本支部会長。

　主要著書は『現場で使える管理会計』，『現場で使える原価計算』，『戦略実行のための業績管理会計』（以上，中央経済社），『68シーンで完全マスター　今すぐ使えるワンランク上の実用ビジネス英語』（共編，東洋経済新報社），『原価計算』（税務経理協会）など。

庵谷　治男（おおたに　はるお）　担当／第5章
長崎大学経済学部准教授

　最終学歴は早稲田大学大学院商学研究科博士後期課程。長崎大学経済学部助教を経て，2013年より現職。日本管理会計学会参事。

　主要論文は「ホテル日航プリンセス京都におけるアメーバ経営の導入と実践」『企業会計』第66巻，「フロントラインにおける管理会計利用がインタラクティブ・ネットワークに与える影響―制度論的パースペクティブに基づくケース・スタディ―」『メルコ管理会計研究』第7号－Ⅰ，「ロアーレベルにおける利益目標の管理―コントロール・レバーに基づくシティホテルK社のケース・スタディ―」『原価計算研究』第37巻第2号など。

長谷川　惠一（はせがわ　けいいち）　担当／第7章，付録
早稲田大学商学学術院教授

　最終学歴は早稲田大学大学院商学研究科博士後期課程。早稲田大学商学部助手，高崎経済大学経済学部専任講師，早稲田大学商学部専任講師・同助教授・同教授を経て，2004年より現職。日本会計研究学会評議員，日本原価計算研究学会常任理事・理事，余暇ツーリズム学会副会長，経営行動研究学会理事などを歴任。

　主要著書は『傾向分析ベストセレクション日商簿記検定1級原価計算』（編著，税務経理協会），『スタンダード管理会計』（共著，東洋経済新報社），『入門原価計算』（共著，中央経済社），『バランスト・スコアカード―理論と導入―』（共著，ダイヤモンド社）『数字でとらえるホスピタリティ－会計＆ファイナンス－』（共著，産業能率大学出版部）など。

小林　啓孝（こばやし　よしたか）　担当／第8章
早稲田大学商学学術院教授　慶應義塾大学名誉教授　博士(商学)慶應義塾大学
　最終学歴は一橋大学大学院商学研究科博士課程。明治学院大学経済学部専任講師等を経て，慶應義塾大学助教授・同教授，2005年より現職。日本原価計算研究学会常任理事，日本管理会計学会副会長，公認会計士二次試験委員，同三次試験委員などを歴任。
　主要著書は『事業再編のための企業評価』(中央経済社)，『デリバティブとリアル・オプション』(中央経済社)，『リスク・リターンの経営手法』(共編著，中央経済社)，『業績管理会計』(共編著，中央経済社) など。

加藤　典生（かとう　のりお）　担当／第9章
大分大学経済学部准教授
　最終学歴は中央大学大学院商学研究科博士後期課程。中央大学商学部兼任講師，大分大学経済学部講師（専任）を経て，2011年より現職。
　主要論文は「指定管理者制度における業績評価の一考察—大分県宇佐市のケースとBSCの導入可能性—」（共著）『メルコ管理会計研究』第7号－Ⅱ，「ローカル放送会社におけるコスト管理の現状と課題—サービス産業の原価計算導入効果に関する一考察—」『企業会計』第66巻第12号，「原価計算の利用の仕方が原価企画の順機能・逆機能に及ぼす影響—会計の不可視性に着目して—」木島淑孝編著『原価計算制度の回顧と展望』中央大学出版部，第7章所収など。

目時　壮浩（めとき　たけひろ）　担当／第10章
武蔵大学経済学部准教授
　最終学歴は早稲田大学大学院商学研究科博士後期課程。早稲田大学商学学術院助手，武蔵大学経済学部専任講師を経て，2013年より現職。日本原価計算研究学会幹事。
　主要論文は「公会計・行政評価情報の行政経営への活用に向けた課題—混合研究法に基づく考察—」（共著）『原価計算研究』第36巻第2号（日本原価計算研究学会2012年度推薦論文）など。

平野　光俊（ひらの　みつとし）　担当／第11章
神戸大学大学院経営学研究科教授　博士(経営学)神戸大学
　最終学歴は神戸大学大学院経営学研究科博士後期課程。大手小売業で人事，経営企画を担当。2002年から神戸大学大学院経営学研究科助教授，2006年から現職。経営行動科学学会会長，日本労務学会副会長，日本産業カウンセリング学会理事，日本労働研究雑誌編集委員などを歴任。
　主要著書は『日本型人事管理』(中央経済社，労働関係図書優秀賞，日本労務学会学術賞，経営行動科学学会優秀研究賞受賞)，『多様な人材のマネジメント』(共編著，中央経済社) など。

【編著者紹介】

伊藤　嘉博（いとう　よしひろ）

早稲田大学商学学術院教授　博士(商学)早稲田大学

最終学歴は早稲田大学大学院商学研究科博士後期課程。城西大学経済学部専任講師，成蹊大学経済学部助教授・同教授，上智大学経済学部教授，神戸大学大学院経営学研究科教授を経て，2005年より現職。日本会計研究学会理事，日本原価計算研究学会常任理事，日本管理会計学会常務理事，公認会計士試験委員などを歴任。

主要著書は『品質コストマネジメント―品質管理と原価管理の融合―』（中央経済社，日経品質管理文献賞，日本原価計算研究学会賞受賞），『管理会計のパースペクティブ』（上智大学出版会），『バランスト・スコアカード―理論と導入―』（共著，ダイヤモンド社），『コストマネジメント入門』（日本経済新聞社）など。

サービス・リエンジニアリング
──顧客の感動を呼ぶホスピタリティを低コストで実現する

2016年1月10日　第1版第1刷発行

編著者	伊藤　嘉博
発行者	山本　継
発行所	㈱中央経済社
発売元	㈱中央経済グループ パブリッシング

〒101-0051　東京都千代田区神田神保町1-31-2
電話　03 (3293) 3371(編集代表)
　　　03 (3293) 3381(営業代表)
http://www.chuokeizai.co.jp/
印刷／三英印刷㈱
製本／誠製本㈱

© Yoshihiro Ito 2016
Printed in Japan

＊頁の「欠落」や「順序違い」などがありましたらお取り替えいたしますので発売元までご送付ください。（送料小社負担）

ISBN978-4-502-17381-3　C3034

JCOPY〈出版者著作権管理機構委託出版物〉本書を無断で複写複製（コピー）することは，著作権法上の例外を除き，禁じられています。本書をコピーされる場合は事前に出版者著作権管理機構（JCOPY）の許諾を受けてください。
JCOPY〈http://www.jcopy.or.jp　eメール：info@jcopy.or.jp　電話：03-3513-6969〉

会計と会計学の到達点を理論的に総括し、
現時点での成果を将来に引き継ぐ

体系現代会計学 全12巻

■総編集者■

斎藤静樹(主幹)・安藤英義・伊藤邦雄・大塚宗春

北村敬子・谷　武幸・平松一夫

■各巻書名および責任編集者■

第1巻	企業会計の基礎概念	斎藤静樹・德賀芳弘
第2巻	企業会計の計算構造	北村敬子・新田忠誓・柴　健次
第3巻	会計情報の有用性	伊藤邦雄・桜井久勝
第4巻	会計基準のコンバージェンス	平松一夫・辻山栄子
第5巻	企業会計と法制度	安藤英義・古賀智敏・田中建二
第6巻	財務報告のフロンティア	広瀬義州・藤井秀樹
第7巻	会計監査と企業統治	千代田邦夫・鳥羽至英
第8巻	会計と会計学の歴史	千葉準一・中野常男
第9巻	政府と非営利組織の会計	大塚宗春・黒川行治
第10巻	業績管理会計	谷　武幸・小林啓孝・小倉　昇
第11巻	戦略管理会計	淺田孝幸・伊藤嘉博
第12巻	日本企業の管理会計システム	廣本敏郎・加登　豊・岡野　浩

中央経済社

【編著者紹介】

伊藤　嘉博（いとう　よしひろ）

早稲田大学商学学術院教授　博士(商学)早稲田大学

最終学歴は早稲田大学大学院商学研究科博士後期課程。城西大学経済学部専任講師，成蹊大学経済学部助教授・同教授，上智大学経済学部教授，神戸大学大学院経営学研究科教授を経て，2005年より現職。日本会計研究学会理事，日本原価計算研究学会常任理事，日本管理会計学会常務理事，公認会計士試験委員などを歴任。
主要著書は『品質コストマネジメント―品質管理と原価管理の融合―』（中央経済社，日経品質管理文献賞，日本原価計算研究学会賞受賞），『管理会計のパースペクティブ』（上智大学出版会），『バランスト・スコアカード―理論と導入―』（共著，ダイヤモンド社），『コストマネジメント入門』（日本経済新聞社）など。

サービス・リエンジニアリング
――顧客の感動を呼ぶホスピタリティを低コストで実現する

2016年1月10日　第1版第1刷発行

編著者	伊　藤　嘉　博
発行者	山　本　　　継
発行所	㈱中央経済社
発売元	㈱中央経済グループ パブリッシング

〒101-0051　東京都千代田区神田神保町1-31-2
　　　　電話　03 (3293) 3371（編集代表）
　　　　　　　03 (3293) 3381（営業代表）
　　　　http://www.chuokeizai.co.jp/
　　　　印　刷／三英印刷㈱
　　　　製　本／誠製本㈱

ⓒ Yoshihiro Ito 2016
Printed in Japan

＊頁の「欠落」や「順序違い」などがありましたらお取り替えいたしますので発売元までご送付ください。（送料小社負担）
ISBN978-4-502-17381-3　C3034

JCOPY〈出版者著作権管理機構委託出版物〉本書を無断で複写複製（コピー）することは，著作権法上の例外を除き，禁じられています。本書をコピーされる場合は事前に出版者著作権管理機構（JCOPY）の許諾を受けてください。
　JCOPY〈http://www.jcopy.or.jp　eメール：info@jcopy.or.jp　電話：03-3513-6969〉

会計と会計学の到達点を理論的に総括し、
現時点での成果を将来に引き継ぐ

体系現代会計学 全12巻

■総編集者■

斎藤静樹(主幹)・安藤英義・伊藤邦雄・大塚宗春
北村敬子・谷　武幸・平松一夫

■各巻書名および責任編集者■

第1巻	企業会計の基礎概念	斎藤静樹・徳賀芳弘
第2巻	企業会計の計算構造	北村敬子・新田忠誓・柴　健次
第3巻	会計情報の有用性	伊藤邦雄・桜井久勝
第4巻	会計基準のコンバージェンス	平松一夫・辻山栄子
第5巻	企業会計と法制度	安藤英義・古賀智敏・田中建二
第6巻	財務報告のフロンティア	広瀬義州・藤井秀樹
第7巻	会計監査と企業統治	千代田邦夫・鳥羽至英
第8巻	会計と会計学の歴史	千葉準一・中野常男
第9巻	政府と非営利組織の会計	大塚宗春・黒川行治
第10巻	業績管理会計	谷　武幸・小林啓孝・小倉　昇
第11巻	戦略管理会計	淺田孝幸・伊藤嘉博
第12巻	日本企業の管理会計システム	廣本敏郎・加登　豊・岡野　浩

中央経済社